中國現代貴金屬幣
的理論與實踐

趙燕生 編著

崧燁文化

序　言

　　現代貴金屬幣屬於國家發行的標準化收藏品。由於這種收藏投資品種在發行背景、設計雕刻、鑄造工藝和存世數量等方面具有特殊魅力，吸引了不少國內外愛好者沉醉之中。現代貴金屬幣既不同於股票、房產等大類資產，也不同於書畫、瓷器等藝術收藏品，目前很少看到相關機構或學者對其背後的市場規律進行全面研究。而我國的金幣市場與國外其他發達國家的市場相比，又具有比較獨特的發行和管理體制，市場生態迥異。趙燕生所著的《中國現代貴金屬幣的理論與實踐》一書，從理論和實踐兩個層面對我國金幣市場進行了研究和分析，填補了這方面的空白。本書不僅成為收藏者和投資者理解市場運行機制的指引，而且為國家層面完善現代貴金屬幣的發行和管理機制提供了借鑑。

　　本書在理論方面的一個重要貢獻是將經濟學與錢幣學、藝術學相融合，形成了針對現代貴金屬幣的一套理論體系，具有比較鮮明的中國特色。現代貴金屬幣可分為投資幣和紀念幣，其中投資幣的價格往往與其內含貴金屬的價值接近，但紀念幣的市場價格卻可大幅超出其貴金屬的內含價值。作者在書中將溢價部分的價值分為文化藝術價值和收藏投資價值，並率先提出了包括發行量、材質、設計雕刻、品相等因素在內的解釋模型，為完善現代貴金屬幣的資產定價模型打下了堅實的理論基礎。

　　多年來，本書作者從國內外各類形式的拍賣會等渠道收集累積了大量的金銀幣市場交易數據，這些數據對於定量研究我國的現代貴金屬幣具有重要的奠基意義。在此基礎上，書中提出了貨幣溢價率指標、與宏觀經濟數據相對比的指標、平均年化收益率指標、量價指標、價值中值等重要指標，為描述和揭示現代貴金屬幣的價格變動規律、預測價格變動方向、指導投資與交易決策提供了創新性的量化工具，對現有文獻具有突破性貢獻。

　　雖然當下也有一些介紹現代錢幣的書籍，但此書的一個特色是對我國金幣市場的實際情況進行了探討與分析。一方面，不僅採用大量篇幅介紹了由商品供應主體、收藏投資及消費群體、一級市場、二級市場以及各類仲介服務機構組成的我國金幣

市場的體系與結構，而且還從市場的發行機制、供給量、宏觀經濟環境、貴金屬價格波動等方面分析了影響市場整體波動的宏觀因素，可以幫助讀者較好地瞭解我國金幣市場的歷史發展和運行機制。另一方面，從現代貴金屬幣的理論與實踐角度關注了許多「接地氣」的實務問題。比如，品相與價值之間是什麼關係？版別到底有多重要？應該如何認識加厚幣、封裝幣與樣幣？

　　除此之外，本書還對我國金幣市場的生態環境進行了分析，對改善生態環境提出了自己的思考，其核心是應推進發行管理體制改革，從而實現一級市場的規範有序發展。作者提出的這些觀點值得我國金幣市場的監管部門借鑑和參考。

　　我國金幣市場的發展已有三十多年歷史，但對於這個市場的系統性研究還十分缺乏，可謂鳳毛麟角。趙燕生在行業內具有豐富的從業經驗，對市場實踐具有深刻認識，退休後花費大量精力對我國現代貴金屬幣進行了深入的理論研究，同時還創立了市場交易的基礎數據庫。本書正是作者多年來全面研究我國現代貴金屬幣的大成之作，字字珠璣，發人深思，是瞭解我國貴金屬幣市場和收藏投資現代貴金屬幣不可或缺的重要文獻。

陳欣

前　言

　　中國從 1979 年開始發行現代貴金屬幣，已經走過 37 個年頭。37 年來，中國現代貴金屬幣的發行規模不斷擴大，參與群體不斷增多，市場要素逐漸形成，資金和社會的關注度也穩步提升，已經成為國內藝術收藏品市場的重要組成部分。幾十年來全體市場參與者進行了豐富多彩的市場實踐活動，傾註了人們的聰明、智慧、艱辛和汗水，為我國金幣市場的進步和發展做出了巨大貢獻。回眸發展歷程，中國金幣市場的前行之路也是曲折和不平坦的。在市場發展中既有市場繁榮的景象，也有市場低迷的場景；既有值得記載的發展成績，也有不容忽視的經驗與教訓；既有逐步完善的市場體系，也有尚需治理的市場亂象，距離成熟市場還有一定差距。在成績與問題、困難與機遇、希望與挑戰面前，如何從理論高度總結歷史發展經驗、探索市場發展規律、促進市場健康發展，是撰寫本書的出發點和根本目的。

　　進行理論與實踐問題研究，首先應該建立科學的理論基礎。我國的金幣市場身處整個市場經濟的大環境之中，建立科學的理論基礎不是要重起爐竈、另闢蹊徑，獨創出什麼特別的理論，而是要從普遍性與特殊性、共性與個性的視角出發，從最一般的藝術學、經濟學和錢幣學的理論研究成果中建立支點、尋找答案，形成具有鮮明特色的中國現代貴金屬幣的理論依據和體系。

　　進行理論與實踐問題研究，要從全局出發，利用系統的方法觀察和分析問題。我國的金幣市場已經形成一個相對完整的體系，各種要素相互交織滲透，互相影響。從理論上總結發展規律，應在正確的思想指引下，充分利用框架理論，厘清各種市場要素之間的「點、線、面、體、層」的框架結構關係，同時利用生態環境理論，找尋改善市場生態環境的關鍵環節和要素。

　　進行理論與實踐問題研究，定性與定量的科學方法是最基本的分析工具。研究我國金幣市場的理論問題，定性研究必不可少，定量分析更加重要。我國金幣市場的發展，已經累積了豐富的市場交易數據，這些數據蘊含著深刻的市場運行規律。通過有效的定量分析，將為總結市場經驗提供堅實的基礎。特別是通過定性與定量相結合的定形研究，將為認識事物的本質和運行規律提供更加可靠的保障。

進行理論與實踐問題研究，要遵循辯證唯物主義的認識論和方法論，沿著「實踐—認識—再實踐—再認識」的基本思想方法，不斷提高研究工作的質量。中國金幣市場理論研究的基礎來源於大量的市場實踐，理論研究的成果要為發展中國的金幣市場服務，並要在市場實踐中不斷深入提高，這就是研究理論與實踐問題的最基本邏輯。

　　在本書中，筆者借助上述最基本的思想方法和理論工具，緊緊圍繞商品、價值、市場和歷史發展等關鍵問題，深入開展了相關的理論與實踐問題研究。在「商品篇」中，在總結大量市場實踐經驗的基礎上，筆者明確提出了中國現代貴金屬幣的定義、屬性及發行原則。這些理論觀點將成為整個理論研究的基石。在「價值篇」中，筆者對中國現代貴金屬幣的價值構成進行了全面深入剖析，提出了評判文化藝術價值的五大要素和評判收藏投資價值的指標體系。這些理論思考將為充分認識中國現代貴金屬幣的市場價值提供全新視野。在「市場篇」中，筆者全面分析了中國金幣市場的二元結構體系、價格體系和生態環境體系，特別是對長期存在爭論的一級市場與二級市場的定義進行了研究。這些理論思考將為中國的金幣市場科學健康有序發展提供理論支撐和方向。在「歷史篇」中，筆者全面梳理了歷史發展研究的主要目的、方法和內容，為更深入地總結歷史經驗和規律提供了研究方向。

　　在本書的各章節中，筆者還從不同側面對中國現代貴金屬幣的市場定位、商品分類、文化藝術價值的評判標準、藝術鑒賞與批評、主要價值變化規律、市場價格的影響因素、文化藝術價值與收藏投資價值的動態博弈等理論與實踐問題進行了研究。其中，對廣大收藏投資者最為關心的品相、版別、加厚幣、封裝幣、數字崇拜和樣幣等問題，筆者也進行了充分討論。這些問題對認識中國金幣市場的現狀和特點也具有一定意義。

　　本書是在充分總結中國金幣市場發展歷程的基礎上形成的，它向全體市場參與者提供了大量的歷史發展資料和數據，同時也提出了一些全新的理論認識和觀點，總結出一些最基本的市場發展規律，並希望對發展中國的金幣市場做出自己的貢獻。

　　本書中的各項統計及分析數據來源於 2014 版「中國現代貴金屬幣信息分析系統」。

目　錄

第一部分　基礎篇

第一章　市場發展歷程及理論研究現狀　/ 3
　　第一節　市場發展歷程　/ 3
　　第二節　理論研究現狀　/ 5

第二章　理論框架初探　/ 8
　　第一節　理論框架概念　/ 8
　　第二節　理論框架概述　/ 9

第三章　理論研究的基礎　/ 15
　　第一節　理論研究的指導思想　/ 15
　　第二節　理論研究的理論基礎　/ 17
　　第三節　理論研究的科學方法　/ 20

第二部分　商品篇

第四章　商品的基本概念　/ 27
　　第一節　標準名稱　/ 27
　　第二節　基本定義、屬性及發行原則　/ 29
　　第三節　市場定位　/ 32

第五章　商品的分類　/ 36
　　第一節　按經濟屬性分類　/ 36
　　第二節　按項目主題分類　/ 39
　　第三節　按其他特徵分類　/ 43
　　第四節　老精稀板塊　/ 45
　　第五節　分類的其他問題　/ 48

第三部分　價值篇

第六章　市場價值的基本概念　/ 53
　　第一節　基本內涵　/ 53
　　第二節　主要特性　/ 55

第七章　文化藝術價值　/ 59
　　第一節　基本內涵　/ 59
　　第二節　分析視角　/ 61
　　第三節　評判方法　/ 68
　　第四節　藝術的鑒賞與批評　/ 71

第八章　收藏投資價值　/ 77
　　第一節　基本內涵　/ 77
　　第二節　指標體系　/ 80
　　第三節　收藏投資價值分析　/ 87
　　第四節　值得市場關注的問題　/ 100

第四部分　市場篇

第九章　市場體系　/ 113
　　第一節　結構與特徵　/ 113
　　第二節　商品供應主體　/ 117
　　第三節　收藏投資及消費群體　/ 119
　　第四節　一級市場與二級市場　/ 124
　　第五節　市場服務體系　/ 130

第十章　市場價格　/ 133
　　第一節　價格體系及主要特性　/ 133
　　第二節　影響市場價格變化的主要因素　/ 137
　　第三節　解析市場交易價格　/ 147

第十一章　市場生態　/ 153
　　第一節　市場生態環境概念和要點　/ 153

第二節　改善市場生態環境　/ 156

第五部分　歷史篇

第十二章　市場發展歷史研究　/ 163
　　第一節　研究的目的和方法　/ 164
　　第二節　研究的主要內容　/ 166

結束語　/ 172

參考文獻　/ 174

附　錄　/ 176
　　附錄1　中國佛教聖地（峨眉山）金銀紀念幣的文化解讀　/ 176
　　附錄2　對中國青銅器金銀紀念幣項目的回顧與反思　/ 179
　　附錄3　「價格變化因素權重」計算　/ 184
　　附錄4　「市場價格漲跌能力」計算　/ 185
　　附錄5　與宏觀經濟數據相對比的指標系統的數學模型　/ 186

第一部分　基礎篇

第一章　市場發展歷程及理論研究現狀

第一節　市場發展歷程

1979 年 5 月 19 日新華社對外宣布，為慶祝中華人民共和國成立三十周年，國務院授權中國人民銀行發行一套精裝紀念金幣。同年 9 月 3 日，這套精裝紀念幣透過香港寶生銀行開始面向海外發售，從此開創中國現代貴金屬幣的發行先河。這套精裝紀念金幣見圖 1-1。

正面圖案

背面圖案
圖 1-1　中華人民共和國成立三十周年紀念金幣

截至 2014 年年底，中國已先後發行現代貴金屬幣 387 個項目，題材涉及政治、經濟、歷史、文化、科技、軍事、體育、自然等多個領域，形成內容豐富、題材廣泛的現代貴金屬幣大家族。

這 387 個項目由 2,015 個幣種組成。這些幣種使用的鑄造材質主要有黃金、白銀、鉑、鈀和金銀雙金屬。在鑄造時它們分別採用普制、精制、圓形、異形、本色、彩色、加厚、鍍金、鑲嵌、幻彩、硫化、噴砂、外圓內方等多種工藝技術。在單枚重量上，它們從最大的 10 千克金幣到最小的 1 克金幣共有 36 種重量規格。其中，分別從 1982 年和 1989 年開始每年鑄造發行以熊貓為主題的投資金幣和投資銀幣。目前

· 3 ·

中國已發行現代貴金屬幣7,721.19萬枚,計7,184.77萬盎司(1盎司等於31.103,5克),市場價總值1,173.94億元。

在37年發展過程中,中國現代貴金屬幣的發行管理體制經歷了幾次較大調整。1979年10月,國務院國發〔250〕號文件同意中國人民銀行《關於加強中國對外發售金、銀幣(章)管理的請示報告》,授權中國人民銀行為代表國家發行金銀紀念幣的唯一機構,金銀紀念幣統由中國人民銀行負責設計、製造和發行。這項授權明確了中國發行現代貴金屬幣的行政主體和工作任務。為適應市場發展,1987年8月,中國人民銀行決定成立中國金幣總公司,直屬中國人民銀行領導,將原隸屬於中國印鈔造幣總公司的現代貴金屬幣規劃、設計和經銷工作轉由中國金幣總公司負責,同時由中國金幣總公司履行中央銀行的現代貴金屬幣發售職能。通過這次體制改革,中國現代貴金屬幣的發行工作開始步入專業化發展道路。為適應發展需要,2000年5月,《中華人民共和國人民幣管理條例》頒布實施,全面改革和規範了現代貴金屬幣的發行工作,使中國的金幣事業邁入一個新階段。

中國的金幣市場從小到大,經歷了37年發展道路。在改革開放初期,為支援國家經濟建設,中國的現代貴金屬幣主要面對海外市場發行,為國家獲取寶貴的外匯資源發揮了積極作用。1984年8月31日,中國人民銀行通過新華社公布,國內城鄉居民可持人民幣購買現代貴金屬幣,從此國內市場開始啟動。在那段時間內,受當時國內民眾經濟水平限制,國內市場發展相對較慢,中國現代貴金屬幣的銷售仍以海外市場為主,國內市場為輔。1995年對國內市場發展來說是具有重要意義的一年。當年首次發行了主要針對國內市場的第一個項目「聯合國第4屆世界婦女大會金銀及雙金屬紀念幣」,舉辦了第一屆北京國際郵票錢幣博覽會,特別是成功發行了「香港迴歸祖國金銀紀念幣(第一組)」,引起國內民眾極大關注,國內市場迅速啟動,並在隨後的幾年內出現一次市場高潮。從1995年到1999年,國內市場快速發展,形成了外海市場和國內市場齊頭並進的市場格局。進入21世紀後,隨著《中華人民共和國人民幣管理條例》的頒布實施和國內市場的發展,整個市場佈局開始發生根本改變,最終形成以國內市場為主導,海外市場為輔的發展態勢,發行總規模不斷擴大。

在國內市場孕育、啟動和不斷發展的過程中,資本關注度不斷提升,市場體系不斷發展和進步。從流通渠道看,國內一級市場逐步建立起特許經銷系統、直銷系統和商業銀行銷售系統。二級市場從最初的坐地擺攤、私下交易,逐步出現實體交易市場、現場拍賣、網路拍賣、展銷會、電子商務等多種集中交易平臺,以及遍布全國各主要城市的實體商店等非集中交易平臺。從市場服務體系看,民間機構和組織逐步出現,並開始在信息傳播與服務、民間交流與溝通、價值評估與市場分析、真偽鑒定與品質評價等方面發揮作用。從需求結構看,收藏投資者隊伍不斷擴大,消費結構和動機向多元化方向發展,市場關注度和影響力不斷提高。

隨著事業的不斷發展,中國現代貴金屬幣在國際市場中的地位和影響也不斷提升。在銷售體系方面,在20世紀七八十年代建立起的銷售網路基礎上,幾經調整完善,目前的經銷觸角已經遍布很多國家和地區。在市場流通方面,國際大型錢幣展

销会和拍卖会都可以看到中国现代贵金属币的身影。特别是经过多年锤炼，中国的熊猫投资币已经变为最重要的国际投资币品种之一。总之随着海外市场的不断扩展，中国的现代贵金属币已经成为与各国之间进行钱币文化交流的纽带，同时也是整个国际金币市场的重要组成部分。

回顾市场发展，几十年来全体市场参与者进行了不懈的努力和探索，凝聚了主管部门、国有专营企业、造币企业、设计雕刻人员、一级市场和二级市场的经营者，以及广大收藏投资及消费群体的聪明、智慧、艰辛和汗水。中国金币市场的发展是全体市场参与者共同奋斗的结果，承载了社会方方面面的希望与寄托，同时全体市场参与者也分享了市场发展带来的回报与成果。

第二节　理论研究现状

37年来，中国金币市场的前行之路也是曲折和不平坦的。既有市场繁荣的景象，也有市场低迷的场景；既有值得记载的发展成绩，也有不容忽视的经验和教训；既有逐步完善的市场体系，也有尚需治理的市场乱象，距离成熟市场还有一定差距。其中，发行管理体制尚需进一步改革完善，一级市场公开、公平、公正的原则亟待彻底落实，二级市场需要加快发展，价值取向更需趋于平衡，交易效率有待不断提高，交易行为和市场秩序还需不断规范，市场服务体系仍需丰富健全。如何在成绩与问题、困难与机遇、希望与挑战面前不断进步，始终是摆在全体市场参与者面前的首要任务，同时也是伴随中国金币市场科学健康有序发展全过程的永恒主题。

面对市场中不断出现的问题、困难和挑战，全体市场参与者从来没有终止过艰辛的努力和不断的探索。在市场实践中，市场参与者一方面积极总结经验，大胆进行市场创新，不断解决影响市场发展的实际问题，努力宣传中国金币文化，同时也从更高层面不断总结市场发展的内在规律，科学解释各种市场现象，为市场的发展提供理论支撑。

市场发展离不开大量的市场实践，更离不开浓缩市场实践的理论升华。

多年来中国金币市场的理论研究与探索在官方和民间不断展开。首先从形式看，不但有介绍相关基础知识的年鉴、图录和普及读物，也有各种专业书籍、报刊、文集和市场分析报告，还有在网路上发表的大量专题文章。从内容上看，不但有对文化艺术价值、收藏投资价值和价格变化规律等问题的定性或定量探索，也有对历史发展、设计创作、铸造工艺和行业现状的研究，更有大量广大收藏投资者最为关注的有关品相、版别、实铸量、实售量、存世量和流通量等问题的研讨。从参与的群体看，不但有专家、教授、从业人员、媒体记者和收藏家，还有大量身处一线的投资者和收藏爱好者，甚至还有国外人士积极参与。这些理论研究的活动与实践，百花齐放，各抒己见，流派各异，丰富多彩，不但充分反应出一股勇于探索市场规律的积极力量，也为今后不断深入进行理论研究奠定了一定的学术基础。

對我國金幣市場的理論研究和探索，雖然已在不同層面、以不同形式逐步展開，但由於這個市場的發展歷史畢竟相對較短，目前尚未引起管理層、理論界和學術界的更大關注，整個理論研究還處於初始階段。這種初始階段的特徵主要體現為以下四個方面。

一、研究成果相對分散，尚未形成完整體系

我國金幣市場的理論研究已經涉及很多問題。①我國現代貴金屬幣的市場價值何在，貴金屬價格波動到底對市場價值有何影響，如何認識分析現代貴金屬幣的文化藝術價值和收藏投資價值，評判價值優劣的標準到底是什麼。②我國現代貴金屬幣的市場價格如何形成，它們為什麼會產生較大的週期性波動，影響這種週期性波動的主要原因是什麼，如何正確認識收藏投資與投機的作用，為什麼文化藝術價值與收藏投資價值會產生動態博弈。③促進我國金幣市場發展的根本動力何在，市場發展的基礎是什麼，市場體系如何完善，如何正確認識分析各種市場參與者的市場表現，如何科學解釋各種市場現象，如何深刻透析各種市場表象背後的深層成因。上述舉例提出的問題，雖然在各種研究成果中都程度不同地有所涉及，但從整體上觀察，這些問題仍相對分散，層級不清，缺乏系統和完整的邏輯關係，沒有形成自身的完整體系。

二、重大核心問題尚缺共識，研究領域尚需深入

目前在人們能夠看到的主要研究成果中，主要涉及的還是一些相對比較具體、容易分析的問題，有些更深層的重大核心理論問題涉及較少，即使已經出現一些研究成果，目前也未引起市場重視和形成共識。①關於我國現代貴金屬幣的標準名稱問題，關於我國現代貴金屬幣的基本定義、屬性、發行原則及分類等問題，關於我國現代貴金屬幣在藝術收藏品市場中的基本定位問題。②我國金幣市場的生態環境如何不斷改善，一級市場和二級市場如何科學定義，如何通過不斷改革使目前的發行管理及銷售體制更好適應市場發展，如何實現一級市場的公開、公平與公正。③通過深刻總結歷史發展經驗，從中可以得到怎樣的借鑑和啟迪。上述這些舉例問題，不但涉及一些基礎理論，同時也涉及更深層次的體制機制的頂層設計，對我國的金幣市場科學健康有序發展影響更大，需要深入開展研究。

三、理論研究的基礎薄弱，方法研究尚需加強

在我國現代貴金屬幣的理論探索中，目前的研究環境與條件不甚理想，不少研究成果視野不寬、流於表象，理論基礎不夠清晰。近年來雖然已經開始引入定量分析方法，但大量的研究還局限在定性層面，主觀意識較強，缺乏科學數據支持，而定形分析更是鳳毛麟角。特別是有些研究成果的結論無法立足，會給市場造成誤導。如何從理論研究的薄弱環節入手，逐步構建相對完整的理論體系和研究方法，對全面推動理論研究工作將起到決定性作用。

四、對理論研究的重要性認識不足，動力較弱

我國現代貴金屬幣的理論研究發展較慢，主要問題是對理論研究重要性的認識還停留在一般水平，緊迫感不強，口頭上都說重要，實際行動仍處於可有可無的狀態，系統推動力不足。甚至有些觀點認為，我國金幣市場的發展歷史較短，市場還很不成熟，目前不存在進行理論研究的實踐基礎，也不具備形成完整理論體系的基本條件。這些認識上的差距和偏差，也是影響理論研究不斷深入的思想障礙，需要在市場發展中逐步解決。

我國現代貴金屬幣的理論研究還處於初始階段，這是事物發展的必然過程。為推動市場科學健康有序發展，一方面要不斷解決市場中發生的實際問題，另一方面要在思想上提高認識，系統推動各項理論研究工作向更深的層次拓展，提升理論研究的水平，通過高質量的理論研究，為市場實踐服務。

第二章　理論框架初探

第一節　理論框架概念

理論框架概念是一種思想方法，是在進行理論研究時，將研究系統視為一個有機整體，通過框架理論構建研究系統的完整理論體系。

框架概念源自貝特森（Bateson, 1955），由高夫曼（Goffman, 1974）將這個概念引入文化社會學。框架理論主要研究事物的「點、線、面、體、層」的框架結構關係，通過揭示事物客觀存在的這些平面與立體、內部與外部、動態與靜態的關係，在宏觀和微觀層面更深入瞭解事物的運動規律。

我國的現代貴金屬幣作為一種以貨幣形式出現、以貴金屬為載體，用於收藏或投資的商品，它的存在和發展也有一系列客觀運行規律。在推動我國現代貴金屬幣的理論研究工作中，也應積極借鑑框架理論的精髓，以大量的市場實踐為基礎，利用框架理論，從宏觀和微觀層面全面梳理反應這些客觀運行規律的理論問題，建立這些理論問題的層級以及相互之間的邏輯關係，明確進行這些理論研究的目的與意義，同時引入科學的研究方法，使我國現代貴金屬幣的理論研究形成一個相對科學完整的系統，為全面深入進行理論研究提供參考和指引，同時也為我國金幣事業的科學健康有序發展服務。

「實踐—認識—再實踐—再認識」是辯證唯物主義的認識論和方法論，建立中國現代貴金屬幣的理論框架就是遵循這種認識論和方法論，從總結我國現代貴金屬幣的市場實踐出發，全面探尋市場運行的本質和基本規律，將大量實踐活動提升為更高層次的理論認知。我國現代貴金屬幣的理論框架應具備以下基本特徵。

一、基礎性特徵

建立我國現代貴金屬幣的理論框架，就是要根據目前的認識水平，全面梳理涉及這個理論體系的所有重大課題，建立這些理論課題的層級以及相互之間的關係，同時確立進行理論研究的指導思想、理論基礎和科學方法，因此理論框架對整個理論研究具有基礎性作用。

二、抽象性特徵

我國現代貴金屬幣理論框架的基礎，來源於37年來市場發展的大量實踐活動，

但又不是這些市場實踐經驗的簡單重複和再現，而是從宏觀和微觀層面通過理性思維透析事物發展背後的成因，抽象反應市場發展的本質和內在規律，將各種經驗和實踐活動提升到一定理論高度，因此具有抽象性特徵。

三、結構性特徵

影響我國現代貴金屬幣市場發展的因素錯綜複雜、相互疊加、互相影響，建立我國現代貴金屬幣的理論框架，就是要從全局出發，客觀反應這些因素和問題之間的「點、線、面、體、層」的框架結構關係，揭示影響市場發展的主要矛盾和次要矛盾，探尋各種問題之間的互動關係，因此具有結構性特徵。

四、實踐性特徵

建立我國現代貴金屬幣的理論框架不是無源之水，也不是無本之木，它不但來源於大量的市場實踐活動，更重要的是要為發展我國的金幣市場服務，同時接受市場實踐檢驗，在市場實踐中不斷發展和完善，因此實踐性是檢驗理論框架是否科學有效的唯一標準。

第二節　理論框架概述

建立我國現代貴金屬幣的理論框架是一個全新課題，涉及的問題很多，相互之間的關係也相對比較複雜。從簡約性出發，以下將對這一理論框架中最主要的問題進行研究。中國現代貴金屬幣的理論框架見圖2-1。

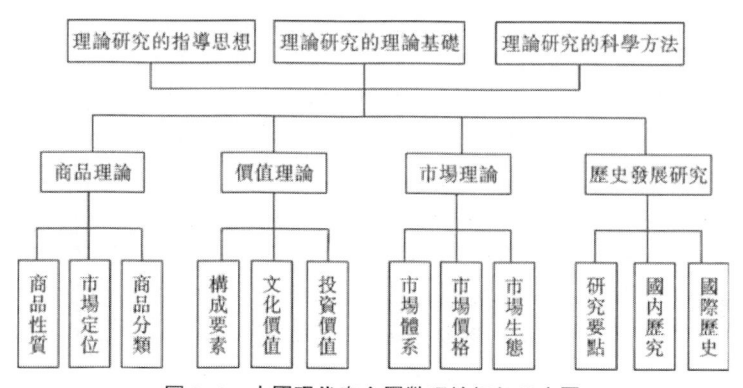

圖2-1　中國現代貴金屬幣理論框架示意圖

如圖2-1所示，我國現代貴金屬幣的理論框架首先由框架的基礎構成，在這個基礎之上，主要包括商品理論、價值理論、市場理論和歷史發展研究等主架構，以及與這些主架構相關聯的子架構。

一、理論研究的基礎

就像蓋房子打地基一樣，建立我國現代貴金屬幣的理論框架，首先應該構建堅實的基礎，這些基礎主要包括理論研究的指導思想、理論研究的理論基礎和理論研究的科學方法，這些要素是進行理論研究的必要前提。沒有這些基礎和前提，整個理論研究就會缺乏方向、營養不足，很難深入發展。

二、理論主架構相互之間的關係

我國現代貴金屬幣的理論框架有商品理論、價值理論、市場理論和歷史發展研究等主體架構。

在這中間，商品是主體，價值是源泉，市場是進行商品流通和價值轉換的媒介與橋樑，歷史發展研究將貫穿整個事物的發展脈絡，提供清晰的發展概貌。

在市場經濟中，商品、價值和市場是一個有機整體。它們相互之間既有密不可分的聯繫，也具有各自不同的地位和作用。對我國的金幣市場來說，如果沒有這種特定商品，一切將無從談起，但商品存在的基礎是具有市場價值，而市場體系是否完備，將決定能否實現商品的市場價值。進行我國現代貴金屬幣的理論探索，不但要具體研究商品、價值和市場各自的運行規律，也要在歷史發展的軌跡中探尋這三者之間的互動關係。這就是我國現代貴金屬幣理論框架最主要的邏輯聯繫，同時也反應出建立理論框架的重要目的。

三、各主架構研究的主要內容

商品理論、價值理論、市場理論和歷史發展研究等理論主架構都有豐富的內涵。

1. 商品理論

在商品理論中，將涉及以下三個方面的主要問題：

（1）商品性質。

在我國金幣市場37年的發展歷史中，人們一直在不斷探索這種特定商品的性質，不同的市場參與者從不同利益出發各有不同的詮釋。這個問題看似無關緊要，但卻涉及發行的目的、發行管理體制的頂層設計、一級市場的公開公平公正、市場利益格局的分佈以及市場價值的優劣等重大基礎問題。深入研究我國現代貴金屬幣的商品性質並逐步形成共識，對科學健康有序發展我國的金幣事業具有重要基礎作用。

在商品性質中，還將涉及這種商品的標準名稱問題。在目前的市場實踐中，這種特定商品的名稱很多，沒有形成完全統一的意見。從不同視角和使用習慣出發，一種商品確實可以有很多名稱，就像一個人可以有大名、小名、昵稱和外號一樣，但在他的身分證上只能有一個名稱，這就是他的法定名稱。從科學和規範的角度出發，如何確定這種商品的標準名稱，也應是整個理論框架中需要研究的問題。

（2）市場定位。

目前在市場中流通的商品成千上萬，無從統計。就是在藝術收藏品市場中，各種商品也是種類繁多、琳琅滿目。一種商品只要能在市場中流通和進行價值轉化，就都有它的市場價值，但由於商品的性質和價值不同，它們在市場中的流通體量和位置也大不相同。僅從藝術收藏品的角度看，不同的商品都有自己不同的受眾群體和社會關注度，並且都有自己的特色和局限。這些藝術收藏品的自然屬性和市場定位將在總體上影響這些差異。對我國的現代貴金屬幣來說，如何正確認識它在整個藝術收藏品中的市場定位，科學解釋目前現狀，充分認識這種特定商品的優勢和不足、揚長避短、努力提升其市場地位和市場價值，不但是理論研究的重要節點，同時也會對市場實踐產生重要影響。

（3）商品分類。

對於一種規模相對較大的商品來講，科學分類是一項必不可少的基礎工作。它對於認識事物內部不同結構的運行特性，進而從更高層面認識整個事物的運行規律具有重要作用。經過 37 年發展，我國的現代貴金屬幣已經形成由 387 個項目、2,015 個幣種組成的發行總規模達到 7,184.77 萬盎司的龐大家族。為了認識這些幣種不同的運行規律，人們一直在探索有關的分類問題。例如，出現了投資幣與紀念幣的概念，提出了項目主題的科學分類要求，以及民間總結提煉出「老精稀」概念等。提出這些概念和要求，都不是為了盲目分類，而是為滿足市場實踐與發展需要。我國現代貴金屬幣的發展時間相對較短，人們對有些重要的分類原則和方法還沒有形成統一意見，特別是這一商品體系的結構還在發生新變化，需要不斷總結經驗，在商品分類方面適應新發展。在市場發展中，商品分類問題也自然成為人們關注的焦點，成為理論研究的重要問題。

2. 價值理論

在價值理論中，將涉及以下三個方面的主要問題：

（1）構成要素。

我國的現代貴金屬幣能夠生存和發展的基礎是具有市場價值。這種市場價值一方面具有先天特質，同時也需要適當的環境和條件，兩者缺一不可。就像一個嬰兒，他的基因將為他今后的成長發育提供最基本的物質基礎，但這種物質基礎能否兌現，還會受到很多后天因素影響。對我國的現代貴金屬幣來說，如何認識它們的市場價值，一方面要探尋它們的基因結構，另一方面要研究促成它們成長發育的市場環境。具體來講，研究我國現代貴金屬幣的價值構成要素，一方面要研究其內在的有形價值和無形價值，研究有形價值中的文化藝術價值和收藏投資價值，另一方面要研究影響價值要素形成的主要條件及其動態變化規律，這正是價值構成要素這一課題要探索的主要內容。

（2）文化價值。

文化價值是文化藝術價值的簡稱，它是我國現代貴金屬幣價值構成要素的重要組成部分。文化藝術屬於意識形態範疇，由於不同個體在文化背景、審美標準、價

值取向、藝術流派等方面存在差異，對同一幣種文化藝術價值的認知往往會產生較大不同。在當前社會不斷進步的大背景下，文化藝術價值已經不能再用標準化和定於一尊的方法去評價，而是需要解放思想、百花齊放、百家爭鳴。研究我國現代貴金屬幣的文化藝術價值，主要任務是探尋它們的基本內涵，找尋最一般的研究方法，探索文化藝術價值最一般的變化規律，構建藝術鑒賞與批評的社會氛圍。以上要點是文化價值理論將要研究的最重要內容。

（3）投資價值。

投資價值是收藏投資價值的簡稱，它不但是我國現代貴金屬幣價值構成要素的重要組成部分，同時也是發展、擴大我國金幣事業的社會經濟基礎和動力。投資價值屬經濟範疇，簡單來說就是投入與回報之間的變動關係。按經濟學原理解釋，投資價值一般是相對於某個參照基準而言，是相對的不是絕對的，同時也是動態的，而且由於不同個體買入與賣出的時點差異很大，他們對投資價值的實際感受也千差萬別。我國的現代貴金屬幣幣種繁多、特性各異，除了以上因素之外，「項目題材」「設計雕刻」「規格」「材質」「發行量」「技術特徵」「品相」「版別」「號碼」和「包裝形式」等多種變量對投資價值也都有不同影響。研究我國現代貴金屬幣的收藏投資價值，不是一件非常簡單的工作，需要一定的理論支撐和大量的市場交易數據。在收藏投資價值的研究中，將主要涉及投資價值的基本內涵、定量分析的基本方法、評價投資價值的指標體系等理論與實踐問題，同時也包括收藏投資價值的變化規律和影響因素等問題。

3. 市場理論

在市場理論中，將涉及以下三個方面的主要問題：

（1）市場體系。

市場體系主要是指與整個商品流通環節有關的各種要素。從狹義上說，我國現代貴金屬幣的市場體系由一級市場和二級市場共同組成，它兩端連接著商品供應主體和廣大收藏投資及消費群體。從廣義上說，這一市場體系的概念不僅包括全部市場參與者和各種交易渠道、交易平臺，同時也包括交易行為、交易效率、市場服務、市場秩序和生態環境。從總體上觀察，我國的金幣市場呈現二元結構特性。雖然這個市場體系從小到大不斷發展進步，但也存在很多缺陷和不足，距離成熟市場還有一定差距。如何通過大量實踐活動，從理論高度總結正反兩方面的歷史經驗，探尋構建成熟市場的路徑，是這個理論節點將要涉及的問題。其中主要包括市場體系的特性，一級市場與二級市場的經濟學定義，各市場要素的地位與作用，市場發展的根本動力，改善交易行為、交易效率、市場服務、市場秩序的思路等問題。

（2）價格體系。

市場價格是我國現代貴金屬幣市場價值的貨幣表現形式。這個價格體系由一級市場的批發價格、零售價格以及二級市場的交易價格組成。一級市場的批發價、零售價屬於壟斷定價，二級市場的交易價格一般由價值規律和供需關係決定。分析我國現代貴金屬幣的價格體系，一方面要研究一級市場壟斷定價的形成機制和約束機

制,更主要的是要研究二級市場的價格形成機制和變化規律。對二級市場的交易價格而言,由於資本的風險偏好和環境條件的變化,供需關係將不斷產生變動,使市場價格圍繞價值上下波動,形成泡沫或超跌。特別是在資本的投機炒作下,市場價格往往不能真實體現一些幣種的市場價值,特別是不能真正反應它們的文化藝術價值。市場實踐證明,我國現代貴金屬幣的文化藝術價值是永恆的,市場價格是動態的,投機只能決定貴金屬幣的價格波動,不能決定其真正的市場價值,而市場價格週期性波動的幅度,正是衡量市場成熟度的重要指標。研究市場價格體系,主要是探尋各種價格的本質和形成機制、價格週期性波動的規律和影響因素、不同幣種的估值方法,建立價格指數以及文化藝術價值與收藏投資價值的動態博弈機制。以上研究重點將成為這個理論節點的重要組成部分。

(3) 市場生態。

市場生態主要是指整個市場的生態環境。發展我國金幣市場的影響因素非常複雜。從內部條件看,我國金幣市場的發展不僅與商品質量、價值優劣、市場體系等多種因素相關,也與整個市場的成熟程度有關。從外部環境看,由於我國金幣市場不是孤立存在的,其發展也會受到國家的經濟發展水平、文化發展水平、整體國民素質和價值取向等多種因素影響。深入研究我國的金幣市場,需要使用系統的方法,把所有相關的內外因素視為一個生態環境系統,用生態環境理論綜合審視整個市場的發展,一方面充分認識市場發展的階段性特徵,另一方面找尋在現階段改善整個市場生態環境的主要矛盾和方法。具體來講就是在當前的生態環境條件下,完善發行管理銷售體系,提高商品市場價值的比較優勢,平衡調整市場參與者的利益關係,擴大穩定的收藏投資群體,引導正確的收藏投資理念,改善市場交易效率和市場服務,規範市場秩序,提升整個市場的活力和內生動力。以上視點將是市場生態這個理論節點要研究探討的主要問題,同時也是透析商品理論、價值理論和市場理論相互關係的重要切入點。

4. 歷史發展研究

我國的金幣市場只有 37 年發展歷史,很多事情還歷歷在目,好像沒有什麼值得深入研究的歷史發展問題。但現實情況是,雖然這段歷史的發展脈絡大體清晰,但已有不少重要節點的演變過程正在變得模糊不清,一些重要的檔案資料出現散失,不少關鍵的當事人隨著歲月流逝也已西去,要想深入瞭解我國金幣市場的全部歷史,已經變得不是那麼容易。

歷史就像一面鏡子,記載著我國金幣市場發展的全過程。歷史就像一部教科書,揭示著我國金幣市場發展的成敗得失和基本規律。歷史就像一座燈塔,會引領我國的金幣市場從過去走向更加輝煌的未來。重視歷史研究,從歷史研究中汲取營養,特別是對一些有可能丟失的歷史記憶和重要檔案進行搶救性保護、挖掘,已經成為當前我國金幣市場歷史研究的重要任務,同時也是對歷史和後人高度負責的基本工作。

在我國現代貴金屬幣的理論框架中,把歷史發展研究作為一個重要議題展現出

來，不是要撰寫一部中國金幣的發展歷史，而是希望引起全體市場參與者的高度重視，積極參與到歷史發展的研究工作中來，為這項研究工作添磚加瓦，構建完整的歷史燈塔。

這個理論框架的主架構將涉及歷史發展研究要點、國內市場發展歷史研究和國際市場歷史發展研究三個方面的主要問題。

（1）在歷史發展研究要點中，主要探索進行市場發展歷史研究的主要目的和方法。

（2）在國內市場發展歷史研究中，將提出體制機制、技術發展、設計風格、檔案資料、市場體系、市場波動和重大發展節點等研究課題。

（3）在國際市場發展歷史研究中，將提出國外發行管理體制、國外鑄造技術和設計風格的歷史演變、國外成熟市場的發展歷史及經驗等研究課題。

構建我國現代貴金屬幣的理論框架是一項試探性工作，目的在於從總體上審視理論研究的各個環節。以上概述僅是從結構上描述這個框架的主要內涵，在以下章節中將對這些內容進行詳細研究。

第三章　理論研究的基礎

理論研究的基礎主要包括理論研究的指導思想、理論研究的理論基礎和理論研究的科學方法。

第一節　理論研究的指導思想

開展我國現代貴金屬幣的理論研究，應該有科學的思想指引。這對把控全局，調動研究者的積極性和創造性、構建良好的研究環境、淨化研究空氣與氛圍，推動理論研究不斷深入都具有重要作用。

一、理論研究不設禁區

從有利於我國金幣事業科學健康有序發展的大局出發，全面深入進行理論研究，不但會涉及一般性的學術問題，也會不可避免地涉及某些市場參與者的眼前利益或暫時利益。如何正確認識和看待這些涉及切身利益的研究內容和成果，對深入開展理論研究十分必要。在以往的研究工作中，一些研究者正是礙於某些壓力或顧慮，對一些重大理論問題蜻蜓點水、避重就輕，甚至完全迴避。有些市場參與者只願意頌揚成績，接受讚許，不願意聽取意見、接受批評，甚至對批評意見採取壓制態度。這些在研究工作中出現的現象，將不利於理論研究的環境和氛圍，更不利於這項工作的深入開展。理論研究工作不應在心理和行動上存在禁區，只要不是歪理邪說、惡意攻擊，就應該敞開胸懷，鼓勵各種觀點的激烈碰撞，甚至對逆耳之言也要採取寬容態度。當然研究者也應從發展我國金幣事業的根本利益出發，尊重事實，以科學和善意的態度發表學術觀點，接受市場實踐檢驗。

二、理論研究承認學派

我國現代貴金屬幣的理論研究屬社會科學範疇，像很多研究領域一樣也存在不同觀點和學派。在實際研究工作中我們經常可以看到，對某些具體問題的研究會出現完全不同的意見或結論。例如，關於「老精稀」板塊的劃分標準問題眾說紛紜，至今也沒有取得完全一致的看法。由於觀察事物的視角、方法和側重點存在差異，產生不同結論是完全正常的現象。特別是在理論研究中，由於認知能力、價值取向和分析方法不同，研究結論往往會存在一定差異，甚至產生完全相反的結果。在理

論研究中應該正視差異、承認學派、鼓勵百花齊放、百家爭鳴、相互借鑑、求同存異，培育一種良好的學術氛圍，不主張固執己見、唯我獨尊、相互排斥，甚至激烈對抗的不良風氣。當然我們也應該看到一些所謂的研究成果或文章，它們打著學術研究的幌子，從自身的商業目的出發，片面宣傳某種觀點，甚至給收藏投資者設局下套，給市場造成誤導。這種現象不是學術學派問題，而是商業道德問題，很難完全避免，應該注意識別和警惕。

三、理論研究內外結合

理論研究的根基來源於市場實踐，進行理論研究應該深入市場，充分調查、瞭解和掌握所有市場參與者的各種市場行為和動機，甚至完全融入他們的市場活動，切身感受他們的喜怒哀樂，這是進行理論研究必備的前提條件。但是理論研究又必須跳出市場，擺脫各種利益糾纏，以一個旁觀者的身分，靜觀各種市場現象，使用科學的方法和理論，分析研究這些市場現象和信息，從中總結和提煉出代表事物本質和一般規律的研究成果。在市場實踐中人們可以看到一些研究成果的素材和深度非常貼近市場，但由於研究者已經深陷市場之中，很少能站在更高位置，用更寬闊的視角去認識分析問題，往往僅憑經驗和個人感情得出結論，甚至摻雜個人利益，缺乏一般性的指導作用。理論研究要採用內外結合的方法，一方面要深入市場調查研究，另一方面又要能跳出市場圍城，擺脫個人情感，站在更高位置，使用更科學的方法進行分析和探索，這對深入進行理論研究十分必要。

四、理論研究形式多樣

我國現代貴金屬幣的理論研究不僅是專家、學者、教授和專業機構的任務，同時也需要廣大收藏投資者和從業人員積極參與。從近些年的理論研究狀況看，雖然也出現了一些相對比較專業的研究成果，但更多的是身處一線的收藏投資者撰寫的短文、評論和分析文章。例如，對某個設計者藝術風格的研究，對某個早期幣種存世量的研究，對某個幣種價格走勢的研究等。雖然這些研究成果的篇幅較短，不成體系，但這些文章對深入的理論研究很有意義。理論研究需要完整系統的研究工作，也需要不同側面的研究內容。我們的理論研究不但要重視專業水平的研究，同時也要積極鼓勵和推動更多群體參與，為有興趣參與此項工作的各種人員創造機會和條件，滴水成河，匯河成海，最終形成層次不同、內容有別、形式多樣的理論研究成果。

五、理論研究沒有終點

人們對客觀真理的認識是不斷深入和無止境的。我國金幣市場的理論研究目前還處於初始階段，對很多基礎問題的認識還存在差距，已經形成的觀點也存有不同意見，甚至不少研究課題還是空白，理論研究需要不斷深入。與此同時，由於我國金幣市場的發展時間畢竟較短，即使是一些受到普遍認同的研究成果，隨著時間的

流逝和各種因素的變化，也需要不斷修改、調整和完善。特別是當前我國經濟正處於重要轉型期，各種新業態、新事物層出不窮，發展的速度很難預測，理論滯後很難避免。理論研究需要緊跟市場變化，不斷前行，解釋新現象，探尋新問題。面對我國金幣市場理論研究起步較晚、任重道遠的現狀，研究者一方面要在起跑後加速前進，縮小差距，另一方面要不斷創新，努力探索，迎接新的挑戰，在解決市場實際問題中不斷豐富發展。

第二節　理論研究的理論基礎

經過幾千年的歷史發展和社會進步，人類對自然和社會的認識已經取得巨大成就。儘管還有很多未知世界尚待探索，但人類現有的理論成果可為很多研究領域提供豐厚堅實的理論基礎。

我國金幣市場的理論研究並不是什麼高不可攀的未知領域，也不需要重起爐竈、另闢蹊徑，獨創出什麼特別的理論，而是應該從普遍性與特殊性、共性與個性的視角出發，從最一般的藝術學、經濟學和錢幣學的理論研究成果中建立支點、尋找答案，形成具有鮮明特色的中國現代貴金屬幣的理論依據和體系。在我國金幣市場的理論研究中，一些看似高深莫測和難解的問題，只要正確運用上述理論體系，就可迎刃而解，同時也會使理論研究的基礎更加堅實可靠。

目前在藝術學、經濟學和錢幣學等領域中，得到社會公認的理論成果已經非常豐富，涉及我國現代貴金屬幣的相關理論只是其中一部分。它們不局限但主要包括以下內容：

一、藝術學理論

藝術學是綜合研究人類藝術活動的學科。我國的現代貴金屬幣雖然以貨幣形式出現，但它本質上是雕塑藝術的一個分支。藝術學中的藝術創作、藝術鑒賞、藝術批評、藝術商品生產等理論，將構成研究我國現代貴金屬幣文化藝術價值的理論基礎。

1. 藝術創作

藝術是人類獨有的創造產物，也是人類情感和智慧的結晶。藝術創作是藝術家的社會實踐活動，為人類創造審美價值，滿足人們的精神需求。我國的現代貴金屬幣作為一種典型的金屬淺浮雕鑄造藝術，已有很長的發展歷史，形成了具有自身特點的創作理論和創作規律。我國造幣企業的一代代美術工作者，遵循這些理論和規律，進行著艱辛的探索與實踐，並不斷創新，將獨特優美的形象和豐富多彩的內容反應到方寸之間，用藝術語言展現出我國悠久的歷史文化和社會發展成就。藝術創作理論不僅是衡量我國鑄幣藝術水平的坐標，同時也是指引這種藝術不斷發展的精神食糧。特別是隨著時代發展和技術進步，我國現代貴金屬幣的雕刻藝術水準也面

臨新問題和新挑戰。如何總結經驗，不斷進步，藝術創作的基本理論將可以為我們提供正確方向和不竭力量。

2. 藝術鑒賞與藝術批評

藝術創作只是整個藝術活動的起點，在這之後的藝術傳播將與藝術創作一起形成一個完整的藝術活動實踐過程，而藝術的鑒賞與批評正是藝術傳播過程中不可缺少的重要組成部分。在藝術學理論中，藝術鑒賞是人們對藝術作品進行非反思性的審美認知活動，而藝術批評是藝術家、藝術評論家和藝術鑒賞者通過藝術觀念的闡發，表達對藝術創作和鑒賞本身的看法和意見。藝術的鑒賞與批評在整個藝術活動中佔有極其重要的位置，是整個藝術傳播活動的核心和藝術不斷發展的基礎。在我國現代貴金屬幣的市場傳播中，藝術鑒賞活動的開展相對普遍，藝術批評活動相對較少，甚至處於「難登大雅之堂」的尷尬境地。藝術鑒賞與藝術批評將加快市場傳播，不斷提高整個現代貴金屬幣的藝術質量，為人們提供有力的理論指引。

3. 藝術商品生產

人類生產進入商品時代以後，藝術產品進入流通領域，自然成為了商品，它們在創造藝術價值的同時也可創造經濟價值。以經濟利益為目的生產的藝術產品，藝術價值也將變為依附於這種商品身上的特殊符號，形成生產、流通、消費、收藏、投資與鑑別的藝術商品市場。從這一基本理論出發，我國的現代貴金屬幣首先是一種藝術商品，附著在上面的各種信息只是為經濟利益服務的藝術符號。但這種商品與其他藝術商品也有不同，它將反應國家意志，代表文化發展的正確方向，承擔經濟效益與社會效益統一的職責。藝術商品生產理論，一方面可以幫助人們認識我國現代貴金屬幣的商品本質，同時也可以在探尋發行目的，研究發行管理體制，探索市場參與者利益均衡，促進市場科學健康有序發展中發揮重要作用。

二、經濟學理論

經濟學是綜合研究價值的生產、流通、分配以及消費的學科。我國的現代貴金屬幣作為一種藝術商品，其市場的運行規律將遵循一般的經濟學原理。經濟學的市場動力、市場結構、商品價值與市場價格等理論，是人們認識我國金幣市場運行規律和貴金屬幣收藏投資價值的重要工具。

1. 市場動力

在經濟學假設中，市場參與者都是理性經濟人。這些理性經濟人都按照經濟利益最大化行事，以追求利潤為基本目標。市場經濟就是利益經濟，沒有利益就沒有市場。對我國的金幣市場而言，我們可以看到全體市場參與者每天都在辛苦地忙碌，不斷地參與市場交易，同時推出各種新概念、新模式和新舉措，並為這些概念、模式和舉措貼上或真或假的優美標籤。如何從迷霧中辨識這些市場現象？經濟利益這個放大鏡，將是最有效的工具。在市場經濟中，首先要承認利益、尊重利益、利用經濟利益這個槓桿，充分調動市場參與者的積極性和創造性，為發展市場服務。同時也應平衡利益、調整利益、警惕利益侵害，實現社會利益最大化。在我國金幣市

場的理論研究工作中，以上理論觀點應該成為分析認識各種市場現象最重要的理論武器。

2. 市場結構

市場結構決定市場效率，是經濟學研究的重要內容。在微觀經濟學中，一般把市場結構分為四大類型，即完全競爭市場、完全壟斷市場、壟斷競爭市場和寡頭壟斷市場。從這些經濟學概念分析，我國的金幣市場應屬於完全壟斷市場和近似完全競爭市場組成的二元市場。在我國的金幣市場中，很多市場現象都與這種二元結構有關。例如，商品的供應總量有時不受市場需求約束，一級市場的價格形成機制模糊不清，商品在由一級市場向二級市場的流動過程中利益角逐激烈等。在市場發展的理論研究中，如何分析解釋我國金幣市場中的各種現象，同時採取相應對策，改善市場生態環境，加強行政監管，提高市場效率，實現公平原則，市場結構理論將為此提供重要的理論基礎。

3. 商品價值與市場價格

根據現代經濟學理論，商品的價值由物化勞動價值和社會使用價值共同組成。由於藝術商品的非剛性需求特性，它們的市場價格不僅受到生產價格和商品價值影響，同時更重要的影響因素是稀缺性、購買者的心理狀態和支付能力，屬於虛擬價值。虛擬價值包括勞動價值，但勞動價值所占比重相對較小。受虛擬價值特性影響，藝術商品具有自己獨特的價值與價格形成規律，並可以用數學方法定量計算和評價。從理論上講，藝術商品的市場價格變化規律由供需關係確定，而決定供需關係的關鍵因素是市場預期。藝術收藏品的市場預期與收藏投資的比較優勢、人們的慾望、感情和情緒關係極大。受宏觀與微觀的多種因素影響，藝術商品的價格與價值相一致是偶然的，不一致卻是經常發生的。在價值規律作用下，藝術商品的價格圍繞價值上下波動是一種常態。以上經濟學觀點，將為研究我國現代貴金屬幣的經濟屬性和投資價值，建立有關的指標體系和評價方法，探索價值形成機制和價格變化規律提供重要的理論依據。

三、錢幣學理論

錢幣學是從文化意義上對錢幣開展研究的一門學科。它包括對錢幣實物的研究，也包括對錢幣實物所蘊藏的非物質文化的研究，肩負著探索錢幣的發展規律、歷史作用、科學價值、文物價值和社會意義等重要任務。我國的現代貴金屬幣以貨幣形式出現，是我國錢幣文化不斷發展的產物，也是新時期錢幣文化發展的新生事物。如何認識這種新生事物，如何探尋錢幣文化的真諦，如何倡導和凝聚正向的收藏研究理念，錢幣學理論都可以為人們提供有益的指引和幫助。

1. 歷史作用

從大量的錢幣學研究成果中人們可以看到，歷代貨幣最主要的社會職能首先是承擔商品流通的媒介，同時這些貨幣的物質形態記載了大量的不同時代的政治、經濟、文化和社會信息。雖然我國的現代貴金屬幣在形式上與這些貨幣基本相同，但

在使用功能上已經發生變異，不再承擔貨幣的基本職能，而是成為了一種藝術商品。如何探尋我國現代貴金屬幣在錢幣文化中的歷史地位和作用，如何認識這種貨幣形態的性質和屬性，錢幣學理論將為我們提供有益的借鑑和參考。

2. 研究重點

錢幣學研究的內容十分廣泛，對我國現代貴金屬幣來講，主要的研究內容應該包括：①研究錢幣的策劃、設計和鑄造過程，瞭解錢幣發行的歷史背景，理解某種錢幣是怎樣誕生的。②研究錢幣的設計理念、圖案紋飾和文化內涵，找尋其中的文化價值。③通過研究錢幣材質、形制、技術和防偽特徵，瞭解鑄造工藝和技術的特色與發展。④通過研究錢幣的品相，瞭解和掌握收藏保管規律。⑤通過對稀有錢幣傳世情況的研究，掌握這些幣種的存世狀況。⑥通過對偽幣的研究，探尋偽幣的形成原因和防範偽幣的方法。⑦通過研究各種錢幣版別，瞭解版別產生的主要原因和技術背景。以上這些錢幣學的研究指引，將可以為探尋我國現代貴金屬幣的歷史發展、技術沿革和收藏價值提供正確的方向和引導。

3. 價值取向

錢幣學告訴我們，錢幣的收藏鑒賞和研究是一種高雅的文化生活。通過錢幣的收藏鑒賞和研究，不僅可以傳承博大精深的中國錢幣文化，同時也可以充實人們的精神文化生活，對豐富閱歷、增長知識、提高鑒賞辨別水平、陶冶情操、修養品德都有很大益處。目前在我國的金幣市場中，市場參與者對投資價值關注較多，甚至有時盛行投機炒作，對文化藝術價值往往重視不夠，出現價值重心偏移傾向，距離成熟市場還有一定差距。錢幣學理論也將可以為我們倡導正確的收藏投資理念，提高收藏鑒賞水平，加快市場成熟發展，提供理論和實踐導向。

第三節　理論研究的科學方法

開展我國現代貴金屬幣的理論研究，使用科學的方法必不可少，這不但是進行研究工作的重要基礎，同時也是實現研究目的的關鍵環節。隨著人類認識水平不斷深入和科學技術不斷發展，各種科學的研究方法也在不斷完善和進步。目前進行我國現代貴金屬幣理論研究的科學方法，可以綜合概括為定性分析方法、定量分析方法和定形分析方法。

一、定性分析方法

定性分析就是對研究對象進行「質」的方面的分析。具體說就是運用歸納和演繹、分析與綜合、抽象與概括等方法，對獲得的各種材料進行思維加工，從而去粗取精、去偽存真、由此及彼、由表及裡，達到認識事物本質，揭示事物內在規律的目的。

在我國現代貴金屬幣的理論研究工中，定性分析是重要方法之一，也是目前使

用最為普遍的方法。我國現代貴金屬幣的很多理論問題，例如，有關這種商品的性質、市場定位、文化屬性及藝術價值、市場體系、市場生態環境、歷史發展等問題，使用定性分析方法仍然是最有效的手段，同時也取得了不少階段性成果。例如，國家行政學院出版社出版的《金銀幣收藏與投資》、中國金融出版社出版的《貨幣貴族》、印刷工業出版社出版的《中國現代貴金屬幣章收藏與投資入門》，以及上海科學技術出版社出版的《現代錢幣收藏與投資》等書籍，已經在這些方面匯集了大量的研究成果。

進行定性分析，需要正確的研究態度。實際上任何理論研究都是由自然人參與完成的。對身處社會之中的自然人來說，很難做到完全脫離自身所處的經濟環境。鑒於這種位置差異，很難避免由於價值取向不同，對相同事物會得出不同的結論。對於定性分析來說，由於主要使用個人的抽象思維進行判斷並得出結論，要求研究者要努力擺脫自身的利益糾纏，採用公正客觀的態度和科學求實的精神對待研究對象，避免因個人價值取向的差異，使研究結論產生偏差，這是進行定性分析必要的正確態度。

進行定性分析，也需要正確的思想方法。認識論是科學的世界觀和方法論，它本質上要求進行理論研究首先要深入實際，深入市場，進行大量的調查研究，取得第一手資料。同時又要求採用歷史的、辯證的和系統的視野觀察分析市場現象，通過理性和抽象思維，揭示我國金幣市場運行的本質和規律，兩者不可偏廢。在理論接研究中，在認識論上產生偏差是不可避免的，不斷糾正這種偏差的唯一方法就是要接受市場實踐檢驗。「實踐—認識—再實踐—再認識」是進行我國現代貴金屬幣理論研究最基本的思想方法。

二、定量分析方法

定量分析的理論基石是實證主義。它是依據統計數據建立數學模型，並用數學模型計算出分析對象的各項指標及其數值的一種方法，其核心是分析社會現象的數量特徵、數量關係與數量變化規律。定性分析方法只是從「質」的方面描述事物的本質和規律，全面深刻地瞭解事物本質方面存在的缺陷。因此，定量分析方法是進行我國現代貴金屬幣理論研究更加重要的方法之一。

從目前的實際情況看，在我國現代貴金屬幣的理論研究中，雖然有些問題還需要以定性分析方法為主，但更有大量的問題可以並且需要引入定量分析方法。例如，對經濟屬性及投資價值的研究，對市場價格及波動規律的研究，對不同幣種估值的研究等。另外還有一些問題處於定性分析與定量分析的重合區域，需要使用定量分析方法進行摸索實驗。例如，對文化藝術價值定量分析的探索。

隨著研究工作的深入和市場發展的需要，使用各種定量分析方法的研究成果已經開始出現。例如，由金德平撰寫的《對當代金銀幣的統計與分析》，由上海交通大學陳欣和邱月撰寫的《中國現代金銀幣溢價影響因素分析》，由西南財經大學出版社出版的《中國現代貴金屬幣市場分析報告》等文章、論文和書籍。這些研究成果已

· 21 ·

經開始在定量分析方面進行積極探索和實踐。另外，民間也有不少定量分析的文章和成果，在這方面進行著大膽探路。

目前在我國現代貴金屬幣的理論研究中採用定量分析方法還處於起步階段。一是數據採集的環境還不十分理想，這主要體現在：①發行數據的透明度不高；②歷史數據的累積欠缺；③市場數據的採集具有明顯的離散性。二是數據處理、數學分析模型以及主要評價指標的研發還需不斷完善提高。三是市場對定量分析的需求還不夠普遍，憑經驗判斷還是一種常態。儘管目前使用定量分析方法還處在初始階段，但隨著現代科學技術，特別是信息技術的迅猛發展和大數據時代的來臨，定量分析方法已經有了堅實的物質基礎和強大的技術支持。在我國現代貴金屬幣的理論研究中，積極引入定量分析方法的條件已經具備，時機也已成熟。

科學的定量分析，將涉及數據資源收集、數據信息整理檢索和數據分析利用三個主要環節。數據資源收集的主要任務是，使用科學穩定的方法，採集與市場交易有關的各種大量有效數據，同時按規則導入數據庫，形成數據資源。數據信息整理檢索的重要任務是，使用統計學方法，對數據資源進行整理歸納和統計計算，同時通過便捷有效的檢索系統，將研究目標準確定位，形成定量分析的基礎。數據分析利用的主要任務是，根據分析需要建立相應的指標體系和數學模型，對檢索數據進行分析計算，找尋數據特徵、數據關係和數據變化規律，最終形成定量分析結果。

進行定量分析雖然需要一定的數學、統計學和信息學知識，但此中並非高深莫測，很難進入。從市場實踐看，建立涵蓋全部基礎信息的數據庫具有一定難度，但大量的定量分析工作也可以從某一個較小的專題入手。只要按照定量分析的主要環節開展工作，就可取得形式多樣的定量分析成果。

三、定形分析方法

定形分析就是將定性分析與定量分析相結合，對事物進行分析研究的方法。它不但要對事物做出「質」的判斷，同時也要對事物給出「數量」的界定。通過科學完整的定形分析，研究對象可完全處於透明狀態，事物的本質和運行規律將可能被真正瞭解和掌握。

從科學認識的一般規律看，任何研究或分析都首先是從事物「質」的差別開始，然後再去研究它們「量」的規定，在「量」的分析基礎上，最後做出定性分析，得出更加可靠的分析結論。只有將定性分析和定量分析較好結合，相互補充，將兩種不同分析方法在視野、依據、手段、基礎和表述形式上的差異完美融合，才有可能接近或達到認識事物本質的彼岸。

在我國現代貴金屬幣的理論研究中，定形分析已經起步，其中由西南財經大學出版社從2012年起開始連續出版的《中國現代貴金屬幣市場分析報告》已經開始引入這種分析方法。但從總體上觀察，在我國現代貴金屬幣的理論研究中，使用定形分析方法仍然是薄弱環節。它主要反應在：①某些完全有可能引入定量分析方法的問題，目前還只局限在定性層面；②大量定量分析成果還沒有與定性分析方法有機

結合；③目前已有的定形分析成果還需要有較大提高。

　　定形分析是定性分析和定量分析的有機結合，是提高理論研究水平的必經之路。定形分析將涉及更多的基礎理論和學科，對研究者也必然要提出更高要求。努力學習和瞭解相關基礎知識，全方位提高理論修養，充分掌握定形分析的基本功，將會為理論研究提供更加有效的工具和方法。

第二部分　商品篇

第四章　商品的基本概念

第一節　標準名稱

自 1979 年我國開始發行精裝紀念金幣以來，在這些錢幣集合體的標準名稱問題上，一直存在不同提法或爭議。

在 2000 年 5 月 1 日頒布的《中華人民共和國人民幣管理條例》中，把它們的集合統稱為貴金屬紀念幣。另外在一些專業書籍、年鑒和圖錄中把這個集合體稱為中國現代貴金屬幣，或中國現代貴金屬紀念幣，或中國現代金銀幣，或中國當代貴金屬幣，或中國當代貴金屬紀念幣，同時也有簡稱為中國金銀幣、金銀幣的。總之，雖然它們都是同指一個事物的集合，但名稱繁多，表述各異。分析這些不同的表述方式，主要不同點在於：「現代」與「當代」的差異、「貴金屬」與「金銀」的差異、「紀念幣」與「幣」的差異。

對於一種事物的集合，由於在觀察標準、表述重點和使用習慣等方面存在差異，出現各種不同名稱是完全正常和不可避免的現象。在市場實踐中，目前存在的這些不同名稱可能並不影響人們對事物集合體的區分，但從學術和理論角度出發，是否需要對這一事物的集合制定一個更加科學準確的標準名稱，值得探討。這個問題不但是學科研究的基礎，同時也將有利於交流與溝通，避免人們在認識上出現疑惑和混亂。

經過深入研究，同時充分參考各種命名方法的依據，筆者把這個錢幣集合體稱為中國現代貴金屬幣。主要理由如下：

一、關於「現代」與「當代」的問題

「現代」與「當代」的核心問題是歷史斷代和定名問題。歷史斷代問題十分複雜，眾說紛紜，在不同的研究領域存在不同的界定標準。例如，在中國文學的時代劃分上，近代是指 1840 年至 1919 年，現代是指 1919 年至 1949 年，當代是指 1949 年至今。在中國史學界，把 1840 年之前稱為古代，把 1840 年至 1949 年稱為近代，把 1949 年至今稱為現代。另外在哲學領域和自然科學領域也有不同的劃分方法。

面對這種現狀，筆者認為在確定標準名稱問題上，我們沒有能力也沒有必要介入學術界的歷史斷代之爭。另外，大量資料顯示，在 1949 年之後的歷史時段，「現代」和「當代」同指一個時期，兩者沒有差異。「當代「一詞在文學研究上使用得比

較普遍，已成慣例。而「現代」一詞在史學界得到公認，也得到普遍採用。由於錢幣與文學研究領域相距較遠，又與國家政體的變更密切相關，從更寬泛的視角出發，使用「現代」一詞可能更加穩妥。

二、關於「貴金屬」與「金銀」的問題

自1979年以來，中國人民銀行發行了以金、銀、鉑、鈀為主要材質的大量錢幣，這些材質都屬貴金屬範疇。用以上各主要材質實際發行銷售的錢幣數量統計見表4-1。

表4-1　　　　　　　　主要材質發行銷售數量占比統計表

統計項目	幣種數（個）	實售枚數（萬枚）	實售重量（萬盎司）	2014年底市場價總值（億元）
金、銀、鉑、鈀幣總量	2,015	7,721.19	7,184.77	1,173.94
其中：鉑幣	55	22.39	3.54	10.75
鈀幣	3	1.74	0.94	0.67
鉑幣、鈀幣總量	58	24.13	4.48	11.42
鉑幣、鈀幣占比	2.88%	0.31%	0.06%	0.97%

如表4-1所示，我國實際發行銷售的鉑幣和鈀幣占比很小，按幣種數量、實售枚數、實售重量和市場規模計算，分別占總量的2.88%、0.31%、0.06%和0.97%，僅擁有極其微小的份額，故將這個集合體定義為「金銀」並不是完全沒有道理。但從更加科學的角度出發，這個集合體中畢竟還有鉑幣和鈀幣存在，使用「貴金屬」一詞將更加準確全面。

三、關於「紀念幣」與「幣」的問題

37年來我國中央銀行發行的貴金屬錢幣已經達到2,015種，形成了一個內部結構複雜的集合體。不管是從項目主題上看，還是從經濟屬性上分析，這些幣種之間都存在較大差異。按「紀念幣」一詞的名稱解釋，一般應有特定的紀念主題。但從實際情況觀察，我國很多的現代貴金屬錢幣並沒有特定的紀念主題。例如，以中國大熊貓為題材發行的大量具有投資功能的錢幣，就沒有特定的紀念主題。當然在我國發行的現代貴金屬錢幣中，也有相當數量的項目具有特定的紀念主題，例如，第29屆奧林匹克運動會貴金屬紀念幣。從以上情況分析，如果使用「紀念幣」一詞，總體上無法進行綜合概括，同時也很難進行進一步的科學分類。從準確的文字定義出發，使用「幣」一詞應該更加合理。

將1979年以來由我國中央銀行以金、銀、鉑、鈀為主要材質鑄造發行的錢幣稱為中國現代貴金屬幣，只是一種理論和學術上的界定和思考。正如上邊的數據所示，

金銀幣已經是這個集合體的絕對主流，在市場實踐中，使用其他名稱，如「中國現代金銀幣」「中國金銀幣」，甚至簡稱「金銀幣」，只要指向明確、約定俗成，也並無不妥。另外，按 2014 年的數據統計，我國金幣的零售價總值和市場價總值已分別占到發行總規模的 75.59% 和 74.00%，同時考慮到黃金的影響力，將中國現代貴金屬幣的發行與銷售活動定義為中國金幣事業，把整個市場稱為中國金幣市場也是準確和恰當的。

在我國錢幣界，目前對中國現代貴金屬幣標準名稱的討論與研究還在繼續，短時間內可能無法取得完全一致的意見。筆者以上的觀點僅是個人的思考與認識。

第二節　基本定義、屬性及發行原則

我國現代貴金屬幣的基本定義、屬性和發行原則，是關乎中國金幣事業不斷發展進步的重大問題。

在我國金幣市場 37 年的發展歷程中，人們一直在探索、認識這些問題。面對市場實踐反應出的各種現象，人們提出了很多思考和疑問。例如，①到底應該如何認識和定位我國發行的現代貴金屬幣；②發行的根本目的和作用是什麼；③到底應該如何組織發行和銷售工作；④如何使它們能夠實現更高的市場價值；⑤如何構建我國金幣市場科學健康有序的市場體系。以上這些問題都與我國現代貴金屬幣的基本定義、屬性及發行原則有關，而且不同的市場參與者從不同利益出發，各有不同的解釋。

目前，在相關的研究工作中，涉及基本定義、屬性和發行原則的研究相對較少。在沒有充分借鑑的條件下，筆者對這些問題進行了一些理論思考。

一、基本定義

我國的現代貴金屬幣是一種以貨幣形式出現、以貴金屬為載體、用於收藏或投資的商品，不具備貨幣流通職能。這種商品與其他商品的根本區別是由政府面對公眾壟斷發行，在經濟上屬政府行政資源類產品。

在這個定義中，人們可以看到幾個關鍵詞：貨幣形式、貴金屬、收藏或投資的商品、行政資源類產品。

（1）首先看「貨幣形式」。人們經常可以看到中央銀行關於發行某一套貴金屬幣的公告，並均說明是中華人民共和國的法定貨幣。同時也可以看到，雖然不同項目的設計鑄造圖案不同，但都鑄有國號、面額和鑄造年號這些最基本的實物貨幣要素。眾所周知，自從金本位和銀本位的貨幣體制退出歷史舞臺后，以國家信譽為特徵的現代實物貨幣就成為了商品交換的媒介，幣面上標註的面額就是進行商品交換的價值尺度。現代貨幣物質形態本身的價值低於面額，是保證這種貨幣能夠承擔商品交換職能的最基本條件。

我國現代貴金屬幣的面額、貴金屬價值與實際零售價格的關係見表 4-2。

表 4-2　我國現代貴金屬幣面額、貴金屬價值、零售價格相互關係統計分析表

幣種	規格 數值	規格 單位	重量（克）	標註面值（元）	面值對應的理論金銀價（元/克）	面值在幣種實際貴金屬價值中的占比（用 2014 年平均金銀價格計算）	面值在幣種實際零售價格中的占比（按金銀幣平均升水計算）
金幣	1/25	盎司	1.244	15	12.058	4.83%	3.66%
	1/20	盎司	1.555	20	12.860	5.15%	3.90%
	1/10	盎司	3.110	50	16.075	6.44%	4.88%
	1/4	盎司	7.776	100	12.860	5.15%	3.90%
	1/2	盎司	15.552	200	12.860	5.15%	3.90%
	1	盎司	31.104	500	16.075	6.44%	4.88%
	5	盎司	155.518	2000	12.860	5.15%	3.90%
	1	千克	1,000	10,000	10.000	4.01%	3.04%
	2	千克	2,000	20,000	10.000	4.01%	3.04%
	10	千克	10,000	100,000	10.000	4.01%	3.04%
銀幣	1/4	盎司	7.776	3	0.386	9.67%	4.13%
	1/2	盎司	15.552	5	0.322	8.06%	3.44%
	1	盎司	31.104	10	0.322	8.06%	3.44%
	2	盎司	62.207	20	0.322	8.06%	3.44%
	5	盎司	155.518	50	0.322	8.06%	3.44%
	1	千克	1,000	300	0.300	7.52%	3.21%

　　如表 4-2 所示，在我國現代貴金屬幣中，金幣面額對應的貴金屬價格為 10~16.078 元/克，銀幣面額對應的貴金屬價格為 0.30~0.39 元/克，按 2014 年平均的貴金屬價格（黃金每克 249.51 元人民幣，白銀每克 3.991 元人民幣）計算，金幣面額僅占黃金成本的 4.01%~6.44%，銀幣面額僅占白銀成本的 7.52%~9.67%。於此同時，在這些貴金屬幣面對公眾銷售時，均有一定的加工成本和利潤。按我國金幣平均升水率 32%計算，標註的面額平均僅占零售價的 3.04%~4.88%。按我國銀幣平均溢價率 134%計算，標註的面額平均僅占零售價的 3.21%~4.13%。以上數據說明，在貴金屬幣上標註的面額不是價值交換的尺度，只是一種象徵性的貨幣符號，完全不可能出現按面額進行市場流通的情況，這也不具備法償性。

　　另外在我國的現行貨幣體系中，還有一種普通紀念幣。在它們的幣面上也有中國人民銀行名稱、發行年號和面額三大貨幣要素，面對公眾發行時均按等額面值進

行兌換。由於相對稀缺性，這些普通紀念幣的市場流通價格往往高於面額，很少會有人將其做一般流通貨幣使用。但在這裡需要指出的是，雖然這兩種貨幣在市場中都有溢價，但它們的貨幣面額在本質上是完全不同的。貴金屬幣的面額只是一種貨幣符號，普通紀念幣是完全意義上的貨幣，在理論和法律上可以按面額進行流通與交換。

通過以上分析可以明顯看到，我國的現代貴金屬幣與現行流通使用的人民幣和普通紀念幣在貨幣職能上有著本質區別，前者不計入中央銀行的貨幣流通量 M0，完全不具備價值尺度、流通手段、貯藏手段、支付手段和國際貨幣的貨幣職能，幣面上標註的面額只是一種象徵性的貨幣符號，因此可以把這種以貨幣形式出現的貴金屬幣定義為形式貨幣。

（2）再看「以貴金屬為載體、用於收藏或投資的商品」。既然我國的現代貴金屬幣不是真正意義上的貨幣，那麼它的本質又是什麼呢？實際上它的本質是以貴金屬為載體，用於收藏或投資的藝術商品，在藝術收藏品市場按價值規律廣泛流通。例如，從 2014 年的統計數據看，貴金屬價值平均已占到市場價總值的 55.41%，藝術商品溢價總值占 44.59%。

（3）最后看「行政資源類產品」。我國的現代貴金屬幣雖然在本質上屬藝術商品，但它畢竟以國家法定貨幣形式出現，與一般的藝術商品又有很大不同。它是由國務院授權中國人民銀行發行，使用的是國家行政資源，代表著國家的權威和形象，具有一定社會影響力，在發行上具有壟斷性，數量也受到一定限制，在市場流通中受到國家法律保護，具有或潛在具有一定的市場價值優勢。

二、基本屬性

從以上基本定義中可以看到，我國的現代貴金屬幣應該具有以下屬性。

（1）貴金屬屬性：指貴金屬商品具有的屬性，其中特別是黃金的金融商品屬性對貴金屬幣具有重要影響。

（2）藝術商品屬性：指藝術商品具有的屬性，以及由此派生出的文化藝術屬性和收藏投資屬性。

（3）形式貨幣屬性：指形式貨幣具有的屬性，即它的發行使用的是國家行政權力，代表著政府形象，在發行和銷售時應具有更高的要求和標準。

三、基本發行原則

根據我國現代貴金屬幣的基本定義和屬性，它們的發行應遵循以下原則。

（1）發行現代貴金屬幣是政府行為，是國家根據需要進行的一項貨幣發行工作，其宗旨應該是為公共利益和發展我國的錢幣文化事業服務。

（2）現代貴金屬幣的形式貨幣屬性，決定它使用的是一種政府行政資源，發行項目的選擇應具有嚴肅性、計劃性和合理性，避免「公地悲劇」現象發生。

（3）現代貴金屬幣是代表國家形象的法定貨幣，同時也是批量鑄造的工業產品，

它的設計和鑄造應達到藝術精品的質量要求。

（4）發行現代貴金屬使用的是國家行政資源，對壟斷經營這種資源的國有專營企業來說，在面向社會和公眾銷售時，應遵循公開、公平、公正和透明的原則，同時應該接受有效的行政監管和社會監督。

（5）現代貴金屬幣作為一種具有文化藝術屬性和收藏投資屬性的藝術商品，它的發展應遵循藝術商品和市場經濟的一般規律，構建完整的市場體系，努力提升市場價值。

以上對我國現代貴金屬幣基本定義、屬性及發行原則的理論思考，是全部理論研究工作的基石。雖然從形式上看具有一定抽象性，但這是反思和總結市場現狀的理論成果，具有明確豐富的實踐指向。如果對這些觀點能夠逐漸達成共識，並在實踐中逐步實現，我國的金幣事業就一定會取得更大的發展與進步。

第三節　市場定位

我國現代貴金屬幣的商品本質是以貨幣形式出現，以貴金屬為載體，用於收藏或投資的藝術商品，即藝術收藏品。

藝術收藏品是一個極其龐大的家族，除錢幣之外，還有文物、書畫、陶瓷、玉器、珠寶、古木器、銅器、郵票、鐘表、文獻、商標、標本……舉不勝舉。隨著我國經濟和文化事業的發展，藝術收藏品開始吸引越來越多人群關注，收藏群體不斷擴大，文化藝術價值和收藏投資價值凸顯，市場機制逐漸完善，市場規模迅速壯大，已經發展成為國家經濟和人民物質文化生活不可缺少的重要產業。

在種類繁多的藝術收藏品中，我國的現代貴金屬幣處於何種市場位置？它們在體量巨大的藝術收藏品市場中如何定位？為什麼有的社會群體關注這個板塊，有的社會群體不太關注這個板塊？為什麼目前這個板塊的市場份額相對較小，交易活躍度相對較低？以上舉例提出的問題都與我國現代貴金屬幣的市場定位密切相關，並由此體現出社會關注度、資本關注度、參與群體、市場佔有率的差異。以下將主要從宏觀視角出發，分析我國現代貴金屬幣的市場定位。

一、根據出生年代定位

根據出生年代定位，主要是指藝術收藏品是歷史的還是現代的。毫無疑問，我國現代貴金屬幣的出生時間屬於現代。

隨著歷史長河的流淌，每個時代都有自己的藝術佳作。從嚴格意義上講，雖然出生年代並不能決定藝術收藏品的文化藝術價值和收藏投資價值，但它們之間還是存在差異的。首先，具有歷史特徵的藝術收藏品，刻錄著大量的人類歷史文化發展信息。這些信息不但記載著各個歷史時期政治、經濟、社會、文化和科技的發展軌跡，同時也彰顯著人類文明不斷發展進步的藝術成就，具有重要的歷史價值和文物

價值。其次，由於各種複雜的歷史原因，能夠傳世至今的優秀藝術收藏品的數量非常有限，它們的文化藝術價值都經過歷史檢驗，得到社會公認，由此具有獨特的市場價值。

與具有歷史特徵的藝術收藏品相比，雖說現代藝術收藏品是人類藝術發展的繼續，而且代表著更加輝煌的藝術成就，但從總體上觀察，不少現代藝術收藏品的文化價值尚未接受歷史檢驗，同時市場總體存世量較大，選擇性和替代性較強，在市場關注度和資本關注度上往往處於相對弱勢。

二、根據出生身分定位

根據出生身分定位，主要是指是官方製造還是非官方製造，即生產者的性質是政府機構還是民間組織或個人。顯然我國現代貴金屬幣的發行鑄造屬官方性質。

在大量的藝術收藏品門類中，既有屬於官方性質的，例如，郵票和歷代錢幣等，也有屬於民間生產的，例如，書畫、珠寶和玉器等。應該說，大量的民間藝術作品工藝精湛、技藝高超、內涵豐富，具有很高的工藝水準和創作價值，得到市場普遍認同。同時也應該看到，具有官方性質的藝術收藏品，代表了政府的意志和形象，它們的設計和技術手段不但具有時代特徵，同時也能達到很高的藝術水準。例如，官窯產品，由官府直接掌控生產並專供宮廷使用，數量很少，設計、生產條件極其嚴苛，藝術要求精益求精，藝術創新屢攀高峰，成為了同時代同類藝術品的登峰造極之作。儘管這些官窯產品的生產目的只是為當時的少數統治階級服務，但卻為人類留下了極其寶貴的文化遺產。

雖然藝術收藏品的文化藝術價值和收藏投資價值不取決於自身的官方或非官方背景，但具有官方性質的藝術收藏品理應具備更加優越的市場生存條件。

三、根據生產方式定位

根據生產方式定位，主要是指藝術收藏品的產出方式是按工業標準批量化生產的，還是非標準化單件生產的。我國的現代貴金屬幣就應屬於按工業標準批量化生產的藝術收藏品。

在門類眾多的藝術收藏品中，絕大多數都具有非標準化的產出特徵，靠工業標準批量生產的只是少數，除錢幣之外，郵票也具有標準化批量生產特性。

眾所周知，藝術收藏品的文化藝術價值和創作價值，與獨特性和差異性密切相關。例如，兩尊精美的玉雕，儘管它們的材質品位、大小和題材相同，但經過人工雕琢後，一定存在差異。再如，一位知名畫家，儘管他一生可以創作出題材相同、尺幅相近的很多作品，但其中的每一幅作品都是獨立和不可替代的。與這些獨特性和差異性相比，靠標準化制成的藝術收藏品，從總體上看不僅個體之間的差異性可以忽略不計，而且它們的藝術勞動成分較低，在理論上可以實現無限量生產。從某一個體的獨特性和差異性看，用這兩種不同方式生產的藝術收藏品，它們在藝術價值和經濟價值上也應存在差異。

四、根據機體材質定位

根據機體材質定位，主要是指構成藝術收藏品機體物質形態的差異，即在整個市場價值中，機體材質所占價值的比重。我國的現代貴金屬幣以貴金屬為載體，這是與大多數藝術收藏品不同的。

眾所周知，藝術收藏品的物質形態由原材料和人類藝術勞動成果兩部分構成。在浩瀚的藝術收藏品海洋中，從機體材質角度觀察，大致可以分為兩種情況。一種情況是機體材質雖然也可以計價，但它在整個市場價值的構成中占比很小，影響也很小，甚至可以忽略不計。例如，字畫、陶瓷和郵票等，它們的市場價值主要受自身文化藝術價值、歷史價值和文物價值的影響。另一種情況是機體材質在整個價值構成中佔有一定比例，機體材質的價格變化對整個藝術收藏品的價格具有程度不同的影響，例如，珠寶、玉器、硬木製品和貴金屬製品等。它們的市場價值不但受到自身文化藝術價值、歷史價值和文物價值的影響，同時也會在某種程度上受到機體材質價格變化的影響。

在市場中由於機體材質不同，它們的市場定位也有差異，同時市場價值也會受到更多因素的影響。

五、市場定位綜合分析

通過以上對市場定位的粗淺分析可以看到，我國的現代貴金屬幣屬於官方的、現代的、以特殊材質為依託的、通過工業手段批量生產的藝術收藏品。

在種類繁多的藝術收藏品中，每個門類都有自己的優勢和弱勢，十全十美的東西是不存在的。由於價值取向、資金實力和個人興趣愛好不同，每種藝術收藏品都會有不同的適合群體參與。例如，有些歷史珍品，確實文化藝術價值極高，但它們的存世量較少，價格一般都很高，不適合大眾收藏和普及。再如，很多靠手工生產的民間藝術收藏品，獨特性和差異性很高，同時在甄別和鑑賞方面也會提出更高要求，需要一定的專業知識。

從我國現代貴金屬幣的市場定位看，優勢和劣勢並存。其中最大的優勢就是其由貴金屬鑄造而成，不但具有一定的文化藝術價值，同時也具備貴金屬的相關屬性。特別是黃金作為一種永恆財富和重要的國際金融資產類商品，從一個較長的時間跨度看，具有抵禦通貨膨脹、保值增值、規避系統風險和藏金於民的特殊功能，這是與其他藝術收藏品相比最具特色的。另外，官方鑄造發行也應該算是一個優勢。從劣勢角度分析，貴金屬幣由於歷史沉澱時間較短和工業化批量生產特性，在市場吸引力上顯得相對較弱。

從辯證的觀點看，優勢和劣勢都是動態的和可以轉化的。例如，如何將我國現代貴金屬幣的官方形象優勢和權威優勢，轉化為實實在在的市場優勢就是一個重要課題。如果發行管理體制存在瑕疵，不按市場規律辦事，只顧局部利益，盲目發展，降低藝術水準，官方背景的優勢不但不會得到充分發揮，反而會使政府的社會形象

受損。我國郵票市場的發展現狀就值得金幣市場認真反思和借鑑。另外，時代特性和工業化批量生產不應成為藝術收藏品的致命傷，只要按藝術收藏品的市場規律辦事，努力進行技術工藝創新，加強質量管控，照樣也可以向社會提供藝術精品，同時也有利於向大眾普及和推廣。

　　我國現代貴金屬幣的市場定位是客觀存在的，也是可以通過努力進行調整的。人們應該充分認識現代貴金屬幣的優勢和不足，用市場定位理論解釋各種市場現象，同時採取措施，揚長避短，發揮優勢，努力提升其市場價值和社會關注度，吸引更多的社會群體參與，提高市場影響力和佔有率，讓這個新事物釋放出更加旺盛的活力。

第五章　商品的分類

對某一類商品進行分類，是從不同側面認識事物內部運行特點，進而從總體上認識事物運行規律的基礎工作。37年來，我國的現代貴金屬幣已經形成一個相對龐大的家族。在這個家族體系內，經濟屬性各異，項目主題豐富，鑄造材質多樣，重量規格從小到大，發行數量各不相同，時間跨度較長，工藝技術特徵也差別較大。如何分析認識這些具有不同特徵幣種的運行規律？商品分類可為此提供支撐和幫助。

對我國現代貴金屬幣進行科學分類的主要目的是，把看似雜亂無章的集合體，分類為有規律有特點的板塊或幣種，借助分類工具把握這些不同板塊或幣種的微觀運行特點和規律，在此基礎上從宏觀層面更好地認識我國現代貴金屬幣的整體狀況。

對我國現代貴金屬幣進行科學分類，將主要使用細分與綜合的方法，即首先將各種不同的商品特徵盡可能細化，建立分析要素的基礎，在此基礎上構建起綜合分析條件，實現多方位、多需求的分析目標。特別是要借助現代分析技術，建立適合計算機使用的分類方法，為實現高效靈活的分析目標服務。

我國現代貴金屬幣分類的細分結構主要包括：經濟屬性、項目主題、鑄造材質、重量規格、技術特徵、發行數量、發行時間和老精稀板塊等。這一分類結構詳見圖5-1。

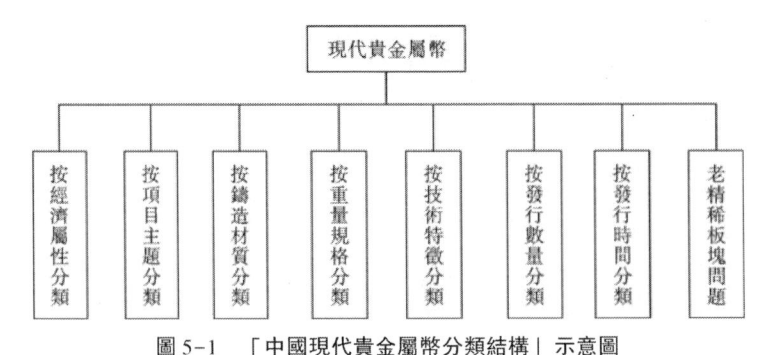

圖5-1　「中國現代貴金屬幣分類結構」示意圖

第一節　按經濟屬性分類

按經濟屬性分類主要是指按不同的發行模式、價格體系和市場功能分類。我國

現代貴金屬幣按經濟屬性分類的示意圖見圖 5-2。

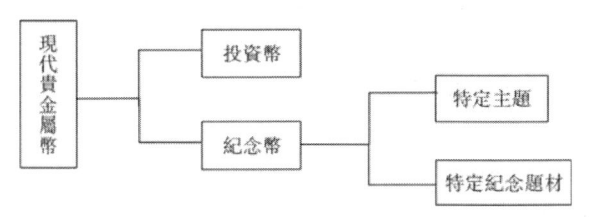

圖 5-2 「我國現代貴金屬幣按經濟屬性分類」示意圖

一、投資幣與紀念幣

1. 基本概念

投資幣是指由中國人民銀行發行，主要用於貴金屬投資的貴金屬幣。在我國的現代貴金屬幣體系中，特指 1 盎司、1/2 盎司、1/4 盎司、1/10 盎司、1/20 盎司 5 種普製熊貓金幣和 1 盎司、1/2 盎司 2 種普製熊貓銀幣。

紀念幣是指由中國人民銀行發行，具有特定主題或特定紀念題材的貴金屬幣。在我國的現代貴金屬幣體系中，特指扣除投資幣之外的所有貴金屬幣。

2. 主要特徵

（1）首先從發行公告的形式看，紀念幣一般均由中央銀行公告最大發行量（早期也有極少數紀念幣屬不限量發行），一般不會超過這個發行量。投資幣在 2000 年之前，遵循國際慣例均為不限量發行，2001 年以後受人民幣管理條例限制，中央銀行開始公告計劃發行量，但這個計劃量已充分考慮年度有可能實現的最大發行規模，同時也會根據實際發行需要及時進行增量調整，這個計劃量與紀念幣相比只具有象徵意義。

（2）從發行的規模看，投資幣是我國現代貴金屬幣的重要支點。目前已經占到發行總重量的 37.64%，今后的發行規模將進一步擴大。

（3）從價格體系看，投資幣與紀念幣的經濟數據分析見表 5-1。零售價的溢價率指幣種發行銷售時，與當期貴金屬價格相比的溢價水平。市場交易價格的溢價率指幣種在市場交易過程中，在統計時間內與貴金屬價格相比的溢價水平，俗稱料價比。

表 5-1 投資幣與紀念幣主要經濟指標對比

分析項目	投資幣	紀念幣	相對差異幅度
零售價/初始貴金屬成本	1.137	1.995	75.52%
市場價/末期貴金屬成本	1.294	2.647	104.58%

如表 5-1 所示。在零售價方面，投資幣的溢價率較低，平均為 1.137，並緊隨貴金屬價格變動及時調整。紀念幣的溢價率較高，平均為 1.995，而且零售價一旦確

定，一般不隨貴金屬價格的變動而調整。在零售價格的平均水平上，紀念幣比投資幣高出 75.52%。在市場交易價格方面，投資幣的平均溢價率為 1.294，紀念幣的平均溢價率為 2.647，后者比前者高出 104.58%。

3. 市場功能

在市場功能方面，投資幣與紀念幣相比存在很多不同。在投資幣板塊內部，雖說也有少數早期發行的幣種在經濟屬性上已經發生變化，紀念幣特性比較突出，但從整體上觀察，投資幣的市場價格與貴金屬價格變動密切相關；從投資角度看大多是在貴金屬價格趨勢性上漲中獲益，或利用貴金屬價格的區間波動在低買高賣的套利操作中獲利。另外雖說投資幣也具有一定的文化藝術價值，但與紀念幣相比，其收藏投資價值大於文化藝術價值。特別是經國務院批准，從 2013 年起投資金幣開始免徵經營環節的增值稅，同時也開始試行官方的掛牌回購。

從以上分析中可以看到，在經濟屬性上投資幣與紀念幣具有明顯差異。雖說我國的投資幣與國外的投資幣在經濟性能上基本相同，但明確提出投資幣概念是中國錢幣界的首創，目前已經得到市場普遍認同。

二、特定主題與特定紀念題材紀念幣

1. 基本概念

在我國發行的紀念幣中，一般分為兩種情況。

一是具有特定紀念題材的紀念幣，它們一般都有明確的紀念事件或紀念人物。例如，「中華人民共和國成立 60 周年金銀紀念幣」和「中國近代國畫大師齊白石金銀紀念幣」。

二是沒有特定紀念題材的紀念幣，它們一般都以某一文化題材為特定主題。例如，「2014 中國甲午（馬）年金銀紀念幣」和「2014 中國青銅器金銀紀念幣（第三組）」。

2. 主要差異

特定主題與特定紀念題材紀念幣都屬紀念幣範疇，除具有紀念幣的共同特徵外，兩者在發行目的和經濟特性上具有明顯區別。

首先從發行的目的看，特定紀念題材紀念幣一般都為紀念某一事件或人物特別發行，而特定主題紀念幣沒有明確的紀念指向，一般都以弘揚某一文化要素為背景，兩者在此存在根本不同。

兩者在經濟特性上的差異分析見表 5-2。

表 5-2　　　　特定主題與特定紀念題材紀念幣經濟數據對比分析

分析項目	特定主題紀念幣	特定紀念題材紀念幣	兩種幣相比的差異率
實售量（萬盎司）	2,883.84	1,596.01	1.81
市場價/末期貴金屬成本	2.983	2.057	1.45

如表 5-2 所示，在發行的總規模上，特定主題紀念幣為 2,883.84 萬盎司，特定紀念題材紀念幣為 1,596.01 萬盎司，前者比後者高出 1.81 倍。但從市場交易價格的溢價率上看，前者比後者高出 1.45 倍。在這兩個大的板塊內，個別幣種的市場交易價格溢價率可能存在較大差異，但從總體上看，這種連續性整體性的經濟指標差異，已經可以說明兩者經濟屬性的差別，這其中的原因值得認真分析研究。

多年以前就有研究者提出過與這種分類意見類似的分類方法。特別是在我國郵票的分類體系中，將各種郵票分類為普通郵票、特種郵票和紀念郵票。雖然郵票與我國的現代貴金屬幣不同，但在分類的思路上值得借鑑。

第二節　按項目主題分類

對目前已經發行的 387 個項目進行分類，不但具有現實意義，同時也是整個分類工作的重點。

長期以來對項目主題進行分類的工作一直在不斷進行，官方的分類就有過幾次調整變化。1998 年，官方將我國現代貴金屬幣分為大熊貓及珍稀動物、中國生肖、重大紀念性事件、中國及世界傑出歷史人物、中國古典文學名著、中國古代科技發明發現、中國古代及近代名畫（家）、中國傳統文化、中國佛教藝術及民族吉祥文化、體育十大主題系列。2004 年又調整為大熊貓及珍稀動物、十二生肖、重大紀念性事件、傑出人物、文學及藝術、傳統文化、宗教文化、奧林匹克及體育運動、世界遺產及名勝風光、經濟科技環保及其他新的十大主題系列。在此期間民間的各種分類也層出不窮，自成一派。

在項目主題的分類問題上很難形成完全一致的意見，究其原因主要有：①我國現代貴金屬幣的項目主題繁多，涉及的領域非常廣泛，而且還在繼續增長，無論哪種固定不變的分類方法都很難適應新的情況和變化。②由於項目主題的複雜性，可以從不同角度出發給出很多分類方法，以往粗略的分類方法都很難完全概括和解決分類中的難題。

以上原因反應的根本分類問題是，在我國現代貴金屬幣的很多項目主題中都存在「要素重疊和邊界不清」的特點。例如，2000 年發行的「敦煌藏經洞發現 100 周年紀念銀幣」，它首先是在紀念一個歷史事件，同時敦煌又是重要的石窟藝術遺產地和享譽中外的名勝古跡，另外還可以把它列入宗教類題材。如何將這個項目分類歸入以上十大系列就面臨很多困難。又如，2013 年發行的「中國佛教聖地（普陀山）金銀紀念幣」，從題目上看它應該屬於風景名勝，但又與佛教文化密切相關，如何在上邊的十大系列分類中找到其合適的位置也很困難。諸如此類的項目分類難題在我國現代貴金屬幣中大量存在。

如何從根本上解決項目主題的分類問題，多維度分類法將提供有效的解決方案。多維度分類法也可以叫做多視角或多級別分類法。這種分類方法的核心就是將

項目主題的各種要素進行全面分解，從高度概括到逐步細化，同時進行分門別類的標準化處理，既保證整個分類體系全覆蓋、無遺漏，同時也能做到不同維度中相同題材要素的整合，保證每一種分類定位都具有唯一性。這種分類方法將更加有利於使用信息技術進行分類檢索，並深入研究不同項目主題的市場價值和價格變化規律。以下將主要介紹這種分類方法在實踐中的應用。

一、第一維度分類

第一維度是最重要和最基礎的分類，也是在日常市場實踐中最常使用的分類。第一維度的分類結構見圖5-3。

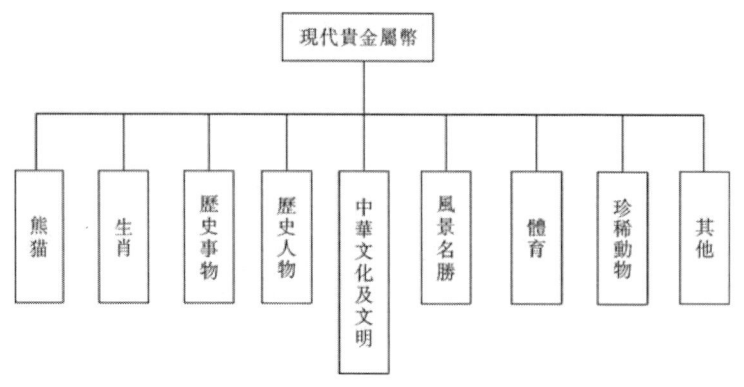

圖5-3 「中國現代貴金屬幣項目主題第一維度分類」示意圖

如圖5-3所示，在第一維度中將我國現代貴金屬幣的項目主題分為了九大板塊。

1. 關於熊貓板塊和珍稀動物板塊

熊貓板塊是我國現代貴金屬幣家族中最重要的組成部分，內涵非常豐富。其中不但包括全部投資幣，也包括部分紀念幣，形成了一個項目群。雖然熊貓也屬於珍稀動物，但在這裡其他的珍稀動物項目已經不能與熊貓這個特定意義的項目群相提並論。因此在第一維度分類中，將熊貓項目家族與其他一般的珍稀動物項目做了分離處理，分解為兩個不同的一級板塊。

2. 關於生肖板塊

從嚴格意義上分析，生肖文化也屬於中華文化的重要組成部分，但由於生肖板塊的發行總重量已經占到全部紀念幣發行總重量的22.15%，是紀念幣中最大的獨立板塊和重要支點，因此完全有必要成為第一維度中的重要板塊。

3. 關於歷史事件板塊和歷史人物板塊

在第一維度中，這兩個板塊的分類指向非常明確，只要項目主題的主要立意符合這個板塊的條件，就應首先進入這個分類體系。例如，中國探月首飛成功和中國近代國畫大師齊白石，雖然前者還具有科技概念，後者還具有繪畫藝術概念，但它們首先應該分別列入歷史事件和歷史人物板塊。

4. 關於中華文化及文明板塊

這是一個大型的綜合類板塊，一般的特定題材類紀念幣將全部歸入這個板塊。例如，古代科技發明現和古典文學名著（三國演義）項目等。有關文化類項目的細分問題，將主要在第二維度中解決。即使這樣，這個板塊的發行總重量也沒有超過生肖板塊。

5. 關於風景名勝板塊

這個板塊的分類要素也相對比較豐富，其中有些項目的指向比較確定，例如，長江三峽和桂林山水等項目進入這個分類體系應該毫無疑問。另外像佛教聖地（峨眉山）等項目就相對複雜，也可以進入其他分類體系。但從項目主題的最主要內涵看，這類項目首先應在第一維度中歸入風景名勝，其他分類要素也應該通過其他維度的分類體系解決。

6. 關於體育板塊

這個板塊分類要素的指向一般都比較明確，這裡不再贅述。

7. 關於其他板塊

凡是無法明確歸入以上各主要板塊的項目將全部歸入這個板塊，例如，國際活動、國際組織、國際友好和展覽會博覽會項目等。

通過以上分析可以看到，我國現代貴金屬幣的所有項目，都可以毫無爭議和穩定地歸入第一維度分類。

二、第二維度分類與第三維度分類

第二維度分類與第三維度分類是對第一維度分類的細分和深化。

1. 關於熊貓板塊

在第二維度中，將熊貓板塊分為熊貓、熊貓加字和紀念熊貓發行三個二級板塊。其中在熊貓加字板塊中，又可細分為商業銀行、金融市場及組織、造幣印鈔企業和展覽會博覽會等板塊，形成第三維度分類。

2. 關於生肖板塊

在第二維度中，將生肖板塊分為雞年生肖、狗年生肖……羊年生肖、猴年生肖和紀念生肖發行這十三個二級板塊。

3. 關於歷史事件板塊

在第二維度中，將歷史事件板塊分為中國近現代史重大事件、中華人民共和國成立後的發展建設成就、重大社會活動及事件三大二級板塊。其中在中國近現代史重大事件板塊中又可細分為中華人民共和國成立、辛亥革命、抗戰勝利、長徵勝利和建軍節等板塊，中華人民共和國成立後的發展建設成就板塊也可細分為香港澳門迴歸、改革開放、科技發展、省市自治區等細分板塊，形成第三維度分類。

4. 關於歷史人物板塊

在第二維度中，將歷史人物板塊分為中國傑出歷史人物、中國革命偉人、世界文化名人和一般歷史人物四個二級板塊。其中在中國革命偉人板塊中，又可細分為

孫中山和國家傑出領導人等細分板塊，形成第三維度分類。

5. 關於中華文化及文明板塊

在第二維度中，將中華文化及文明板塊分為古代科技發明發現、麒麟、宗教、中國畫、古典文學名著、京劇藝術、民間神話、中華文物、黃河文化、絲綢之路、少數民族文化、石窟藝術、中國傳統文化及民俗等十八個二級板塊。其中宗教板塊可細分為佛教與道教，中國畫板塊可細分為中國古代名畫和中國近現代名畫，形成第三維度分類。

6. 關於風景名勝板塊

在第二維度中，將風景名勝板塊分為一般風景名勝、世界遺產和佛教聖地三個二級板塊。

7. 關於體育板塊

在第二維度中，將體育板塊分為體育賽事和體育組織兩大二級板塊。其中的體育賽事板塊可細分為夏季奧運會、冬季奧運會、其他奧運會、世界杯、亞運會和其他運動會等板塊，形成第三維度分類。

8. 關於珍稀動物板塊

在第二維度中，將珍稀動物板塊細分為一般珍稀動物、遠古動物和珍禽動物三大二級板塊。

9. 關於其他板塊

在第二維度中，將其他板塊分為國際活動、國際組織、國際友好及展覽會和博覽會四大二級板塊。其中的展覽會、博覽會板塊又細分為國內錢幣展、境外錢幣展、園藝博覽會和郵票展覽會等板塊，形成第三維度分類。

三、其他維度分類

其他維度分類主要是適應獨特的定位要素需要。例如，在其他維度的分類中，軍事與國防、郵政、紀念錢幣發行等細分板塊，就將涉及分佈在以上三個維度分類中的很多不同項目。又如，西藏、臺灣、觀音、航空航天等定位要素，也可以將這些具有一定數量的項目主題進行重新組合和歸類。

四、多維度分類要點

首先在多維度分類方法中，最常用到的是第一維度和第二維度，這兩個維度的分類原則相對穩定，一般不會經常調整變化，面對不斷發行的新項目，主要通過調整第三維度和其他維度來適應新情況。另外這種分類方法最主要的優勢就是可借助信息技術，通過利用不同分類定位要素的單獨分析或組合分析，實現全方位、無縫隙的項目主題檢索，同時結合相關的經濟數據深入研究不同項目主題的市場價值和價格變化規律。這種分類方法可能有些複雜，這種複雜性來源於項目主題的豐富多彩，一般收藏投資者全面掌握可能有一定難度，但是這種分類方法可以提供一種思路，就是收藏投資者可以根據自己的實踐需要，從多種視角研究項目主題的不同集

合，不必拘泥於某些條條框框。

第三節　按其他特徵分類

按其他特徵分類主要包括按鑄造材質、重量規格、工藝技術特徵、發行數量和發行時間等內容進行分類。

一、按鑄造材質分類

鑄造材質的分類問題相對簡單，沒有爭議。我國現代貴金屬幣的鑄造材質將分為黃金、白銀、鉑金、鈀金和金銀雙金屬等。

二、按重量規格分類

截至 2014 年年底，我國現代貴金屬幣的重量規格從最小的 1 克到最大的 10 千克，共有 36 種。計量單位主要採用金衡盎司、公制克和中國兩三種不同標準。在研究重量規格對市場價格的影響時，也需要對這些重量規格進行適當分類。

按照不同重量規格的發行頻率和分佈狀況，同時考慮到市場實踐中的一般使用習慣，可將這 36 種重量規格大致分為以下幾類。

特大規格：單枚幣種重量≥5 千克
大　規　格：5 千克>單枚幣種重量≥1 千克
中等規格：1 千克>單枚幣種重量≥3.3 兩（103.125 克）
一般規格：3.3 兩（103.125 克）>單枚幣種重量≥1/10 盎司（3.1104 克）
小　規　格：1/10 盎司（3.1104 克）>單枚幣種重量

三、按工藝技術特徵分類

根據市場發展需要，我國現代貴金屬幣的鑄造技術不斷豐富發展。截至目前採用的技術多達 40 多種。這些鑄造技術從精制到普制，從本色到彩色，從圓形到異形，同時又根據需要組合選用了不同的鍍金、鑲嵌、幻彩、硫化、加厚、方孔、特殊齒形和無邊沿等獨特工藝。其中特別是各種噴砂技術和微雕防偽技術，既豐富了視覺效果，又增加了技術含量。37 年來我國的現代貴金屬幣已經形成了一個品類繁多、藝術表現手法多樣、幣面效果豐富多彩的大家族。與此同時，技術在不斷發展，創新還在繼續。

我國的現代貴金屬幣按工藝技術特徵分類的結構見圖 5-4。

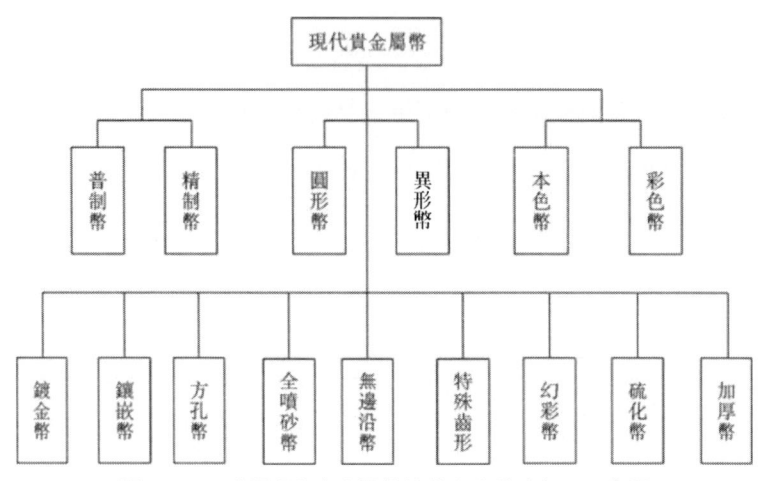

```
                              現代貴金屬幣
         ┌──────────┬──────────┼──────────┬──────────┐
        普制幣     精制幣    圓形幣    異形幣    本色幣    彩色幣
   ┌────┬────┬────┬────┬────┬────┬────┬────┐
 鍍金幣 鑲嵌幣 方孔幣 全噴砂幣 無邊沿幣 特殊齒形 幻彩幣 硫化幣 加厚幣
```

圖 5-4　「我國現代貴金屬幣按技術特徵分類」示意圖

在這裡需要說明的是，以上分類結構主要考慮了借助人的正常視力可直接識別的一些技術特徵，局部噴砂的各種變化和各種微縮技術暫未進入分類。通過圖 5-4 的工藝技術特徵分類，可以幫助人們深入研究技術發展對提升我國現代貴金屬幣市場價值做出的貢獻。

四、按發行數量分類

我國現代貴金屬幣單一幣種的實際發行數量從十枚左右到數百萬枚不等，已經匯集成 7,700 多萬枚的市場存量。由於不同幣種的發行數量不同而且差異很大，市場價格變化也很大。發行數量對收藏投資價值產生何種影響，已經成為廣大收藏投資者最為關注的問題。

對我國現代貴金屬幣的發行數量進行分類，是一項既簡單又複雜的工作。說簡單，實際上在每一位收藏投資者心中，對數量與價格之間的關係都有自己的一本小帳。說複雜，如何從總體上認識數量與價格之間的關係，科學分類就成為了關鍵。

從我國現代貴金屬幣單一幣種實際發行數量的分佈情況出發，同時考慮到市場實踐需要，可以考慮以下分類方案。

幣種數量≤100
100<幣種數量≤250
250<幣種數量≤500
500<幣種數量≤1,000
1,000<幣種數量≤2,500
2,500<幣種數量≤5,000
5,000<幣種數量≤1 萬
1 萬<幣種數量≤2.5 萬

2.5 萬<幣種數量≤5 萬
5 萬<幣種數量≤10 萬
10 萬<幣種數量≤15 萬
15 萬<幣種數量≤20 萬
20 萬<幣種數量≤30 萬
30 萬<幣種數量≤50 萬
50 萬<幣種數量≤100 萬
幣種數量>100 萬

以上分類將我國現代貴金屬幣單一幣種的發行數量分為了 16 個區間，其中前 7 個區間的數量差異較小，以后區間的數量等級差距越來越大。這種分類方法是遵循統計學的極差遞增原理設計的，對從宏觀角度研究數量與價格之間的關係具有重要作用和一般性指導意義。在市場實踐中，收藏投資者可以根據習慣和分析目標，探索適合自己的發行數量分類方法。

五、按發行時間分類

我國金幣市場已有 37 年的發展歷史，每個幣種都有時間概念。對發行時間進行分類是一項非常靈活的事情，按照不同的分析目標可以進行多種不同的分類。例如，要研究生肖彩色紀念幣，就涉及 1999 年至現在的時間區段。例如，要想研究 27 克銀幣的發行狀況，又將與 1983 年至 1998 年的時間段落有關。因此按發行時間分類，不宜事先設定標準，而應由研究目標確定。關於鑄造年號與實際發行時間的差異問題，在我國發行的現代貴金屬幣中，絕大部分幣種的鑄造年號與發行的實際時間一致，但也有一些幣種的鑄造年號早於或晚於實際的發行時間。例如，國際兒童年金銀紀念幣的實際發行時間晚於標註的鑄造年號，第一組和第二組第 29 界奧林匹克運動會貴金屬紀念幣的實際發行時間早於標註的鑄造年號。按發行時間分類，一般應以實際的發行時間為準，鑄造年號只能作為參考。

不設定時間分類的具體標準，不等於沒有時間概念。例如，我國金幣市場的國內外發展就經歷了三個大的時間段。1979 年至 1994 年以海外市場為主，1995 年至 1999 年國內與海外市場齊頭並進，2000 年至今逐步形成以國內市場為主導的發展格局。又如，市場的較大起伏也經歷過 1979 年至 1988 年、1989 年至 1997 年、1998 年至 2011 年、2012 年至今四個大的週期性波動。我國現代貴金屬幣中的很多幣種，它們的項目主題、重量規格、技術特徵和發行數量都深深刻下了這些時間烙印，從時間概念出發研究商品特性，也將成為一個重要的切入點。

第四節 老精稀板塊

老精稀板塊或概念是在長期市場實踐中，由收藏投資者和二級市場的經營者首

先提出的，目前已經得到市場參與者的普遍認同。

關於我國現代貴金屬幣老精稀板塊的界定，目前比較普遍的意見是：①1999年之前發行；②題材優秀且鑄造精良；③幣種的實際發行數量在3,000枚以內。

在我國金幣市場的發展歷程中，2000年是一個重要的時間節點。2000年5月國務院頒布《中華人民共和國人民幣管理條列》，從此我國現代貴金屬幣的發行、設計、生產及銷售體制開始發生重大變革。從過去的以外銷為主轉化為以內銷為主，從與境外企業協商確定項目轉變為自主確定發行規劃，從多品種小批量的銷售策略逐步轉變為少品種增批量的銷售戰略，同時境內外的銷售體制也開始出現重大變化。因此老精稀概念反應的是我國金幣事業發展歷程的階段性背景。

老精稀板塊代表了我國金幣市場發展的一個重要時期，是一個歷史階段的產物，加強對這個板塊的理論研究十分必要，這對認真總結歷史經驗，正確分析認識發行存量，辯證看待歷史發展，都是不可缺少的。

對老精稀板塊的理論研究，至少有以下幾點值得思考。

一、統一認識，形成老精稀板塊的科學界定標準

目前對老精稀概念的認識既有不同看法，也存在模糊概念，需進一步厘清。

1. 關於時間區間的界定

目前對老精稀板塊的時間界定，還沒有取得完全一致的看法。其中有的觀點認為1979年至2000年比較合適，有的觀點認為1979年至1998年更為恰當，但大多數觀點認為應界定在1979年至1999年。正如上邊的論述中提到的，由於2000年是一個重要時間節點，在此之後我國的金幣事業開始進入一個新的發展階段。從時代特徵看，筆者認為界定在1979年至1999年比較合適。

2. 關於單一幣種發行數量的界定

為充分討論單一幣種發行數量如何設定，現假設了幾種不同的發行上限，並將這些不同發行上限的統計分析數據進行了匯總（見表5-3）。此數據的統計時段為2014年年底，發行幣種的時間範圍是1979年至1999年。

表5-3　老精稀板塊按不同幣種發行量計算的主要經濟指標統計分析表

幣種最大發行量（枚）	幣種數（個）	實售量（萬枚）	實售量（萬盎司）	2014年市場價總值（億元）	占大盤權重	平均料價比（倍數）	與大盤均值相比倍數
3,000	506	56.67	136.21	117.02	9.97%	4.07	2.25
5,000	596	96.69	192.91	131.64	11.21%	4.01	2.22
8,000	712	178.12	258.00	149.00	12.69%	3.76	2.08
10,000	785	248.37	319.82	165.15	14.07%	3.56	1.97

如表5-3所示，如按上限3,000枚的標準計算，老精稀板塊共涉及506個幣種，

總數量 56.67 萬枚，總重量 136.21 萬盎司，2014 年市場價總值 117.02 億元，占大盤總市值的 9.97%，平均料價比 4.07，比大盤平均數高 2.25 倍。如果按其他上限標準計算，情況將會發生程度不同的變化。筆者認為，老精稀板塊是我國現代貴金屬幣中的一個熱點板塊，對市場的帶動效應不可小視。如何充分發揮它們的示範效應，數量上限不宜定得太低，否則市場的影響力將會下降。但數量上限定的太高，也不利於宣傳推廣。根據表 5-3 的相關數據，按目前情況看，如果數量上限定在 5,000 枚相對比較適宜。主要理由是，如將數量上限定在 5,000 枚，一方面不會對這個板塊的收藏投資價值產生較大影響，同時在一定程度上提高了幣種的覆蓋範圍，這對擴大這個板塊的市場參與度和社會影響力將會起到很大作用。另外隨著市場發展，待時機成熟後，可以考慮進一步提高數量上限。

3. 對「精」的界定

所謂「精」就是題材優秀和鑄造工藝精湛。這是一個文化概念和意識形態問題，仁者見仁，智者見智，各有標準，很難形成準確定位。從目前的市場實際情況看，大多數人還是注重數量，認為數量少就是「精」，而在「精」上面下的功夫不夠。從實際情況看，在 1979 年至 1999 年期間發行的幣種，確有很多藝術精品，這裡的關鍵問題是用什麼標準衡量，能否形成代表一般認識水平的基本標準。目前解決這個難題雖然還沒有成熟方法，但希望錢幣界的同仁努力探索，實現突破。

二、深入研究老精稀板塊的成因及特點，充分發揮市場價值示範作用

老精稀板塊確實有自己的項目特點、設計特點和發行特點，這是在當時特定的發行銷售環境下形成的，也是我國金幣市場發展的一個必然過程。首先，當時正處於中國金幣市場發展的初始階段，題材的選擇還是一片處女地，優先大量開發一些與市場對接較好的優秀題材是簡單易行和理所當然的。其次，受當時國內外經銷環境限制，不少幣種的發行數量較少也是必然的。最後，當時的鑄造設備與現在相比雖不先進，但造幣企業和設計雕刻人員確實傾注了極大的心血和智慧，設計鑄造出了一大批藝術精品。這些都是老精稀板塊形成的主要原因。

促進中國金幣市場不斷發展有很多因素，其中老精稀板塊的示範帶動效應不可低估。利用優勢板塊帶動市場，一方面要充分借鑒那個時期留給我們的一些成功的設計創作經驗，繼續向市場不斷提供藝術精品，同時也要大力宣傳老精稀板塊的價值優勢，吸引更多人群和資金關注這個板塊，從而帶動對其他板塊的注意力和參與度，提升整個中國金幣市場的成熟度。

三、從實際出發，辯證認識老精稀板塊的歷史作用

目前老精稀板塊確實在市場表現中彰顯出一些價值優勢，但能否由此否定以後的歷史發展，也值得思考。老精稀板塊只是一個歷史發展過程，在那個時期既有值得繼承的成功經驗，也有需要汲取的經驗教訓。歷史在發展，時代在進步，完全重走歷史老路，既不可能也不現實。雖然現階段開發優秀題材的難度不斷加大，但可

利用的中國文化資源並沒有枯竭，問題的關鍵在於，如何進行有效理性地組合、開發、利用。特別是隨著造幣技術的不斷發展，設計鑄造出大量藝術精品的物資基礎更加雄厚。另外稀缺性是相對的不是絕對的。在當時的環境和條件下，老精稀板塊的發行數量也是不少的，但用發展的眼光看，就顯示出稀缺性。同理，隨著時間的延續和收藏投資及消費群體的擴大，目前有些幣種的發行量也會同樣表現出稀缺性。因此在肯定老精稀板塊歷史作用的同時，也要用發展和辯證的眼光審視進入二十一世紀後發行的幣種，只要是按照藝術收藏品市場規律開發出的藝術精品，就一定會在歷史發展中顯示出應有的市場價值。

第五節　分類的其他問題

在商品分類問題中，還將涉及各種分類要素的綜合分析和商品標準代碼問題。

一、不同分類要素的綜合分析

以上內容分別研究了經濟屬性、項目主題、鑄造材質、重量規格、技術特徵、發行數量、發行時間和老精稀板塊的分類問題。在這裡，除老精稀板塊的討論考慮了時間、數量和項目主題三種變量，其他的研究都是從單一分類要素入手，不具備綜合分析性質。

研究我國現代貴金屬幣的分類問題，要使用細分與綜合的方法。單一要素的細化分析必不可少，這是進行綜合分析的基礎。但僅僅使用單一要素分析，在市場實踐中往往很難解決實際問題，而是需要使用多變量綜合分析的方法實現多方位、多需求的分析目標。例如，要研究生肖12盎司金幣的市場表現，就將涉及項目主題、貴金屬材質和重量規格3個分類變量；要研究投資幣內不同材質、不同重量規格、不同發行量和不同發行時間對投資價值的影響，就將涉及經濟屬性、貴金屬材質、重量規格、發行數量和發行時間等6個分類變量。諸如此類的分析要求，都需要使用綜合分析方法。

對一些簡單的分析研究來講，涉及的分類變量一般只有2~3個，使用綜合分析方法並不複雜。例如，要分析2014年發行的1公斤（1公斤=1千克）本色紀念銀幣發行量與市場價格之間的關係，只要基本掌握分類原理，深入市場採集第一手數據，經過人工簡單計算就能得出研究結論。但對某些大型板塊的全方位綜合分析來講，情況就會變得複雜很多。這種分類計算很難靠人工完成，一般需要建立數據庫，植入分類模型和大量有效數據，才可能通過一定的算法規則，計算出結果。如何使用綜合分析方法，首先應知曉分類原則，同時根據分析目標建立或簡單或複雜的分析對策，最終獲取研究成果。

二、商品的標準代碼問題

目前我國發行的現代貴金屬幣已有2,015種。在科學分類的基礎上，如何為每個幣種確定一個標準代碼，已經成為促進信息交流與溝通的重要工作。

商品代碼是賦予某種或某類商品的一個或一組有序的符號排列，是便於人或計算機識別商品的代表符號。隨著信息技術的發展，目前不同的商品代碼已經廣泛使用於各個領域和行業，對信息檢索、信息交換、信息管理、信息共享、提高效率提供了堅實基礎。

一段時間以來，我國金幣市場中的很多機構和企業，已經廣泛使用現代貴金屬幣的商品代碼。但目前的情況是，由於開發和使用的目的不同，代碼結構千差萬別，只能局限於較小範圍使用，不利於信息的交換與溝通，也不利於標準設備和收藏投資者識別使用。面對「互聯網+」經濟業態的迅猛發展，在我國金幣市場的流通和服務環節，如何形成一套標準的商品代碼，已經成為提高市場效率、加快信息溝通的較大問題。

制定我國現代貴金屬幣商品標準代碼的基本要求是要實現一幣一碼，即產品代碼要具備唯一性，同時具備轉化為電子識別碼的條件，通過電子掃描終端，要能解讀出每個幣種最基本的發行信息。要實現上述目的，首先要解決我國現代貴金屬幣的分類問題，只有統一商品分類，才有可能實現產品代碼的兼容和推廣。如何創造條件，由權威機構或組織研發制定相關的行業標準，值得關注。

第三部分　價值篇

第六章　市場價值的基本概念

具有市場價值是我國現代貴金屬幣生存和發展的基礎。長期以來，在市場實踐中人們一直在積極研究和探索這些市場價值的內涵和主要特性，這對發展我國的金幣市場是非常重要的。

第一節　基本內涵

價值作為一種哲學範疇的概念，有很多理論和學說對其進行研究和闡述。我國的現代貴金屬幣作為一種藝術商品，其價值主要反應為市場價值，而藝術學和經濟學理論可以為此提供支撐。

按照現代經濟學理論，商品的市場價值由物化的勞動價值和社會使用價值共同組成，商品的性質、屬性和市場定位不同，將決定不同的市場價值功效。

我國的現代貴金屬幣作為一種以貨幣形式出現、以貴金屬為載體、用於收藏或投資的藝術商品，它的市場價值由有形價值和無形價值兩個層面構成，具體結構見圖6-1。

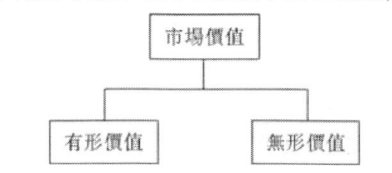

圖6-1　中國現代貴金屬幣市場價值結構圖

一、有形價值

有形價值主要是指可以用定量方法分析研究的價值。我國現代貴金屬幣的有形價值構成見圖6-2。

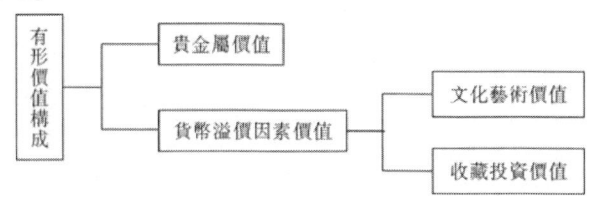

圖6-2　「中國現代貴金屬幣有形價值構成」示意圖

如圖 6-2 所示，我國現代貴金屬幣的有形價值由貴金屬價值和貨幣溢價因素提供的價值共同組成，它們將用價值轉換的貨幣形式體現。

在有形價值中，貴金屬價值是我國現代貴金屬幣市場價值的重要組成部分。對每個具體幣種而言，雖然貴金屬價值所占權重差異較大，但從整體觀察，按 2014 年的數據統計，貴金屬價值已經占到市場價值總值的 55.41%。這個數據告訴人們，在整個現代貴金屬幣中貴金屬價值已經不容忽視。在眾多的藝術收藏品門類中，具有一定的貴金屬價值，是現代貴金屬幣的最大特性。這種特性不但賦予了現代貴金屬幣的金融商品屬性，同時也決定它們將隨國際貴金屬價格的變化而變動。

在有形價值中，貨幣溢價因素價值主要是指，在市場價值中減去貴金屬價值后的全部價值。我國現代貴金屬幣的貨幣溢價因素價值，由文化藝術價值和收藏投資價值組成。其中文化藝術價值是由物化勞動創造的價值，它是區別於普通金塊和銀塊的依據。收藏投資價值是社會使用價值，它一方面可以滿足人們的精神文化需求，同時也可作為一種資產配置，實現人們的投資慾望。貨幣溢價因素是多變量函數，它將受到「項目題材」「設計雕刻」「幣種」「規格」「材質」「發行量」「技術特徵」「品相」「版別」「號碼」和「包裝形式」等多種因素影響。

二、無形價值

無形價值主要是指很難用貨幣形式定量計算的價值。我國現代貴金屬幣的無形價值主要有記錄歷史文化、滿足收藏鑒賞精神需求、宣傳與教育和發展創造錢幣文化。這些無形價值的構成詳見圖 6-3。

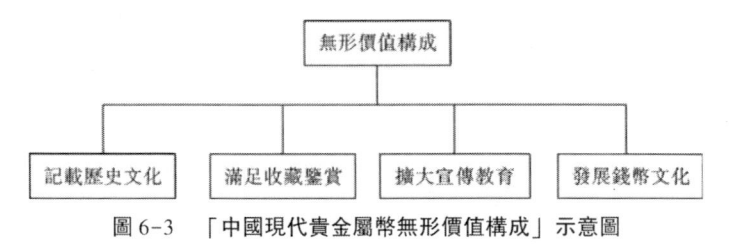

圖 6-3 「中國現代貴金屬幣無形價值構成」示意圖

1. 以貨幣形式記錄歷史與文化

截至 2014 年年底，我國的現代貴金屬幣已經發行有 387 個項目，主題涉及的範圍非常廣泛。其中既有重大歷史事件和歷史人物，也有燦爛的中華文化與文明；既有國家的發展建設成就，也有祖國的大好河山和風景名勝；既有文化教育與體育，也有我國的珍稀動物與植物。翻開一本本我國現代貴金屬幣的圖錄，呈現在人們眼前的就是一部反應中國歷史、文化與自然人文風貌的百科全書，它們記錄歷史與文化的作用彰顯無遺。

2. 滿足收藏與鑒賞的精神需求

收藏是一種思想理念、一種生活方式、一種文化傳統和一種體驗過程。與其他藝術收藏品一樣，我國的現代貴金屬幣也吸引了眾多收藏者的目光。他們熱愛錢幣

文化，精心選擇和追逐自己喜愛的幣種，研究探討幣種設計發行背後的故事和趣聞，用心領會每個幣種的文化藝術價值和收藏投資價值。儘管每位收藏者都有著自己的收藏經歷和喜怒哀樂，但通過體驗收藏過程，豐富了知識，結交了朋友，提高了鑒賞識別能力，充實了文化生活，滿足了精神需求。從大量的收藏人士及其故事中，已經可以清晰看到我國的現代貴金屬幣可以在滿足人們的精神文化需求方面發揮重要作用。

3. 發揮宣傳和教育功能

宣傳和弘揚中華文化的正能量，展現中國文化發展的正確方向，有多種形式和手段，我國的現代貴金屬幣就可以成為其中的有效方式之一。由於我國的現代貴金屬幣是以貨幣形式出現的藝術收藏品，代表和體現了國家的意志和形象。它們的選題和設計大多經過嚴格審批程序，記載了大量政治、經濟和歷史文化信息。宣傳和推廣我國的現代貴金屬幣就是宣傳和推廣我們的歷史文化。例如，在改革開放初期，我國的現代貴金屬幣以外銷為主，當時很多外國朋友正是通過接觸這些小小的錢幣開始認識中國、瞭解中國，這些錢幣已然成為樹立中國正面形象的媒介和橋樑。從市場實踐看，宣傳推廣和鑒賞品味我國現代貴金屬幣的過程，就是銘記歷史、豐富知識、錘煉修養和啓迪心靈的過程，這種無形的價值與作用，將與其他的形式和手段融合，在宣傳教育方面發揮積極作用。

4. 繼承和發展新的錢幣文化。

對於一般的流通貨幣來講，由於受到流通需求與環境的嚴格限制，它們的設計鑄造和技術發展受到很大制約。我國的現代貴金屬幣雖然在形式上也是貨幣，但它們不受各種流通條件的嚴苛限制，因此在豐富完善藝術收藏品本質、創新藝術與技術、繼承發展錢幣文化等方面提供了更大的騰挪空間。例如，在我國已經發行的兩千多個幣種中，很多幣種都採用了在普通金屬流通貨幣中不可能使用的鏡面、噴砂、高浮雕、局部鍍金、彩色移印、激光、表面硫化等新的工藝和技術，為豐富發展錢幣形態，創造新的錢幣文化進行了有益嘗試。在社會的發展變革中，我國的錢幣文化事業也需要尋找新路徑、創建新支點，而現代貴金屬幣就可為此提供新選項和新條件。只要真正按發展藝術收藏品的規律辦事，不拘一格，突圍條框限制，不斷進行理念創新、藝術創新和技術創新，我國的現代貴金屬幣就一定可以為我國的錢幣文化提供新的價值內涵。

綜上所述，我國現代貴金屬幣的市場價值既有自己的獨特之處，也具有豐富的內涵。這些價值基因，將為發展我國的金幣市場提供基礎和動力。

第二節　主要特性

從我國現代貴金屬幣的商品性質、屬性和市場定位觀察，它們也具有自己的市場價值特性。

· 55 ·

一、虛擬價值特性

我國現代貴金屬幣的社會使用價值，一般只能滿足人們的文化精神需求，與日常的衣食住行等基本生存需要無關，屬非剛性需求類商品，因此具有虛擬價值特性。

虛擬價值主要是指基於勞動價值，但並非通過生產和勞動產生的價值。隨著現代社會經濟的發展，金融產品、房地產產品和網路技術產品等虛擬的經濟要素在整個社會經濟中已經發揮越來越大的作用。

按照虛擬價值的構成要件，我國的現代貴金屬幣作為一種以貴金屬為載體的藝術收藏類商品，它們的市場價值屬於虛擬價值範疇，並可用如下數學公式描述：

$\ddot{w} = \delta(W) + \lambda(W)$

式中$\ddot{w}$代表現代貴金屬幣的虛擬價值，W代表能交換到的勞動價值，而δ、λ則表示購買者的購買能力和偶然性。

從以上數學語言中我們可以清晰看到，我國現代貴金屬幣的物質基礎和設計鑄造作為一種勞動價值，在市場流通環節中得到購買能力和偶然性的兌現。這種購買能力和偶然性屬於非剛性需求，很難按一般生活必需類商品的需求模型計算。虛擬價值不是沒有價值，只是它的市場價值不主要取決於物化勞動價值，或物化勞動價值所占比重較小，而是取決於社會生活和資本的認同。當我國現代貴金屬幣的物化勞動價值得到社會生活和資本的普遍認同時，它們的市場價值就會不斷提高，反之就會不斷降低。能否得到市場普遍認同的關鍵因素主要有：發行管理銷售體制、設計鑄造的整體水平與質量、市場體系的效率以及整個市場的生態環境和成熟度。

我國現代貴金屬幣的虛擬價值特徵，深刻揭示了它固有的經濟本質。用虛擬價值理論不但可以解釋很多市場現象，同時也可以說明市場價值的變化規律。

二、真實交易特性

我國現代貴金屬幣的市場價值必須要能得到市場的普遍認同，得到市場認同的主要標準就是能否實現有效的市場交易。在市場中我們經常可以看到，有些幣種很少在市場交易中出現，儘管人們給了它們很高的估價，但是只要沒有實現有效的交易和價值轉化，那麼這些想像的價值都不能說明它們真實的市場價值。例如，1991年發行的中國熊貓金幣發行10周年5公斤（1公斤=1千克）紀念金幣，它最近的一次公開交易是在2011年4月30日的日本泰星東京錢幣拍賣會上以1.276億日元（折合人民幣1,036.75萬元）成交，在此之後哪怕有人給出了700萬或1,700萬人民幣的估值，但只要在此之後沒有新的公開成交記錄，那麼這枚金幣的市場價值將一直都是1,036.75萬元人民幣。

雖然人們可以通過某種方法預測市場價格可能發生的變化，但市場價值不是虛幻的故事和美麗的想像，它們必須在大量的市場交易中兌現。這將是評估我國現代貴金屬幣市場價值的唯一方法，同時也是市場價值的真實交易特性。

三、動態變化特性

正向世界上的一切事物都在發生變化一樣，我國現代貴金屬幣的市場價值也是動態的和變化的。這種動態與變化主要反應在人們對它們的文化藝術價值和收藏投資價值的判斷變化上。

雖然一枚現代貴金屬幣的文化要素在它一誕生時就已經完全固定，但在不同時期和環境下，人們對它們的認識和理解是不同的。例如，1992年發行的「生肖紀念幣發行12周年金銀紀念幣」，在發行初期，人們對它們圖案設計的文化意義並沒有很深的理解。隨著時間的拓展和研究的深入，人們發現正面圖案中的北京北海萬安寺和背面圖案中的太極八卦圖，形成了很高境界的配合和默契，表達了一種生生不息、世世平安的人類追求和博大精深的中國生肖文化。這個例子說明，隨著社會文化素質的整體變化和提高，特別是隨著深入開展藝術鑒賞與藝術批評活動，人們對我國現代貴金屬幣文化藝術價值的認識也將不斷變化。有些幣種的文化藝術內涵將得到更加深入的挖掘，有些幣種的設計缺陷和不足也會得到充分反思。因此人們對我國現代貴金屬幣文化藝術價值的認識將打上時間符號，並要接受歷史的檢驗。

在市場實踐中，我國現代貴金屬幣收藏投資價值的動態特性，更是彰顯無疑。如果將它們當做收藏投資的藝術商品，隨著時間流逝和收藏投資群體擴大，那麼它們的保值增值功能將會得到充分顯現。如果將它們當做投機獲利的籌碼，那麼你必須面對由價格波動帶來的收益和風險。我國現代貴金屬幣的收藏投資價值不但是動態的，同時也將隨市場主流的價值取向發生不同變化，這也將構成整個市場價值的動態變化。

四、有規律的變化特性

雖然我國現代貴金屬幣的市場價值是動態，但這種變化也是有規律的。

首先是對文化藝術價值的認識，將隨時空的演進不斷深化。在歷史長河中經歷大浪淘沙般的清洗后，有些人為的虛幻標籤將會消失，真正的藝術精品將會世代流傳，這就是人們認識文化藝術價值的最基本規律。

其次是對收藏投資價值的認識，由於受到各種因素影響，收藏投資價值的變化規律相對複雜。但從宏觀和整體上觀察，供需關係將影響收藏投資價值的變化，決定供需關係的關鍵因素是市場預期，影響市場預期的主要條件是內外經濟環境。由於整體的經濟環境將發生週期性波動，因此我國現代貴金屬幣市場價值的貨幣表現形式也將呈現週期性變化規律，但整體的價值中值將呈現一種不斷提高的趨勢，這就是我國現代貴金屬幣市場價值變化的最基本規律。在我國金幣市場的發展過程中，已多次出現這種週期性波動，同時在週期性波動中，也已顯示出價值中值不斷抬升的特徵。

五、價格圍繞價值波動的特性

在市場實踐中人們經常可以看到，在較短時間內，一個相同幣種可以表現出很多交易價格。甚至在同一場拍賣會中，相同的幾枚錢幣也會拍出完全不同的價格。這裡就向我們提出一個問題，市場價格與市場價值是什麼關係？難道在極短時間內市場價值也會發生變化嗎？

經濟學告訴我們，在一個完全有效的市場中，市場價值和市場價格是相等的。但由於完全有效的市場只是一種理想狀態，因此市場價值和市場價格在大部分時間內是不相等的，完全相等只是一種理想狀態。

從我國金幣市場的現狀出發，首先應該看到，雖然我國現代貴金屬幣的市場價值中值是動態的，但這種價值中值是客觀存在的，同時也是可以通過大量數據計算的。另外由於現代貴金屬幣具有的虛擬價值特性，市場價格的形成與購買能力，人的慾望、感情、情緒和偶然性關係很大，往往存在非理性狀態。特別是由於我國的金幣市場距離完全成熟市場還有一定差距，在資本風險偏好驅動下，會出現過度反應。當資本衝動時，極易形成價格虛高的牛市，由此伴生出價值迴歸的市場動力。在價值迴歸過程中，由於資本的冷漠，也會出現價格超跌的熊市，同時孕育市場價格回升的動能。這就是價格圍繞價值波動的本質。

我國現代貴金屬幣的市場價格圍繞價值波動將會長期存在，這對全面認識市場價值的本質和變化規律，具有重要作用。

第七章　文化藝術價值

在有形價值中，文化藝術價值是我國現代貴金屬幣市場價值的重要組成部分，它們來源於自身的性質、屬性和市場定位，不但與收藏投資價值相輔相成，同時也有自己獨特的發展變化規律。

伴隨我國金幣市場的誕生和發展，對其文化藝術價值的研究一直沒有中斷。這其中既有官方的定義和詮釋，也有民間的體會和註解；既有全面介紹的各類書籍，也有針對某個專題進行研究的文章；既有公正客觀的分析評論，也有誇大其辭的忽悠誤導。研究我國現代貴金屬幣的文化藝術價值，就是要從這些現實狀況出發，深入研究它們的基本內涵、分析視角、評判標準和藝術鑒賞與批評，構建分析認識文化藝術價值的主要思路和方法，為挖掘、提升及弘揚它們的文化藝術價值和發展我國的金幣市場服務。

第一節　基本內涵

我國現代貴金屬幣文化藝術價值的基本內涵，包括狹義和廣義兩個方面的內容。

一、狹義內涵

所謂文化藝術價值的狹義概念，主要是指附著在這種物質形態之上的文化藝術信息的意義和內涵，即具體幣種的文化藝術價值。

對我國的現代貴金屬幣來說，其項目主題繁多，文化要素斑斕，藝術手法多樣，設計雕刻人員眾多，技術工藝不斷變化，已經向社會展現出巨量的文化藝術信息。這些信息主要有：①項目主題的文化背景及歷史價值；②圖案設計要素的人文及學術價值；③幣種設計雕刻的藝術及美學價值；④設計人員的藝術風格及創作價值；⑤幣種鑄造加工的技術及工藝價值。

從狹義角度研究我國現代貴金屬幣文化藝術價值的基本內涵，一方面要從不同幣種入手，具體闡述它們的歷史價值、學術價值、美學價值、創作價值和工藝價值，同時也要進行總體分析，對它們的整體水平和狀態做出評估。

二、廣義內涵

所謂文化藝術價值的廣義概念，主要是指要從更大範圍理解和認識我國現代貴

金屬幣的文化意義和社會功能。

我國的現代貴金屬幣，作為一種藝術商品存在於藝術收藏品市場，除了自身的文化意義之外，還顯示出更多的信息和價值。

1. 商品特性詮釋文化藝術價值

我國的現代貴金屬幣雖然以貨幣形式出現，但它們與流通貨幣具有本質區別。各個時期的流通貨幣，它們的主要職能是價值尺度、流通手段、貯藏手段和支付手段。當這些流通貨幣退出流通領域後，附著在其表面的政治、經濟和文化信息作為一種歷史文化發展軌跡，開始成為錢幣文化研究、鑒賞與收藏的對象。而現代貴金屬幣作為一種藝術商品，不是真正意義上的貨幣。它們的鑄造發行首先是為經濟利益服務，承載在這種藝術商品之上的各種文化藝術信息只是一種特殊的商品符號。改革開放初期，國家為了出口創匯，我國的現代貴金屬幣誕生了。以后的不斷發展也與各種經濟利益密切相關。對這種藝術收藏品來說，如果沒有文化價值就不可能實現經濟利益，而沒有利益驅動也就不可能實現市場的繁榮與發展。由於這些本質上的區別，流通貨幣與現代貴金屬幣對比，在文化藝術價值上自然也存在差異。前者是歷史的記錄，后者是記錄歷史。前者是收藏歷史的遺物，后者是收藏現代對歷史的記憶。前者是探尋錢幣文化的發展過程，后者是推動錢幣文化的發展與延續。

現代貴金屬幣與流通貨幣相比，儘管鑄造發行的初始目的不同，本質上也有區別，但它們完全有可能在文化藝術價值上達到統一。市場實踐證明，只要按藝術收藏品的市場規律辦事，我國的現代貴金屬幣就同樣具有特定的文化藝術價值。

2. 生命活力創造文化藝術價值

我國的現代貴金屬幣是人類物化勞動的結果，在市場傳播中也處處可以看到人的努力和貢獻。從表面上看，它們都是一件件靜止的物品，但由於人與物的融合，使這些錢幣具有了生命活力，可以讓我們感受到一種生命脈搏的跳動。

首先，我國的現代貴金屬幣凝聚了造幣人的智慧、艱辛和汗水。展現在我們面前的每一枚現代貴金屬幣背後，都有設計團隊的精心構思和創作，都有造幣員工的精湛技藝，也都有各種蜿蜒曲折的經歷和故事。這些藝術成果，充分反應了藝術人對藝術規律的理解和探索，也反應出造幣人對技術發展的不懈追求，更反應出他們對提升文化藝術價值的貢獻。把一枚枚靜態的現代貴金屬幣放在我們面前，不僅能讓人們看到各種具象的文化符號，同時也能讓人們感受到其中蘊藏的生命活力。

其次，傳播我國的金幣文化是人類參加的社會活動，處處充滿了人們的努力和創造。其中特別是廣大收藏投資者已經成為最活躍和最積極的力量。在整個市場傳播過程中，人們可以看到大量熱愛錢幣文化的人群，他們精心選擇和追逐著自己的最愛，研究探尋著其中的故事和趣聞，用心領會著收藏與投資的真諦。在每一次看似普通的錢幣交易中，人們不僅可以感觸到收藏投資者的喜怒哀樂，同時也可以體會到市場的風雲變幻。正是這些廣大收藏投資群體的不離不棄，鑄就了中國金幣文化的生命和脊梁，賦予了文化藝術價值的生命脈動。

最后，我國現代貴金屬幣的文化藝術價值，需要人的創造和傳播。說到文化藝

術價值,不僅是幣面上呈現的各種文化符號,更是人的智慧和寄託。正是人與物的結合,鑄就出最核心、最真實和最具有活力的文化藝術價值內涵。

3. 動態發展助力文化藝術價值

我國現代貴金屬幣的文化藝術價值不是自發產生的,它一方面需要從藝術角度不斷錘煉提高質量,也需要從研究鑒賞角度不斷豐富認識水平,同時還需要整個社會文化氛圍的烘托和支撐,因此我國現代貴金屬幣的文化藝術價值是動態的、辯證的和發展的。

首先應該看到,我國現代貴金屬幣的藝術質量整體上還是優異的,但也存在很多缺陷和不足,距離更高的要求還有不少差距。藝術發展是無止境的,如何在動態發展中不斷總結經驗,努力遵循藝術規律,認真實踐提高,不斷向社會推出更具中國特色的錢幣藝術精品,將是發展我國金幣市場永恆的任務。

同時也應該看到,我國的金幣市場還處於不成熟階段,對投資價值的重視程度往往大於對文化藝術價值的挖掘,有很多幣種的文化內涵沒有受到社會重視,中國金幣的文化功能還沒充分發揮。歷史經驗告訴我們,文化藝術價值是永恆的,投資價值是變化的,而市場投機只能決定價格波動。因此不能完全用投資價值代替文化藝術價值,更不能用市場投機否定文化藝術價值。人們可以相信,隨著我國金幣市場的不斷成熟與進步,對我國現代現代貴金屬幣文化藝術價值的認識和理解一定會不斷提高,同時也會使它們在記錄歷史文化、滿足收藏鑒賞、擴大宣傳教育、發展錢幣文化等方面發揮越來越大的作用。

第二節　分析視角

一枚看似小小的現代貴金屬幣,為我們輸送了大量的文化藝術信息。如何掌握正確的研究方法,尋找科學的分析視角,對這些信息進行系統梳理,是具體研究不同幣種文化藝術價值的重要前提。

通過總結大量市場實踐和充分借鑒相關藝術品的分析方法,研究我國現代貴金屬幣文化藝術價值的主要視角可以綜合概括為:項目主題的文化背景及歷史價值、圖案設計要素的人文及學術價值、幣種設計雕刻的藝術及美學價值、設計人員的藝術風格及創作價值、幣種鑄造加工的技術及工藝價值五大要素。

將分析具體幣種的文化藝術價值分為五大要素,採用的是分類與綜合的研究方法:即將影響文化藝術價值的所有要素進行科學分類,在此基礎上,首先單獨考察不同要素的作用和影響,確立某個幣種的個性,然後再對這些要素進行綜合分析,最終確定這個幣種的整體文化藝術價值。採用這種研究方法,不但有可能深入研究每個不同幣種具有的文化藝術特徵,同時也可實現對整個體系的評估。

要研究我國現代貴金屬幣文化藝術價值的五大要素結構見圖7-1。以下將對這五大要素展開具體討論。

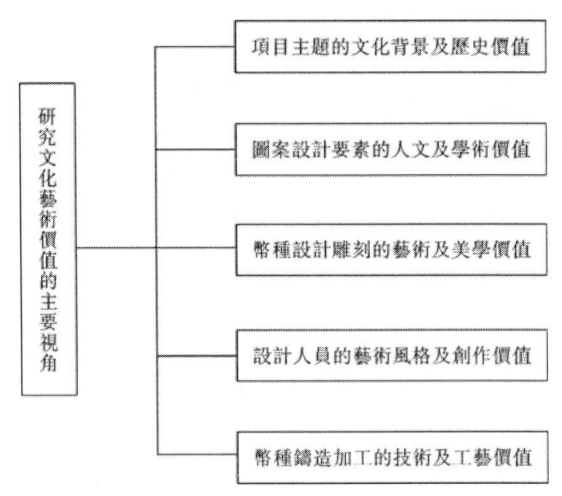

圖 7-1 「研究文化藝術價值的主要視角」示意圖

一、項目主題的文化背景及歷史價值

要研究我國現代貴金屬幣的文化藝術價值，項目主題的文化背景和歷史價值是首先要考慮的重要因素，同時也是評判項目主題重要意義的依據。

項目主題的文化背景和歷史價值，主要是指項目的立意在我國歷史和文化發展中所處的位置和意義。

在我國已經鑄造發行的 387 個項目主題中，各自的文化背景和歷史價值是完全不同的，它們大致可分為重大項目、重要項目、一般項目和次要項目。儘管每個項目在鑄造發行時都有不同的背景和依據，但在文化和歷史價值上卻千差萬別。

例如，2006 年至 2008 年發行的「第 29 屆奧林匹克運動會貴金屬紀念幣」項目，就應屬於重大項目（其中的 1 枚 5 盎司金幣見圖 7-2）。這個項目不僅屬於體育題材，同時也屬於重大國際活動，更重要的是百年奧運的歷史，就是中華民族從衰敗沒落走向富強興盛的歷史，因此可以說這個項目具有重大的歷史意義和政治意義。在我國已經鑄造發行的 387 個項目中，能與其相提並論的項目並不多見，這個項目主題的歷史意義無可置疑。

圖 7-2　第 29 屆奧林匹克運動會貴金屬紀念幣（第 3 組）5 盎司紀念金幣

再如，1992 年至 1996 年發行的「中國古代科技發明發現金銀鉑紀念幣」項目（其中的 5 枚 1 盎司金幣套裝見圖 7-3），就應屬於重要項目。這個項目的主題從科學技術發展的視角出發，深入挖掘了中華民族對人類文明與發展做出過的重大貢獻，具有豐富的文化價值和歷史價值。像這樣的項目主題，在我國眾多的現代貴金屬幣項目中也不多見。

圖 7-3　中國古代科技發明發現金銀鉑紀念幣（第 1 組）1 盎司圓形金質紀念幣

當然，在我國 387 個現代貴金屬幣項目中，也有屬於一般性的項目和一些可發可不發的項目，例如，一些商業銀行熊貓加字幣等。這些項目主題的歷史價值和文化價值與重大項目和重要項目相比，就會顯得遜色很多。

項目主題的質量優劣，對幣種的文化藝術價值具有較大影響。項目主題優秀的幣種，往往更能經受歷史長河的檢驗。

二、圖案設計要素的人文及學術價值

研究我國現代貴金屬幣的文化藝術價值，圖案設計要素的人文及學術價值也是需要分析的重要因素之一，同時也是判斷幣種文化藝術價值的重要依據。

圖案設計要素的人文及學術價值，主要是指當項目主題確定后，選用怎樣的文化要素最大限度地反應項目主題的歷史文化背景。

在市場實踐中，項目的主題可以有大有小，但每一個主題都有大量的信息需要反應。由於一枚錢幣的面積有限，將所有相關信息全部納入幣面，既不可能也不現實。面對這種情況，在設計要素的選擇上就會面臨一系列問題：①選用怎樣的信息進入設計視野；②選擇的文化要素能否最大限度地抽象概括項目的主題；③選用的整體設計方案是否具有最佳的人文及學術價值；④選用的文化要素是否適應鑄幣工藝。能否將以上問題處理得恰到好處，是衡量一個幣種文化藝術價值優劣的重要標準。

· 63 ·

在我國已經發行的現代貴金屬幣中，對上述問題的處理水平存在較大差異。面對多種選擇，有些幣種設計要素的選擇非常講究，它們不但能高度概括項目主題的歷史文化背景，同時也具有很高的人文學術價值。而有些幣種設計要素的選擇就不盡理想。甚至極個別幣種也存在設計要素的選擇定位不準、張冠李戴的現象。

例如，1993 年發行的「中國古代名畫系列（孔雀開屏）金銀紀念幣」項目（見圖 7-4），正面圖案選用北京故宮太和殿外景，背面圖案為郎世寧所繪《孔雀開屏圖》。郎世寧是義大利人，在中國從事繪畫達 50 多年，是歷任康熙、雍正、乾隆三朝的宮廷畫家。他的繪畫融中西技法於一體，形成精細逼真的效果，創造出了新的畫風，具有中國古代繪畫發展的時代特徵。對於「中國古代名畫系列」這個主題來說，選擇郎世寧的繪畫作品作為素材，就充分體現了中國古代繪畫后期的發展成就和藝術特點。郎世寧一生在中國創作了大量繪畫作品，存世的就有近百幅，《孔雀開屏圖》雖然不是郎世寧最具代表性的作品，但在這個項目主題中選用這幅繪畫，已經充分考慮了鑄幣條件的限制，使郎世寧的繪畫風格在小小的幣面上得到了完美體現，同時也將那個時代的輝煌歷史和盛世繁榮體現得淋漓盡致。另外這組紀念幣選用的正面圖案，也恰到好處，它不但反應了這幅繪畫的時代背景，也從側面勾畫出郎世寧宮廷畫家的身世。綜合分析這組紀念幣選用的設計素材，精準明確，高度概括，具有很高的人文及學術價值，堪稱我國現代貴金屬幣設計選材的經典之作。

圖 7-4　中國古代名畫系列（孔雀開屏）金銀紀念幣 20 盎司圓形金質紀念幣

當然，在我國現代貴金屬幣的設計選材上，有些幣種的設計要素就值得商榷。例如，1995 年發行的「黃河文化金銀紀念幣」項目，其中 5 盎司金幣和 1/2 盎司金幣背面圖案選用的是女媧補天的神話故事。從發展歷史看，女媧補天是華夏文明最古老的神話傳說，而黃河文化形成期大體在公元前 4000 年至公元前 2000 年期間，兩者之間似乎存在時間上的差異，也存在學術爭論。如果這兩枚紀念幣的背面圖案能夠選用更加準確的設計要素，其歷史價值和學術價值將會更加穩妥。至於在設計選材上出現明顯錯誤的情況，在極個別幣種上也出現過，例如 1988 年發行的「第 15 屆冬奧會紀念銀幣」項目，就將「第 15 屆」錯寫成「第 16 屆」。

對一個幣種來說，圖案設計要素是否符合項目主題的歷史文化背景極其重要，這也是分析具體幣種文化藝術價值的重要基礎，上邊的舉例只是個人觀點，目的在於引起對這個問題的重視，並能進一步開展深入的研究和討論。

三、幣種設計雕刻的藝術及美學價值

研究我國現代貴金屬幣的文化藝術價值，幣種設計雕刻的藝術及美學價值也是需要進行分析研究的重要因素之一。

幣種設計雕刻的藝術及美學價值，主要是指如何利用鑄幣特有的藝術特點和手段，通過完美的雕刻藝術語言，充分體現項目主題和設計要素所要表達的精神內涵，使其達到較高的藝術及美學效果。

金屬浮雕藝術不是小人書也不是宣傳畫，它是利用「雕」「刻」「塑」「鑄」等方式，通過在金屬表面產生的凸凹不平的體積變化，創造的一種視覺藝術形式。對於鑄幣藝術來說，就是將平面的設計要素，通過藝術再創作的過程，轉化為金屬浮雕藝術。例如，如何將某位知名畫家的平面繪畫藝術展現在小小的金屬錢幣表面，就是一個藝術再創造的過程。在這種從平面向立體的轉變過程中，如果只是簡單的平移和模仿，就會失去金屬浮雕的藝術生命，淪為一般的克隆品。金屬鑄幣藝術既有局限性也有豐富的藝術創作空間，它主要通過構圖、造型、層次、神韻、紋飾和字形，同時借助現代造幣技術的發展，完美展現設計的主題和要素，最終達到較高的藝術及美學效果，給人們留下深刻的視覺記憶。雖然由於人們的教育背景、文化修養和價值取向存在差異，對美與藝術的評判沒有絕對標準，但優秀的藝術作品還是能得到社會和市場的普遍認同。

例如，2004 年發行的「中國石窟藝術（麥積山）金銀幣」中 5 盎司金幣（見圖 7-5）的背面設計雕刻就很有特點。這枚金幣的項目主題是中國石窟藝術（麥積山），設計素材取自麥積山石窟群第 44 窟主佛造像。在設計雕刻中，這尊主佛造像可以通過很多視角和不同藝術方法來反應，但設計人員在進行藝術創作時，採用突出局部造型的藝術手法，充分利用鑄幣的藝術特點，通過藝術再創作的複雜過程，在小小的錢幣表面，將這尊石窟造像的面部表情刻畫得生動細膩，不但真實再現了麥積山石窟的藝術風格，同時也表達了雕刻者對佛教精神的深刻理解，具有很高的藝術及美學價值。這枚金幣能夠在 2004 年的世界硬幣評選中榮獲「最佳金幣獎」，當之無愧。

圖 7-5　中國石窟藝術（麥積山）金銀紀念幣 5 盎司圓形金質紀念幣

而 1992 年發行的「中國古代科技發明發現金銀鉑紀念幣」項目中的 15 克「世

界最早的銅鑄幣」，其藝術表現手法就值得商榷。這枚銀幣的項目主題不錯，設計素材為世界最早的銅鑄幣，但在幣面上展現出的具體藝術表現形式的主題不突出，要素佈局雜亂，藝術視覺效果缺乏美感，沒有達到應有的藝術境界。

再有1998年發行的「中國傳統吉祥圖（萬象更新）金銀紀念幣」中的1盎司和1/2盎司彩色銀幣的背面設計，就更值得商榷。這兩枚銀幣使用彩色移印技術，將中國的年畫藝術簡單平移在金屬表面，完全喪失了鑄幣藝術的工藝特點，成為了蹩腳的年畫複製品，其藝術及美學價值無法恭維。

在門類繁多的藝術收藏品中，每種藝術形式都有自己獨特的創作規律。對於我國的現代貴金屬幣來說，雖然項目可大可小，設計要素可繁可簡，但將金屬浮雕和現代造幣技術相結合，創作具有藝術和美學價值的精品，卻是所有幣種的共同目標和永無止境的藝術追求。充分發揮鑄幣藝術的特點，進行藝術的完美創作，將可為提高我國現代貴金屬幣的文化藝術價值增光添彩，注入正向能量。

四、設計人員的藝術風格及創作價值

研究我國現代貴金屬幣的文化藝術價值，分析設計人員的藝術風格及創作價值同樣也是十分重要的。

設計人員的藝術風格及創作價值，主要是指作品的設計雕刻者具有的獨特藝術風格和社會文化價值，即所謂的名人效應。

藝術作品是藝術家通過藝術媒介，經過藝術體驗和藝術構思創造出來的藝術產品，因此藝術家的個人風格和魅力對提升藝術品的市場影響力具有重要作用。在各個藝術品門類中，都有自己的藝術大家和領軍人物，他們創作的藝術作品不但能夠得到社會的普遍認同，同時也有很高的藝術影響力。例如，國畫界的齊白石、張大千；陶瓷界的王錫良、張松茂；玉雕界的李博生、易少勇；郵票設計界的黃永玉等。

我國的現代貴金屬幣已有37年的發展歷史，一代又一代的美術雕刻人員一直在這個領域辛勤耕耘，勇於開拓，創作出了很多錢幣精品。這些藝術創作人員既有造幣企業培養的藝術大師，也有社會上的專家和從業人員，他們的設計專長不同，藝術風格各異，創作成果多姿多彩，呈現出不同的藝術創作價值。但從總體上觀察，由於受環境和條件限制，我國錢幣設計團隊的名人效應相對較弱，業內大師的社會公認度和影響力還沒能達到應有高度。這種局面將不利於在全社會提升我國現代貴金屬幣的市場影響力。

藝術收藏品的名人效應是無法否定的，從遵循藝術收藏品的基本規律出發，努力發現、挖掘業內的優秀藝術人才，在社會上廣泛宣傳和擴大他們的影響，樹立他們應有的地位，同時充分吸納國內知名藝術專家直接參與某些幣種的設計雕刻，對全面提升我國現代貴金屬幣的設計創作水平和社會關注度將會發揮很大作用。

五、幣種鑄造加工的技術及工藝價值

研究我國現代貴金屬幣的文化藝術價值，幣種鑄造加工的技術及工藝價值也是

不可缺少的重要因素之一。

幣種鑄造加工的技術及工藝價值，主要是指幣種鑄造加工的技術特點與含量，以及這些技術特點和含量對提高文化藝術價值做出的貢獻。

我國的現代貴金屬幣不但是藝術收藏品，也是批量加工的工業產品，是藝術與工業生產能力相結合的產物。工業技術不但是實現藝術價值的基礎，同時也是豐富藝術價值的有利手段。37年來從滿足項目主題和提高藝術價值的需要出發，我國現代貴金屬幣的技術不斷發展、不斷創新。

圖7-6是我國現代貴金屬幣在技術創新方面的一些典型案例。例如，出現的梅花形、扇形、八角形、長方形等異形幣，增加了幣種外形的多樣性。採用的高浮雕無邊沿技術，增添了幣種浮雕的藝術表現力。使用的幻彩和硫化技術，豐富了幣種的視覺效果和色彩變化。應用的鑲嵌技術，提升了浮雕技藝的多樣性。各種噴砂技術的組合使用，增添了整個幣面效果的層次與美感。引入的各種防偽技術，增加了鑄造加工的技術含量。在發展我國鑄幣技術的過程中採用的這些新技術，無疑對提升整個現代貴金屬幣的技術及藝術水平起到了積極作用。

圖7-6　不同技術特徵典型幣種

由於彩色移印技術存在一些固有的缺陷和弱點，目前對鑄幣工藝使用這種技術一直存在不同意見，爭議的焦點主要集中在褪色和掉色問題。由於受到色彩元素半衰期的影響，目前人類還無法抗拒色彩逐步退化的自然規律，一枚彩色的錢幣能否經受歷史長河與風雨的檢驗，值得懷疑。另外，彩色幣在短短的生產和流通過程中，已經出現不同程度的掉色問題，對幣種表面的美感和藝術價值造成不良影響。筆者的觀點是，彩色移印作為一種新的技術，在應用於鑄幣工藝時，要在能夠解決掉色問題的前提下，採取適度利用的政策。即在項目主題和設計要素需要的基礎上適度採用，盡可能避免大面積、無節制的使用。其目的是為幣種的長久藝術效果加分而不是減分。

幣種鑄造加工的技術及工藝價值是整個現代貴金屬幣文化藝術價值的有機組成

部分。市場實踐已經證明，採用適用技術可提高幣種的藝術價值和市場認知度，如採用缺陷技術將會降低幣種的藝術價值。特別是當前國際貴金屬幣鑄造技術的發展，已經逐漸脫離固有模式，呈現出明顯的藝術化發展趨勢。密切關注鑄幣技術與工藝的發展，關注技術對藝術的貢獻十分必要。

六、五大要素的綜合分析

項目主題的文化背景及歷史價值、圖案設計要素的人文及學術價值、幣種設計雕刻的藝術及美學價值、設計人員的藝術風格及創作價值、幣種鑄造加工的技術及工藝價值這五大要素是對不同幣種進行文化藝術價值分析的重要視點。這五大要素既相互獨立又相互聯繫，獨立性反應出不同幣種的個性和特色，聯繫性反應出某一幣種的整體藝術價值和水平。

例如，2006年至2008年發行的「第29屆奧林匹克運動會貴金屬紀念幣」項目，此項目主題的重大意義無可質疑。設計要素從歷史到現代，從文化到體育，從民間到專業，綜合概括和完美表現出中華文化和奧運精神。雕刻藝術手法形式多樣、層次分明、動靜結合，具有很高的藝術韻味和美學價值。工藝技術分別使用高浮雕、特殊邊沿、組合噴砂等全新技術，其中特別是彩色移印技術的使用是畫龍點睛、恰到好處，呈現出較高的技術和工藝價值。另外最值得稱道是，雖然這套紀念幣沒有留下某一位大師的名字，但它調動了國內美術界、造幣界的藝術精英，集合了創作精英全體的智慧與才華，充分反應出當代我國鑄幣藝術的發展水平和藝術成就。綜合分析「第29屆奧林匹克運動會貴金屬紀念幣」的文化藝術價值，這組紀念幣屬於我國現代貴金屬幣中的優秀藝術作品，應該爭議不大。

如果認真分析和比對我國所有的現代貴金屬幣，在五大要素中能夠全部達到較高標準的幣種只是很少一部分，能夠滿足其中一兩項或兩三項的已經可以算是相對比較優秀的幣種，這充分顯示出幣種特色的多樣性和文化藝術價值的複雜性，同時也說明差異和不完美是永遠存在的。如何深入研究這些幣種文化價值的特色，理性挖掘藝術價值的潛力，不斷追求藝術水平的提升，將是我國現代錢幣設計創作鑄造團隊面臨的永恆任務。

第三節　評判方法

在市場實踐中，如何對我國現代貴金屬幣的文化藝術價值進行評判，一直是人們面臨的一個重要問題。

由於文化藝術價值屬意識形態範疇，不同個體在文化背景、知識體系、審美標準、審美情趣、價值取向、藝術流派等方面存在差異，對同一幣種文化藝術價值的認知往往會產生較大不同。特別是由於文化藝術價值與收藏投資價值相互影響、裹挾，再加上商業輿論的滲透，人們對文化藝術價值的認識更加撲朔迷離，並由此形

成了標準複雜、見仁見智的不確定狀態。這就向我們提出了一系列問題：對我國現代貴金屬幣的文化藝術價值來說，有沒有普世的評判標準？能不能對此進行有代表性的評判？以及如何進行評判？

以上問題的答案是肯定的。對我國現代貴金屬幣的文化藝術價值來說，存在客觀的評價標準，同時完全有可能進行有代表的評判，評判的基本方法就是定量分析。

這裡所說的定量分析方法，可能與研究收藏投資價值的定量分析方法不太相同，但它們在原理上是一致的，可以使用權威評審、群眾投票和社會調查的方法實現目標。當然使用這些方法得出的結論還要接受歷史檢驗。

在市場實踐中，權威評審、群眾投票和社會調查的方法，都不代表某一個體的意志，它是基於某種規則和程序，通過參與者認同數據的差異做出評價，因此具有定量分析的性質。由此得出的結論，將在評判時段代表社會對我國現代貴金屬幣文化藝術價值認識的一般水平和評價。

一、權威評審

在錢幣的評審方面，目前國際上有很多獨立的評審機構和活動。其中規格最高、影響範圍最大的是克勞斯世界硬幣大獎。這個非營利性的世界硬幣評審組織成立於1984年，由各方面的權威專家60至70人組成，每年進行一次評選，旨在表彰為錢幣的藝術性、實用性及外觀的改善做出貢獻的造幣廠。我國的現代貴金屬幣就先後多次榮獲這個權威大獎。在國內，目前還沒有專門的錢幣評審機構，但在工藝美術界也有全國性的評審組織。我國的現代貴金屬幣也曾多次在全國工藝美術百花獎中獲得殊榮。我國現代貴金屬幣歷屆國內外獲獎名錄見表7-1。

表7-1　　　　中國現代貴金屬幣歷年國外國內獲獎幣一覽

1982年壬戌（狗）年生肖紀念銀幣獲1984年世界硬幣大獎「最佳銀幣獎」
1983年版熊貓金幣獲1985年世界硬幣大獎「最佳金幣獎」
1983年版熊貓銀幣獲1985年世界硬幣大獎「最佳銀幣獎」
1983年馬可波羅紀念銀幣獲1985年世界硬幣大獎「最有歷史意義紀念幣獎」
1985年中國十二生肖系列紀念幣獲中國工藝美術百花獎「金杯獎」
1986年中國熊貓系列金幣獲中國工藝美術百花獎「金杯獎」
1988中國戊辰（龍）年12盎司生肖紀念銀幣獲1990年世界硬幣大獎「最佳銀幣獎」
1992年中國古代科技發明發現系列航海造船紀念銀幣獲1994年世界硬幣大獎「最佳銀幣獎」
1993年中國古代名畫系列孔雀開屏20盎司銀幣獲1995年世界硬幣大獎「最佳銀幣獎」
2001年版中國熊貓1盎司普制金幣獲2003年世界硬幣大獎「最佳金幣獎」
2001年中國石窟藝術（敦煌）盛唐菩薩像紀念銀幣獲2003年世界硬幣大獎「最佳銀幣獎」
2004年中國石窟藝術（麥積山）5盎司金幣獲2006年世界硬幣大獎「最佳金幣獎」

如表 7-1 所示，我國的現代貴金屬幣已先後有 12 個幣種獲得國內外大獎。這些幣種都是我國現代貴金屬幣的傑出代表，它們的文化藝術價值已經得到普世公認。當然在這裡也應該看到，目前能夠獲獎的幣種僅占我國現代貴金屬幣的極少數，雖然不能說沒有獲獎的幣種就不是藝術精品，但我們也應該正視差距，努力提高，爭取有更多的幣種登上世界硬幣大獎的領獎臺。

二、群眾投票

群眾評審也是評判我國現代貴金屬幣文化藝術價值的重要方式，它是通過公眾投票方式選出群眾最喜愛的幣種。從 2000 年起，中國金幣總公司開始每年組織一次最受群眾喜愛的貴金屬幣評選活動，至今已經延續 15 年。歷年「最受群眾喜愛的貴金屬幣評選」獲獎貴金屬幣見表 7-2。

表 7-2　　歷年「最受群眾喜愛的貴金屬幣評選」獲獎貴金屬幣一覽

1999 年中國歷代名畫系列《虢國夫人遊春圖》5 盎司彩色紀念銀幣
2000 年中國京劇藝術第 2 組 1 盎司彩色紀念銀幣
2001 年慶祝北京申辦 2008 年奧運會成功 1 盎司彩色紀念銀幣
2002 年中國京劇藝術第 4 組 1/4 盎司《鬧天宮》彩色紀念金幣
2003 年中國首次載人航天飛行成功 1/3 盎司彩色紀念金幣
2004 年人民代表大會成立 50 周年 1 盎司幻彩紀念銀幣
2005 年中國古典文學名著《西遊記》第 3 組 1 公斤彩色紀念銀幣
2006 年第 29 屆奧林匹克運動會第 1 組 1/3 盎司紀念金幣
2007 年第 29 屆奧林匹克運動會第 2 組 5 盎司紀念金幣
2008 年中國首次太空行走 1/3 盎司彩色紀念金幣
2009 年中國 2010 年上海世界博覽會金銀紀念幣（第 1 組）1/3 盎司金質紀念幣
2010 年中國石窟藝術（雲崗）金銀紀念幣 1/2 盎司金質紀念幣
2011 年中國京劇臉譜彩色金銀紀念幣（第 2 組）1/4 盎司金質紀念幣
2012 年中國京劇臉譜彩色金銀紀念幣（第 3 組）1/4 盎司金質紀念幣
2012 年中國佛教聖地（五臺山）金銀紀念幣 2 盎司圓形銀質紀念幣
2013 年中國佛教聖地（普陀山）5 盎司圓形金質紀念幣
2013 年中國青銅器（第 2 組）1 盎司圓形銀質紀念幣

如表 7-2 所示，15 年來已有 17 枚現代貴金屬幣在群眾投票中獲得好評。這應該是參加投票民眾對同期發行幣種做出的評價，也應該可以作為評判某些幣種文化藝術價值的相對標準，對分析研究同期發行幣種的藝術質量具有一定參考價值。當然在這裡也應該看到，這項群眾投票活動的信息公開程度不夠，公眾影響力有限。在繼續開展這項活動中，應進一步增加群眾評選活動的透明度，向社會及時公布參加投票的總人數、有效票數、獲獎票數和投票分佈結構等信息，保證群眾投票的公正

性和質量，避免惡意刷票和某些商業利益的干擾，努力提高投票活動的社會影響力和權威性。

三、問卷調查

開展專業性、系統性的問卷調查，是深入研究評價我國現代貴金屬幣文化藝術價值的基礎工作。

這項工作應在非利益機構組織下，將涉及文化藝術價值的五大要素進行分解，同時形成可量化的評價標準。通過這種經科學設計的調查問卷，對我國已經發行的全部幣種進行系統調查。調查的對象主要包括藝術專家、設計鑄造專家、收藏鑑賞專家和收藏群體等有代表性的人群。調查的結果將按統計學原理進行系統處理，最終得出在現階段對我國現代貴金屬幣文化藝術價值認識的一般水平。

目前，筆者正在與有關單位積極聯繫和籌備，適時開展這項系統性的調查研究工作。可以相信，隨著這項問卷調查工作的開展，筆者不但可以在定量分析方面進行大膽實驗，同時也可以在我國現代貴金屬幣的文化藝術價值的研究中取得新進展。

四、歷史檢驗

目前評判我國現代貴金屬幣文化藝術價值的方法都是相對的而不是絕對的。一方面，因為當前採用的任何方法都會有局限性和偏差，不可能十分準確地反應事物的全貌。另一方面，人們的認識水平也在不斷變化，很多結論還要接受歷史的檢驗。

從發展角度出發，評判我國現代貴金屬幣文化藝術價值最有效的方法是時間。只有經過歷史長河的淘洗，那些真正具有文化藝術價值的精品才有可能得到永世珍藏。使用時間和歷史的標準去評判，可能顯得有些遙不可及，但應該相信我們的後人一定會對此做出更客觀和準確的評價。

第四節　藝術的鑒賞與批評

在我國現代貴金屬幣的市場流通中，經常會看到這些情況：一是當收藏投資者拿到某一個幣種時，對圖案設計的第一感覺非常舒服愉悅。而拿到另一個幣種時，第一印象會對圖案的設計感到有些別扭甚至不喜歡。但不管是愉悅還是不喜歡，都說不出明確原因。二是當通過媒體查詢到某一個幣種時，有些媒體的分析一片讚揚之聲，好像不買就會遺恨終生，而有些媒體的分析卻不盡然。這些反差較大的評價使人感到霧裡看花，迷惑不解。三是當自己收藏了一套非常喜歡的幣種後，市場表現不盡如人意，好像大多數人群並不認同，同時開始懷疑自己對文化藝術價值的判斷能力。這些情況的出現和發生，就向我們提出了一個重要問題：如何對我國現代貴金屬幣進行理性的鑒賞與批評。

在藝術收藏品領域，藝術的鑒賞與批評是整個藝術活動不可分割的重要組成部

分，也是藝術傳播和發展的重要環節，反應了藝術發展的客觀規律。

　　首先，藝術的本質是藝術生產者的創造，它的受眾是藝術的鑒賞和消費群體。沒有這一群體的鑒賞就沒有藝術產品的傳播，沒有這一群體的批評就沒有藝術水平的提高。其次，對藝術水平與價值的認知需要從感性向理性過渡，藝術的鑒賞就是基於感性認識，並通過理解和解析後，將感性認識昇華到理性高度。而藝術的批評是藝術鑒賞的深化，也是藝術研究和藝術發展的基礎。通過理性科學的藝術批評，不但可以形成百花齊放、百家爭鳴的良性文化生態，同時也可以促進藝術思想的交流與互動。在當今社會，藝術產品已經成為一種商品進入到流通領域，形成了藝術價值與商業價值相結合的新形態，如何撥開金錢與資本的迷霧，探尋藝術價值的真諦，藝術的鑒賞與批評將為此提供有效武器。

　　在我國金幣市場的發展過程中，藝術的鑒賞與批評一直在自覺或不自覺地展開。首先我們可以在各種宣傳媒介中看到不少宣傳介紹我國現代貴金屬幣的文章和報導，其中也有建設性的批評分析，但從總體上觀察，鑒賞類文章大大高於批評類文章。在鑒賞類文章中，不乏高水平的鑒賞與分析，對擴大宣傳和提高市場影響力起到了積極作用。但在這裡也有相當一部分文章的水平一般，往往側重感性、缺乏理性，缺少對文化藝術價值的全面深入剖析，可讀性和感召力較差。當然在這些鑒賞類文章中，也有少部分從自身的商業利益出發，片面強調所謂的賣點，功利色彩嚴重，給市場帶來誤導。其中更有極少部分鑒賞文章，帶著金錢的臭味，編造虛假的價值故事，誤導收藏投資者，社會影響較壞。在相對比較少見的批評類文章中，人們有時也能看到一些具有一定理論深度的分析研究，但大多數的文章都還停留在蜻蜓點水、就事論事、縮手縮腳的狀態，對深刻反思和推動發展金幣事業的貢獻不大。形成這種狀況的主要原因是，目前整個市場的商業味道過重，文化氛圍較弱。特別是某些市場參與者只願享受讚揚，不願接受批評，對正常的藝術批評活動缺乏鼓勵和引導，使整個藝術批評活動處於「難登大雅之堂」的尷尬境地。

　　與其他藝術產品市場一樣，在我國金幣市場的發展過程中，藝術的鑒賞與批評同樣是不可缺少的。沒有藝術鑒賞就沒有中國金幣文化的傳播，沒有藝術批評也就沒有中國金幣整體藝術水平的提高。

一、藝術的鑒賞與批評

1. 有效開展藝術鑒賞活動

　　目前在我國現代貴金屬幣的市場傳播中，藝術鑒賞的活動和文章不少。有效開展藝術鑒賞活動，關鍵在於努力提高藝術鑒賞的水平。提高藝術鑒賞的水平，首先要淨化輿論空氣，按藝術鑒賞的規律辦事、秉持公正客觀的態度、堅守職業道德、講真話說實話，避免誇大其詞和生搬硬套，避免商業利益的誤導。提高藝術鑒賞的質量，還要不斷學習，深入瞭解鑒賞目標的各種文化信息，努力提高相關的理論功底和業務素養，為深入開展藝術鑒賞服務。提高藝術鑒賞的質量，在對某一個幣種或板塊發表藝術鑒賞的見解時，要從項目主題的立意、設計素材的選擇、設計雕刻

的質量、設計人員的藝術風格以及鑄幣工藝的技術特點等方面進行全面分析，最終總結出不同幣種或板塊的藝術特點和風格，在展現文化藝術價值的過程中，爭取給收藏投資者一個更加全面和透澈的介紹。

如何提高藝術鑒賞的水平，下面部分節錄曾衛勝先生撰寫的《中國佛教聖地（峨眉山）金銀紀念幣的文化解讀》，僅供參考。這篇文章的全文見附錄1。

「中國人民銀行定於2014年3月21日發行中國佛教聖地（峨眉山）金銀紀念幣一套。該套紀念幣共5枚，其中金幣3枚，銀幣2枚，均為中華人民共和國法定貨幣。

……

峨眉山高聳西南，嚴峻挺拔、萬木凝翠，形如峨眉之細長，故名峨眉山。由於自然地質地貌條件的奇異，造成晝映霞光、夜顯燈火的天然奇觀。正是這神奇獨特的自然山色，一經與佛教文化相結合，逐漸形成別具特色的峨眉山佛教文化。

……

在今天，大乘佛教所敬仰的菩薩的理念、品格、特質、精神是否具有現代意義呢？我們認為，結合當前的時代特點和社會進步的需要，對菩薩的理念、品格、特質、精神進行符合現代精神的解讀，以天下眾生的苦樂為苦樂，以自我的未來健康和社會的未來安寧為終極願望，這也許是其所蘊涵積極因素的現代價值。

……

這組金銀紀念幣圖案以展現普賢菩薩和峨眉山的佛教建築為主：金質幣展現的都是普賢菩薩造型，體現了佛要金身的理念，也體現了菩薩的唯美和神聖；銀質幣為金頂景觀造型和萬年寺景觀造型，體現了佛教建築的雄偉和壯美。還延續了第二套（普陀山）金銀紀念幣的設計理念和風格。

……

當我們不能親臨峨眉山參拜普賢菩薩時，我們可以買了這套中國佛教聖地（峨眉山）金銀紀念幣，在家裡鑒賞這套精美的金銀幣。如果我們具備佛教倡導的慧心，如果我們遵行普賢行願的實踐精神，能夠從中讀懂中國金幣所蘊含的文化精神——從佛教、從普賢的精神中汲取營養，從中汲取和轉化為我們當下所需要的自我道德修養智慧、提升自我的人格素質、踐行利他的賢德行為，促進和諧社會、和平世界的話，那麼，未來的自我、未來的社會將煥發出新的生命力，達到人與自然、人與社會和諧相適的真正賢家、賢國、賢天下的理想境界。」

2. 大力開展藝術批評活動

在我國現代貴金屬幣的市場傳播過程中，藝術批評活動還是薄弱環節。大力開展藝術批評活動，首先要提高對藝術批評活動重要性的認識。目前我國的現代貴金屬幣已經形成了一個相對龐大的體系，其中的文化價值和藝術水平參差不齊、差異較大。通過有益的藝術批評活動，不但可以總結經驗規律，吸取更加豐富的藝術營養，不斷提高整體藝術質量，同時也可以提高社會的關注度與參與度，對發展中國的金幣事業有百利而無一害。大力開展藝術批評活動，還需要創造一定的環境與條

件。全體市場參與者都要用寬廣的胸懷和積極的態度，科學理性地對待藝術批評，鼓勵發表各種不同意見，吸納各種有益建議，形成活躍暢通的學術氛圍，通過豐富多彩的學術討論，為發展中國金幣事業服務，避免堵塞言路、唯我獨尊、打擊批評和故步自封的情況出現。大力開展藝術批評活動，還要注重提高藝術批評的水平。開展藝術鑒賞活動不易，進行藝術批評更難。這項工作不但需要堅實的文化與理論基礎，更需要難得的獨立思考和無畏的開拓精神。不但需要掌握哲學的、倫理的和社會歷史的分析方法，還要知曉心理和審美的分析原理。當然對於批評者來講，也要出於公心，敢於擔當，避免簡單片面、斷章取義、不負責任、無端攻擊，從而未能發揮批評的神聖職責與科學精神。總之，要通過大力開展藝術批評活動，形成一種百花齊放、百家爭鳴、不斷提高和積極向上的中國金幣文化氛圍。

如何進行藝術批評，下面部分節錄陳鵬洋先生撰寫的《對中國青銅器金銀紀念幣項目的回顧與反思》，僅供參考。這篇文章的全文見附錄2。

「2014年8月初，中國人民銀行公布了2015年貴金屬紀念幣的發行計劃，原計劃要發行十組的青銅器項目並沒有如期出現在計劃列表裡，發行三組後便戛然而止。
……

在市場普遍對青銅器題材抱有強烈質疑的當下，『青銅器項目的紀念幣還有必要繼續發下去嗎？』這個答案是肯定的，無論從題材契合度，文化表現角度，還是傳承角度來看，金銀幣無疑是青銅器的最佳載體，在此不細說，青銅器項目不僅要繼續發，而且應當發行完十組。只有回過頭反思走過的路，才能往前走得更遠，接下來我從以下幾個方面探討一下造成現如今尷尬境地的原因。
……

青銅器項目市場表現不佳，我認為主要有幾個方面的原因：

一是項目的『以時代次序為主線，強調學術性優先』的設計理念造成了第一組幣面圖案選材不佳，未能充分表現青銅器的古樸、獰厲的特點，從而使市場對該組的認可度不高。
……

二是由於選擇器物的相似性問題，第一組的部分幣的圖案辨識度不高，從而影響市場表現。
……

三是由於第一組市場表現不佳，從而對后續項目的發行帶來負面的標杆和比價效應，即使二三組設計和雕刻可圈可點，無奈市場先入為主，導致整個項目陷入一種惡性循環。
……」

以上節錄和介紹陳鵬洋先生的藝術批評文章，主要目的不是要討論其中的觀點是否完全正確，而是要充分肯定作者勤於思考、深入研究的意識。目前在我國金幣文化的傳播過程中，缺少的正是這種努力探索、積極建言的學術精神。

二、反思我國現代貴金屬幣的整體文化藝術價值

我國金幣市場經過了37年的發展歷程，向社會提供了大量的錢幣藝術精品。這些藝術精品在宣傳我國的錢幣文化、滿足人們的精神需求、繁榮藝術收藏品市場方面發揮了很大作用，成績是主要的。在本書的有關章節中已經對這些成績進行了分析論述。以下將主要從藝術批評角度出發，初步反思我國現代貴金屬幣在文化藝術價值方面存在的差距和不足。

從國內外獲獎錢幣的數據資料中可以看到，自從2004年以後，我國的現代貴金屬幣就沒有繼續登上世界錢幣大獎的舞臺。雖然這裡可能有一些具體原因，但與國外同期獲獎錢幣對比，提高我國現代貴金屬幣整體設計水平的前進步伐相對較慢，工藝技術創新發力不夠，文化藝術的感染力沒有能夠打動大多數國際評委。由此說明，如何加快提高我國現代貴金屬幣的整體藝術水平，已經成為十分緊迫的任務。

1. 項目主題的開發需要長遠科學規劃

由於前期，特別是2000年之前，我國現代貴金屬幣寶貴的題材資源沒有注意實施保護性開發政策，已經形成過度開採的被動局面。目前已經顯現出項目題材開發難度加大、重複項目趨多、社會吸引力下降的發展瓶頸。項目主題的優劣是決定現代貴金屬幣文化藝術價值的重要因素。從長遠發展利益出發，我們已經不能再重走歷史的老路。如何有計劃、有步驟、保護性地整合我國豐富的歷史文化資源，提高項目題材的質量，使它們在長期發展我國金幣市場中發揮更大作用，值得思考。

2. 設計要素的使用需要突破條框限制

從2009年開始，我國現代貴金屬幣的正面設計開始強調使用國徽，幾乎絕大部分幣種的正面設計開始一律以國徽為主景。這種設計原則從形式上看似乎增加了幣種的權威性和嚴肅性，但實際上卻降低了產品的文化藝術價值。在當今時代，國號、鑄造年號和面額是決定實物金屬貨幣法定性質的三大基本要素，是否使用國徽一般可視具體情況而定，不應該有強制要求。從我國現代貴金屬幣圖案設計的發展歷史看，2009年以前發行的品種，除有特殊需要外，很多幣種，特別是大多數文化類題材幣種的正面設計一般都選用與題材密切相關的其他文化信息。這種設計方針和原則一方面並沒有降低法定貨幣的嚴肅性，另一方面大大增加了這些幣種的文化信息含量，對提高整體文化藝術價值起到積極作用。我國的現代貴金屬幣是法定貨幣，但更是藝術收藏品。如何突破人為制定的條框限制，在小小錢幣兩面的有限空間內，充分展現項目主題大量的文化藝術信息，豐富設計要素的選擇空間，提高整個現代貴金屬幣的文化藝術價值，值得思考。

3. 設計雕刻的水平需要精益求精

從近些年鑄造發行的幣種看，有些幣種的設計雕刻沒有遵循金屬雕刻藝術的基本規律和錢幣設計的基本要求，選用的設計素材雜亂無章，主題不突出，商業味道過濃，缺乏藝術美感，藝術水平較之前的作品存在較大差距。這些問題的存在可能有一些客觀原因，但關鍵還是精品意識不強，干擾因素增多。認真對比國外獲獎幣

種，這些問題立刻暴露無遺。如何從更高的要求出發，本著精益求精的藝術精神，把每個幣種都設計雕刻成藝術精品，值得思考。

4. 工藝技術的創新需要繼續發力

從總體上看，近些年我國貴金屬鑄幣技術還是在不斷發展，但與國際市場產品創新的步伐相比，仍顯不足。當前，在國際錢幣市場中，現代貴金屬幣向藝術品方向發展的趨勢越來越明顯。例如，近些年出現的球面幣、異形拼裝幣、鑲嵌各種寶石的幣種等，就很有特色和工藝價值。從近些年國際獲獎幣種的資料看，我們的差距不是在縮小而是在加大。如何從我國現代貴金屬幣的基本性質和屬性出發，進一步加大技術創新力度，努力提高這種藝術收藏品的工藝技術含量，值得思考。

第八章 收藏投資價值

在有形價值中，收藏投資價值是我國現代貴金屬幣市場價值的重要組成部分，它們來源於自身的性質、屬性和市場定位，不但與文化藝術價值相輔相成，同時也有自己獨特的發展變化規律。

收藏投資價值是廣大市場參與者最為關心的問題。在市場實踐中，我們既可以聽到很多收藏家和投資者的實戰體會，也可以看到大量經營者的宣傳鼓動；既可以看到人們獲得收藏投資收益后的喜悅，也可以聽到人們經受收藏投資虧損后的哀嘆。由於收藏投資價值時刻牽動著市場參與者的神經，因此對它們的研究已經在各個層面廣泛展開。這些研究活動主要包括：專題性的研究報告、對收藏投資價值形成機理的分析、對投資技巧的研究、以及對投資價值發展的預判等。研究的問題主要集中在：我國現代貴金屬幣的收藏投資價值源自何處，它們有怎樣的運行規律，如何辨別資本的迷霧和市場的假象，如何尋找最有效的收藏投資方式或攻略。

探尋我國現代貴金屬幣的收藏投資價值，就是要在認真總結前人研究成果的基礎上，深入探討它們的基本內涵、指標體系、收藏投資價值分析方法和最受市場關注的問題等要點，構建對收藏投資價值進行分析認識的主要思路和路徑，總結動態變化規律，為發展我國的金幣市場服務。

第一節 基本內涵

我國現代貴金屬幣收藏投資價值的基本內涵主要包括基本概念和主要特徵兩個方面的內容。

一、基本概念

按照現代投資經濟學理論，投資是一定經濟主體為了獲取預期的不確定效益而將現期的一定收入或其他資源轉化為資本的經濟活動。按照這一定義可以明確，獲取效益是投資的目的，預期效益往往是不確定的和存在風險的。評價投資效益，即投入產出的比例關係可以用貨幣資金形式體現。

按照商品價值理論，我國現代貴金屬幣的市場價格是其自身價值的貨幣表現形式。現代貴金屬幣是國家發行的法定貨幣，它的價值基本上由兩部分組成：一是貴金屬價值，二是國家法定貨幣溢價因素提供的價值。它的構成可用如下公式表述：

市場價值＝貴金屬價值＋貨幣溢價因素提供的價值

或

$P = P_G + P_H$

式中，P為市場價值，即在市場流通環節中，順暢實現價值轉化的交易價格；P_G為貴金屬價值，P_H為貨幣溢價因素提供的的價值。價值的貨幣表現形式為交易價格。

①從以上公式中可以看到，貴金屬價值是我國現代貴金屬幣市場價值的重要源泉之一。「貨幣天然不是金銀，金銀天然是貨幣」，雖然金本位和銀本位的貨幣體系已經退出歷史舞臺，但它們作為一種硬通貨，仍然在當今的國際金融領域發揮著重要作用。黃金白銀作為一種商品，一般民眾對它們不但具有長久的文化和心理崇拜，同時也可以成為民眾對沖通貨膨脹和貨幣貶值風險的重要金融資產。正是由於貴金屬具有這些特性，現代貴金屬幣才成為具有鮮明特色的藝術收藏品。

貴金屬是重要的國際商品，對其變化規律的研究屬於更大範圍的研究課題，在研究我國現代貴金屬幣的收藏投資價值時，將主要探尋貴金屬價格變化對現代貴金屬幣收藏投資價值的影響。

②從以上公式中還可以看到，由於我國的現代貴金屬幣是一種使用國家行政資源、採用壟斷方式面對公眾發售的形式貨幣，因此它具有獨特的貨幣溢價因素。貨幣溢價因素提供的價值是我國現代貴金屬幣市場價值另一個更加重要的源泉，它主要是指在市場價值中扣除貴金屬價值之後的價值，並可用如下公式表述：

$P_H = P - P_G$

貨幣溢價因素的內涵主要包括「文化藝術價值」和「收藏投資價值」，兩者在市場的貨幣表現形式上達到統一。貨幣溢價因素主要是指「項目題材」「設計雕刻」「幣種質量等級」「重量規格」「材質」「發行量」「技術特徵」「品相」「版別」「證書號碼」和「包裝形式」等多種變量，又可用以下公式表述：

$P_H = f(x_1, x_2, \cdots x_n)$

式中，$x_1, x_2, \cdots x_n$為影響貨幣溢價因素的各種變量。

貨幣溢價因素是由多變量構成的複雜函數，對它的深入研究屬於經濟學、藝術學、心理學和應用數學範疇，同時也是研究我國現代貴金屬收藏投資價值的主要任務和目標。

二、主要特徵

在以上基本概念中，人們可以看到我國現代貴金屬幣的收藏投資價值具有以下主要特徵。

1. 利益驅動特徵

錢幣收藏一方面是人們在解決了基本溫飽問題基礎上進行的一種高層次的精神文化活動，另一方面是一種以投資增值為目的的經濟活動。市場實踐證明，現代貴金屬幣具有收藏投資價值是發展我國金幣市場的社會經濟動力。如果沒有收藏投資價值的比較優勢，就沒有市場的發展和普及，宣傳中國金幣文化和擴大社會文化影響

力也就較難得到真正落實。市場經濟就是利益經濟，在我國金幣市場的運行體系中，幾乎絕大部分市場參與者都是從經濟利益出發，試圖通過參與市場交易取得一定的經濟回報或利益。特別是在廣大收藏投資者隊伍中，不計成本進行收藏的僅是極少數，大多數人在體會收藏樂趣的同時，還是非常在意經濟回報的。因此在發展我國金幣市場時，要承認和重視收藏投資價值的重要作用，認真研究它們的變化規律，不斷推出具有收藏投資價值的藝術精品，同時創造良好的收藏投資環境，讓收藏投資價值這個重要的經濟槓桿，發揮更大作用。

2. 量化分析特徵

在研究我國現代貴金屬幣的眾多問題中，由於收藏投資價值以貨幣資金形式反應，因此最適合在定性分析的基礎上採用定量分析方法。定量分析方法就是以大量有效數據為依據，通過建立相應的指標體系和數學模型，研究我國現代貴金屬幣的數量特徵、數量關係與數量變化規律。在市場實踐中，人們經常可以看到一些文章，在對收藏投資價值的分析中，只有感性認識，缺乏數據支持，給人一種霧裡看花、無所適從的感覺。在研究市場價值時，數據特徵最能反應真實的收藏投資價值，也是收藏投資價值最具體、最直接的表述。只有用數據說話，避免主觀臆造，才有可能完整描述和體現收藏投資價值。

3. 相對性特徵

從一般的經濟學原理中可以知道，計算評估投資價值一般都需要一個參照基準，這裡包括如何計算投資成本，以及用什麼標準衡量投資效益的問題。例如，某一位投資者手中的一枚錢幣，在五年時間內價格上漲了2倍，那麼它的收藏投資價值是否優異呢？僅從經濟角度回答這個問題至少還要考慮兩個因素，一是如果他沒有投資這枚錢幣，而是投資了其他錢幣或商品，那麼又會得到怎樣的經濟回報呢？二是在他持有這枚錢幣的五年時間裡，市場價格的漲幅是否能夠對沖貨幣貶值的速度呢？這裡就出現了投資的機會成本和時間成本兩個對比基礎。因此在談到收藏投資價值時，一定要建立一套相對科學的評價標準和體系，這就是收藏投資價值的相對性。這種評價標準和體系，既要符合廣大收藏投資者的一般情況，又能從整體上評估我國現代貴金屬幣的收藏投資價值。離開了這些標準和體系談論收藏投資價值，將會失去實際意義。

4. 收益與風險並存的特徵

與其他投資活動一樣，我國現代貴金屬幣的收藏投資也存在收益與風險並存的共性特徵。從我國金幣市場37年的發展總趨勢看，整體上能夠取得收藏投資正回報的趨勢是十分明顯的，但也存在個體操作風險和系統性風險。所謂個體操作風險主要是指，某一個體在幣種的選擇或買入賣出的時機上出現偏差後產生的風險。所謂系統風險主要是指，在整個市場出現週期性波動時產生的風險。在市場實踐中每一位收藏投資者一般都抱著美好的願望入市，但在實際操作中都會遇到各種各樣的投資風險，這就是進行現代貴金屬幣收藏投資活動的一種常態。投資有風險、入市須謹慎的老生常談同樣也適合我國的金幣市場。

5. 基本變化規律可循的特徵

我國現代貴金屬幣的收藏投資價值受多種變量影響，是一個相對複雜的多變量函數關係，在市場實踐中，收藏投資價值的表現好像令人眼花繚亂，捉摸不定，似乎較難把握其中的規律。那麼我國現代貴金屬幣的收藏投資價值是否有規律可尋呢？這個問題的答案是肯定的。正如世界上的很多事物一樣，我國現代貴金屬幣收藏投資價值的一般規律，通過科學的理論和研究方法是可以認知的。例如，貴金屬價格變化對收藏投資價值的影響，投資幣與紀念幣之間不同的價值變化規律，項目題材、材質、重量規格和幣種數量等因素對收藏投資價值的影響等，都是可以通過定量分析方法探尋其變化規律的。當然人們也應該看到，由於我國現代貴金屬幣的虛擬價值特性和資本滲透的複雜性，價值變化規律也是極其複雜的，其中特別是預判收藏投資價值的發展趨勢，將會是一項極具不確定性的研究工作。從一般認識規律來講，即使是這些極其複雜的問題，也是可以通過大量的數理統計和模糊數學原理進行研究探索的。研究收藏投資價值變化規律的工作，將是一件長期複雜的任務，但只要堅持不斷地探索，這些最基本、最一般的規律一定是可以認知的。

第二節　指標體系

使用定量分析方法研究我國現代貴金屬幣收藏投資價值的變化規律，首先需要建立一套指標體系。這一指標體系主要包括定義數量的指標系統、評判收藏投資價值的指標系統，以及評價市場交易效率的指標系統。這個指標體系的結構見圖8-1。

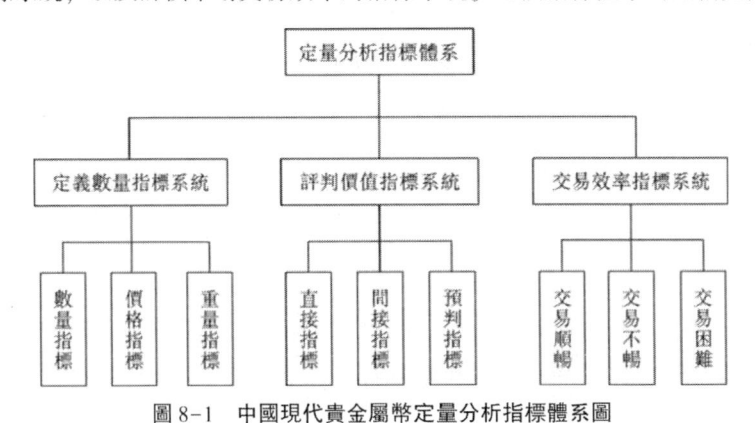

圖8-1　中國現代貴金屬幣定量分析指標體系圖

一、定義數量的指標系統

1. 幣種數量指標
（1）公告量：官方在發行公告中確定的最大發行量。

（2）實鑄量：官方實際鑄造的數量。在市場實踐中，根據市場情況變化，實際的鑄造數量有可能小於公告確定的最大發行數量，但在極少數情況下也可能出現實鑄量大於公告發行量的情況。

（3）實售量：實鑄量減去官方熔毀的數量。公式如下：

實售量=實鑄量-官方熔毀量

在產品鑄造出來后，由於市場情況變化，官方也會對少量沒有銷售出去的產品實施回爐銷毀。據有關資料顯示，在歷史發展中，我國的官方機構曾組織過三次回爐銷毀工作，這些官方熔毀的數量是完全可以確定的。另外，對於沒有出現官方熔毀的幣種來說，實售量一般等於實鑄量。

（4）存世量：實售量減民間滅失量。公式如下：

存世量=實售量-民間滅失量

式中民間滅失量主要是指，產品在民間流轉過程中，由於各種原因物質形態已經發生根本性變化的數量，一般是指被民間熔毀的數量。眾所周知，對研究收藏投資價值來說，存世量是最重要的指標，但由於民間滅失量幾乎無法完整確定，因此研究存世必須換一種角度。公式如下：

存世量=流通量+沉澱量

（5）沉澱量：物質形態沒有改變，但在某一時間段內沒有在市場交易中出現的數量。沉澱量的公式如下：

沉澱量=經營性沉澱量+收藏性沉澱量+休克性沉澱量

式中，經營性沉澱是指，由於某種原因產品被掌握在經營者手中，暫時沒有進入流通領域。收藏性沉澱是指，產品以收藏為目的被掌握在收藏投資者手中，較少參與市場流通。休克性沉澱是指，產品一般以禮品方式進入社會，持有者對它們基本沒有感覺，這部分產品的物質形態雖然沒有改變，但參與市場流通的機會也相對較小。

（6）流通量：經常參與市場流通和交易的數量。

流通量是在市場流通環節中實際產生的數量，在理論和實踐中都是可知的數量。特別是流通量可以利用某種抽樣方式通過統計計算近似得到。

影響流通量的主要因素之一是存世量，存世量越大流通量也就越大，存世量越小流通量也就越小。鑒於流通量與存世量之間存在正相關的數量關係，因此在某些特定條件下可以利用統計學原理通過流通量近似評估存世量。另外由於流通量的相對性特徵，在評價流通量大小時，一般可使用流通率概念，公式如下：

流通率=流通量/幣種數量

影響流通量的另一個重要因素是經營性沉澱。由於經營性沉澱的數量有可能隨機釋放，因此將對收藏投資價值產生較大影響，同時也是研究收藏投資價值最大的不確定因素。

市場實踐證明，只要物質沒有滅失，沉澱量都有可能轉變為流通量。市場的動態流通量是影響收藏投資價值變化的最重要因素，值得關注。

以上主要的幣種數量概念，可以用以下符號表示：公告量 Mg，實售量 Ms，流通量 Ml，沉澱量 Mc。幣種數量概念一般以枚數為計量單位。

2. 幣種價格指標

（1）不變成本（簡稱 BB）：指幣種發行時的貴金屬價值。

（2）零售價（簡稱 L）：指幣種發行時的零售指導或初始發行價。

（3）變動成本（簡稱 BD）：指后期變動的貴金屬價值。

（4）市場價（簡稱 S）：指后期變動的市場交易價格。

以上指標是真實反應幣種價格狀態的指標，一般以人民幣（元）為計量單位。其中的不變成本（BB）和零售價（L）為靜態指標，在幣種發行時，這兩個指標就已經固定。不變成本以公告發行日的貴金屬價格為計算基礎。零售價以官方公布的數據為準。另外變動成本（BD）和市場價（S）為動態指標，一般取自分析時段的貴金屬價格和市場交易價格。市場交易價格有賣方價和買方價兩種統計原則，可根據不同的研究目的選用。在計算收藏投資收益時，應選擇賣方價原則。

3. 幣種重量指標

目前我國的現代貴金屬幣有盎司、克和中國兩三種計量單位。在實際計算時，一般均換算成以克為標準的計量單位，也可以用標準的國際金衡單位盎司表示。

二、評判收藏投資價值的指標系統

評判收藏投資價值的指標系統分為直接指標、相對指標和預判價值走勢的指標。

1. 直接指標

（1）零售價/不變成本（簡稱 L/BB）：用於衡量產品不變成本與零售價之間的溢價率。

（2）市場價/零售價（簡稱 S/L）：用於衡量產品市場價與零售價之間的溢價率，即現代貴金屬幣的實際增值幅度。

（3）市場價/不變成本（簡稱 S/BB）：用於衡量產品市場價與不變成本之間的溢價率，或簡稱為現代貴金屬幣不變成本溢價率。

（4）市場價/變動成本（簡稱 S/BD）：用於衡量產品市場價與變動成本之間的溢價率，或簡稱為現代貴金屬幣變動成本溢價率，俗稱料價比，即貨幣溢價因素提供的價值。

（5）價格變化因素權重：「價格變化因素權重」主要用於定量計算，在產品價格變動過程中，「貴金屬價值」和「貨幣溢價因素」各自起到的作用，具體的計算方法見附錄3。

（6）市場價格漲跌能力（NLZ）：可簡稱為「價格漲跌系數」。當現代貴金屬幣大盤下跌時可稱為「抗跌系數」，當現代貴金屬幣大盤上漲時可簡稱為「助漲系數」。「市場價格漲跌能力」主要用於定量計算，某一特定板塊或幣種的價格變動幅度，相對於現代貴金屬幣大盤價格變動幅度的優劣，具體計算方法見附錄4。

以上指標是直接定量計算現代貴金屬幣價格變化及能力的指標，也是深入研判

收藏投資價值的基礎

2. 相對指標

相對指標由兩部分組成，一部分是與主要宏觀經濟數據相對比的指標，另一部分是與其他投資活動相對比的指標，它們都是具體評判我國現代貴金屬幣收藏投資價值的重要指標。

（1）與宏觀經濟數據相對比的指標。

①（市場價/零售價）/CPI 累計值（簡稱 CBZ）：用於衡量產品實際增值幅度是否跑贏同期 CPI 的指標。

②（市場價/零售價）/存款利率累計值（簡稱 LBZ）：用於衡量產品實際增值幅度是否跑贏同期存款利率的指標。

③（市場價/零售價）/貨幣貶值幅度累計值（簡稱 HBZ）：用於衡量產品實際增值幅度是否跑贏同期貨幣貶值速度的指標。

④比較值綜合評分（簡稱 BH）：用於衡量產品投資價值的綜合指標，也叫綜合投資價值指標。它是 CBZ 值、LBZ 值、HBZ 值的算術相加之和。比較值綜合評分（BH 值）主要用於評價各幣種或板塊之間的相對收藏投資價值，單獨使用沒有經濟意義。

在以上相對指標中，當 CBZ、LBZ 和 HBZ 大於 1 時，說明它們分別優於 CPI 累計值、存款利率累計值和貨幣貶值速度累計值等經濟指標，反之表明劣於相應指標。以上指標的計算原理見附錄 5。

（2）與其他投資活動相對比的指標。

在市場中可進行投資活動的門類很多，如股票、房地產和其他藝術收藏品等，我國的現代貴金屬幣只是其中之一。如何與其他門類投資活動的投資效益進行比較，主要是採用平均年化收益率指標。用平均年化收益率指標進行比較的關鍵是計算出收藏現代貴金屬幣的平均年化收益率，然后與其他投資門類的相應指標進行對比。

我國現代貴金屬幣的平均年化收益率計算公式如下：

①平均年化收益率：

$$平均年化收益率 = \frac{市場價 - 零售價}{零售價 * 計算年度數} * 100\%$$

$$Y = \frac{S_m - S_C}{S_C * n} * 100\%$$

②累進年化收益率：

$$Y = (\sqrt[n]{S_m/S_C} - 1) * 100\%$$

式中 S_C 為初始買入價，S_m 為賣出價，n 為持有年數。

計算平均年化收益率，具有明顯的個性化特徵。由於某一個體買入和賣出某一幣種的時間不同，對於不同個體來說，某一具體幣種的平均年化收益率可能存在較大差異，需要自行累積數據，利用上述公式計算。

3. 預判走勢的指標

在評判收藏價值的指標中，直接指標和相對指標都是對過去已經發生的收藏投資狀況進行分析。這些指標對總結歷史情況，探尋收藏投資價值的變化規律固然重要，但較難預測以後的變化趨勢和能力，因此需要試探性引入預判走勢的指標系統。

預判走勢的指標包括幣種的相對量價指標和價值中值計算。這些指標都是市場參與者實踐經驗的總結。但由於影響走勢的因素極其複雜且多變，這些指標還需要在市場實踐中不斷修正、完善和發展。以下的研究探討僅供參考，不能作為收藏投資的依據。

（1）相對量價指標。

所謂相對量價指標主要是指，扣除貴金屬成本後，單枚幣種的貨幣溢價值與幣種數量的乘積。由於幣種的存世量無法得知，一般採用實售量也可起到同樣效果。

單個幣種量價值=（貨幣溢價值）*（幣種數量）

$LJ = (S-BD) * Ms$

式中 LJ 為單個幣種的量價值，S 為統計時段的市場價，BD 為對應時段的貴金屬成本，Ms 為對應幣種的實售量。

幣種的量價指標一般用於不同幣種之間收藏投資價值發展趨勢的預判。在進行不同幣種的比較中，最基本的前提條件是題材、材質、重量規格、技術特徵等要素基本相同，如不具備這個前提條件，對比的結果將會失去指導意義。這個指標的基本原理是，對於主要特徵基本相同的幣種來說，由於帶動市場價格變動所需的資金總量不同，因此有可能決定不同幣種收藏投資價值的變化能力。

以下以佛教聖地 5 盎司金幣為例，各項數據以 2014 年年底數據為依據，見表 8-1。

表 8-1　　　　　　佛教聖地 5 盎司金幣量價指標對比分析

項目名稱	重量規格	實售量（枚）	市場價（元）	貴金屬變動成本（元）	量價指標（元）
中國佛教聖地（五臺山）金銀紀念幣	5 盎司金幣	3,000	61,578	36,954	73,872,478
中國佛教聖地（普陀山）金銀紀念幣	5 盎司金幣	3,000	94,211	36,954	171,770,795
中國佛教聖地（峨眉山）金銀紀念幣	5 盎司金幣	1,400	77,710	36,954	57,058,304

如表 8-1 所示，峨眉山 5 盎司金幣的量價值最低，那麼這枚金幣在今後的市場價格變動中，有可能上漲幅度相對較大。如果同期購入以上三種金幣，那麼峨眉山 5 盎司金幣有可能取得相對較好的收藏投資回報率。

（2）幣種的價值中值評估。

市場實踐證明，價格圍繞價值波動，隨著環境和條件的變化，價值也是動態的。以某一時段為基礎，如何評估某一幣種的價值中值，不但是廣大市場參與者最為關注的問題，同時也是預判收藏投資價值變化趨勢最為複雜的問題，充滿不確定性。

研究我國現代貴金屬幣的價值中值，是一項長期和需要不斷探索的艱鉅工作，目前尚未形成一套能較好對接市場實踐，而且能被市場參與者普遍接受的方法。以下將根據市場參與者的實踐，探討評估價值中值的可能方法。

①假設條件。

（A）價值的表現形式是市場交易價格。

（B）價格是動態的，在一般情況下，價格圍繞價值上下波動。

（C）價值是動態的，從較長歷史時段考察，由於資產價格膨脹、收藏群體擴大和流通量減少，沉澱量增加，市場價值將呈現不斷上升的變化趨勢。

（D）在消費受眾都是理性經濟人和追求利益最大化的假設條件下，貨幣溢價因素能夠充分反應「項目題材」「設計雕刻」「幣種」「規格」「材質」「發行量」「技術特徵」「品相」「版別」「號碼」「和「包裝形式」等多種變量因素。

（E）由於市場存在非理性因素和流動性差異，因此應該對幣種的貨幣溢價因素值進行修正。

②數學模型。

$S = BD * f(x)$

$f(x) = \overline{(S/BD)} * x$

$x = f(y, z) = y * z$

式中 S 為價值中值；BD 為幣種變動成本；$f(x)$ 為變動成本溢價率（俗稱料價比）；$\overline{S/BD}$ 為研究區間的幣種平均料價比；$x = f(y, z)$ 為修正系數；y 為流動差異性的修正系數；z 為資本干擾的修正系數。

從以上數學模型可以看到：

（A）價值中值的評估，將以市場實際交易的大量數據為基礎。

（B）價值中值的評估，充分考慮了影響價值變化的主要因素。

（C）變動成本溢價率 $f(x)$，是評估價值中值的關鍵因素。

（D）變動成本溢價率 $\overline{(S/BD)}$ 的取值不應簡單考慮某一時點的狀況，而是要充分考慮在某一個相對較長時間內的平均值。這個平均值的時間段，一般應是一個典型的市場價格波動週期。

（E）由於市場存在非理性因素和流通量差異，因此應該對 $\overline{(S/BD)}$ 進行修正。

（F）由於市場流通量對市場價值影響很大，對流通量差異的修正系數（y）一般可通過相似幣種流通量統計數據的對比計算獲得。

（G）由於受資本滲透的影響，市場價值會出現不穩定狀態。對資本干擾的修正系數（z），一般可利用相似幣種平均 S/BD 值的統計數據，通過對比計算獲得。

③應用實例。

以 2002 年發行的中國乒乓球隊建隊 50 周年 1 盎司紀念銀幣為例。這枚銀幣實鑄實售量 5 萬枚，計算數據以 2014 年數據為基礎。

（A）幣種的變動成本（BD 值）為 112.28 元。

（B）考慮到 2011 年至 2014 年是一個相對完整的價格波動週期，因此平均溢價率（$\overline{S/BD}$）的時間區間設定為 2011 年至 2014 年。這枚銀幣 2011 年至 2014 年的貨幣溢價率（S/BD 值）分別為 4.850、4.403、5.759 和 11.934，四年平均值（$\overline{S/BD}$）為 6.376。

（C）在修正系數（y）的計算中，相似幣種的設定條件為 2000 年至 2004 年發行的 1 盎司精製銀幣，實售量區間為大於 2.5 萬小於等於 5 萬枚的幣種。符合這一條件的幣種共計 38 種。流通量數據以公開拍賣數據為抽樣樣本。這些幣種的平均流通率為 0.163%。乒乓球銀幣的流通率為 0.112%。修正系數 y = 0.163/0.112 = 1.455。

（D）在修正系數（z）的計算中，相似幣種的設定條件與修正系數（y）相同。它們的 S/BD 均值為 5.628。修正系數 z = 5.628/6.376 = 0.835。

（E）修正系數計算值：x = y * z = 1.455 * 0.835 = 1.216

（F）乒乓球銀幣的價值中值為：

S = BD * （$\overline{S/BD}$）* x = 112.28 * 6.376 * 1.216 = 870（元）

乒乓球銀幣的這個價值中值數據指示，在 2014 年的設定時間內，當市場交易價格低於 870 元/（枚）時，有可能處於價值低估狀態。當市場交易價格高於 870 元/（枚）時，有可能處於價格高估狀態。

三、交易效率指標系統

市場交易效率，也稱市場交易活躍度，它們是評價幣種流動性和變現能力的指標系統。

一般來說，市場交易是需要付出時間和成本的。我國現代貴金屬幣的市場交易效率，即流動性或變現能力，主要是指將一個幣種轉變成現金所需要的時間或成本。在出售市場交易效率高的幣種時，一方面可以用接近市場價格的水平賣出，同時花費的時間和精力也較少。在出售市場交易效率較低的幣種時，一般很難出手，即便賣出，往往也需要做出較大的價格折讓。因此除價格因素外，交易的難易程度也是衡量收藏投資價值的重要指標。

市場交易效率指標主要有以下三個。

（1）成交順暢（有價有市）：這部分幣種的市場關注度較高或有一定的市場關注度，錢幣經營者有一定購入意願，雖然價格有所波動，但交易較為頻繁。

（2）成交不暢（有價無市）：這部分幣種的市場關注度一般，買賣雙方一般都知道市場定價，但錢幣經營者沒有購入意願，價格處於膠著狀態，成交較少。

（3）成交困難（無價無市）：這部分幣種的市場關注度較低，有時甚至沒有明確

的市場價格，在市場中很少見到有效交易。

市場交易效率指標，一般在錢幣經營環節中通過有代表性的問卷調查方式取得。

第三節　收藏投資價值分析

分析我國現代貴金屬幣的收藏投資價值包括影響因素分析、收藏投資價值評判、交易效率評判和收藏投資價值總體分析等內容。對這些問題的研究主要涉及一些最重要和最一般的規律。為借助實際數據解釋這些規律，以下將以 2014 年的數據為實例。由於市場始終處於動態發展變化之中，這些具體的分析數據僅供參考，但其中的規律值得關注。

一、影響因素分析

1. 貴金屬價格變化對收藏投資價值的影響

貴金屬是我國現代貴金屬幣的重要物質基礎，人們一方面要研究貴金屬價值在整個現代貴金屬幣中的地位與作用，另一方面要研究貴金屬價格變化對收藏投資價值的影響。

在市場實踐中，我們經常可以聽到或看到人們對貴金屬作用的一些分析評論。其中有的觀點認為，我國現代貴金屬幣的市場價值與貴金屬價格無關，它主要取決於自身的文化藝術價值和各種貨幣溢價因素。其中也有的觀點認為，貴金屬價格變化對收藏投資價值影響很大，貴金屬價格走勢將決定收藏投資價值。如何正確回答這些問題，需要全面和客觀的數據支持。

（1）直接影響。

所謂直接影響主要是指，通過分析貴金屬價值在整個市場價值中所占的權重，從微觀角度研究貴金屬價值對收藏投資價值的影響。

我國現代貴金屬幣的價值結構為 $P = P_G + P_H$。研究貴金屬價格在整個價值結構中所占的比例或權重，可用如下公式計算：

$$\frac{P_G}{P} = \frac{1}{(S/BD)} \times (100\%)$$

式中 $\frac{P_G}{P}$ 為貴金屬價格在市場價格中所占比重；S/BD 為市場價與變動成本的比值。

①不同經濟屬性板塊的貴金屬價值權重。

貴金屬價值權重在不同經濟屬性板塊中的數據結構見圖 8-2。

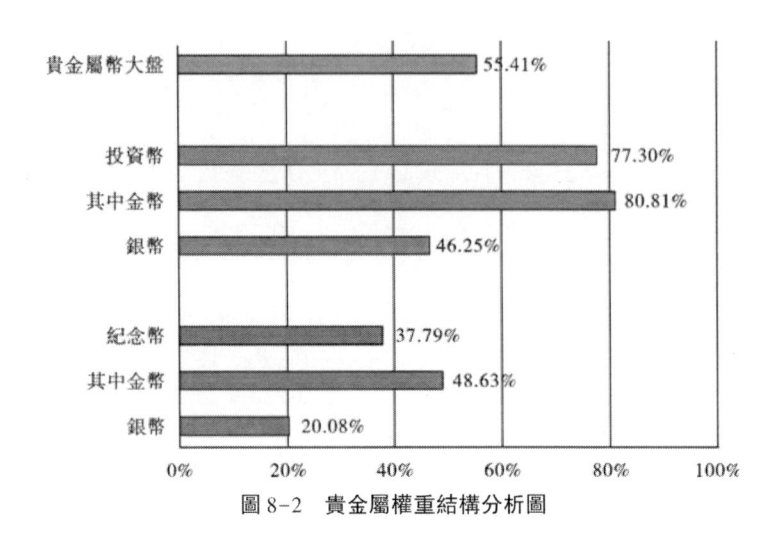

圖 8-2　貴金屬權重結構分析圖

如圖 8-2 所示，在整個現代貴金屬幣大盤中，貴金屬價值占總市值的權重為 55.41%。其中投資幣為 77.30%，紀念幣為 37.79%。在投資幣中，投資金幣為 80.81%，投資銀幣為 46.25%。在紀念幣中，紀念金幣為 48.63%，紀念銀幣為 20.08%。

②全部幣種的貴金屬價值權重。

貴金屬價值權重在全部幣種中的數據結構見表 8-2。

表 8-2　　　　　　　　　　貴金屬權重結構圖

貴金屬價值占比範圍	幣種數	占幣種總數份額
大於等於 70%	243	12.06%
小於 70% 大於等於 50%	242	12.01%
小於 50% 大於等於 30%	464	23.03%
小於 30% 大於等於 10%	746	37.02%
小於 10%	320	15.88%

如表 8-2 所示，在我國的現代貴金屬幣中，貴金屬價值權重占到 70% 以上的有 243 個幣種，占幣種總數的 12.06%；權重小於 70% 大於等於 50% 區間的有 242 個幣種，占總數的 12.01%；權重小於 50% 大於等於 30% 的有 464 個幣種，占總數的 23.03%；權重小於 30% 大於等於 10% 的有 746 個幣種，占總數的 37.02%；權重小於 10% 的有 320 個幣種，占總數的 15.88%

通過以上數據可以明顯看到，在整個現代貴金屬幣大盤內部，貴金屬價值的權重分佈是不均勻和多種多樣的。那是否可以認為，如貴金屬價值權重大於 70%，對現代貴金屬幣的市場價值應該屬於具有重大影響；如權重大於 50% 小於 70%，應屬

於具有重要影響；如權重大於 30% 小於 50%，應屬於具有一定影響；如權重大於 10% 小於 30%，應屬於具有一般影響；如權重小於 10%，應屬於具有較小影響。

按以上數據和標準是否可以認為，貴金屬價格變化將對我國現代貴金屬幣大盤的市場價值產生重要影響。其中投資幣，特別是投資金幣，貴金屬價格將對它們的市場價值產生重大影響。在全部幣種中，影響重大和重要的幣種占 24.07%；具有一定和一般影響的幣種占 60.05%；影響較小的幣種占 15.88%。這些數據表明，在整個現代貴金屬幣大盤中，貴金屬價格變化對市場價值的影響呈現中間大，兩端小的橄欖型格局。另外貴金屬價格變化對金幣的影響要大大高於銀幣。由此說明，對這個問題的認識應該既要從整體上加以認識，形成一個基本概念，又要區分不同的板塊和幣種，具體問題具體分析，不能一概而論。

（2）間接影響。

所謂間接影響主要是指，從宏觀角度研究貴金屬價格變化對收藏投資價值的影響。

以貴金屬為載體，是我國現代貴金屬幣的重要特點，也是區別於其他藝術收藏品的主要差異點之一。人們選擇購買現代貴金屬幣的主要動機，一方面是它們本身具有文化藝術價值，另一方面是看中其中的貴金屬商品屬性。從 1979 年我國開始發行現代貴金屬幣以來，國際黃金的年度平均價格已經從 1979 年的 304.69 美元/盎司，上漲到 2014 年的 1,266.40 美元/盎司，上漲幅度達到 4.16 倍。事實證明，這種黃金價格螺旋式上漲的走勢，是提高我國現代貴金屬幣收藏投資價值的重要支點，而且隨著黃金價格的大幅波動，它們的收藏投資價值也隨之波動。當貴金屬價格不斷上漲時，人們可能更加看重現代貴金屬幣中的貴金屬屬性，提高購買意願，造成需求總量上升，帶動貨幣溢價因素產生的價值提高。反之也會因貴金屬價格的大幅下挫，降低人們的購買慾望，引起需求總量下降，影響到溢價因素產生的價值。由此可以看到，貴金屬價格的變化，一方面會對現代貴金屬幣中的貴金屬價值產生直接影響，同時也會間接滲透和拉拽貨幣溢價因素產生的價值，最終影響現代貴金屬幣的整體市場價值和收藏投資價值。

2. 貨幣溢價因素對收藏投資價值的影響

貨幣溢價因素 $P_H = f(x_1, x_2, \cdots, x_n)$ 受多種變量影響，最終的優劣是多種因素共同作用的結果，與貴金屬價值相比具有更加複雜的變化規律。為簡化分析，研究貨幣溢價因素對收藏投資價值的影響，將主要採用先對單一變量進行分析，然後再對這些因素進行綜合分析的方法。從可比性出發，研究貨幣溢價因素的變化規律將主要使用變動成本溢價率（料價比）指標，即 S/BD 值。

（1）不同經濟屬性板塊的貨幣溢價因素變化。

①不同經濟屬性板塊的貨幣溢價因素分析。

不同經濟屬性板塊的變動成本溢價率（S/BD 值）結構見圖 8-3。

```
大盤                          1.805
投資幣              1.294
其中金幣            1.237
    銀幣                 2.162
紀念幣                       2.647
其中金幣                  2.057
    銀幣                                      4.979
特定主題紀念幣              2.983
    其中金幣               2.286
        銀幣                                        5.664
特定紀念題材紀念幣       2.057
        其中金幣       1.663
            銀幣                      3.739
   0.000  1.000  2.000  3.000  4.000  5.000  6.000
```

圖 8-3　按經濟屬性分在的貨幣溢價率結構圖

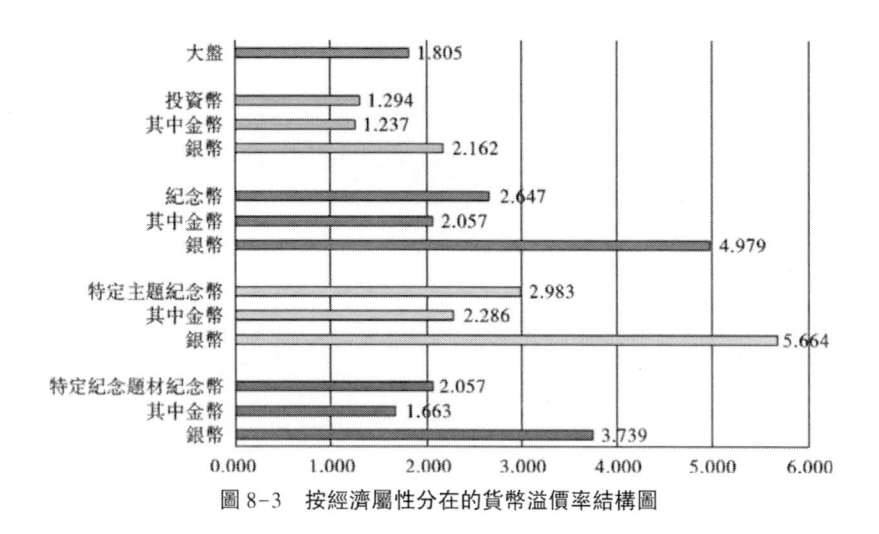

如圖 8-3 所示，我國現代貴金屬幣大盤的 S/BD 值為 1.805，即整個大盤的溢價幅度高於貴金屬價值的 80.50%。

投資幣的 S/BD 值為 1.294，其中投資金幣為 1.237，投資銀幣為 2.162。

紀念幣的 S/BD 值為 2.647，其中特定主題紀念幣為 2.983，特定紀念題材紀念幣為 2.057。在特定主題紀念幣中，金幣為 2.286，銀幣為 5.664。在特定紀念題材紀念幣中，金幣為 1.663，銀幣為 3.739。

通過以上數據可以看到，紀念幣的變動成本溢價率（S/BD 值）明顯高於投資幣。在紀念幣中，特定主題紀念幣的 S/BD 值又明顯高於特定題材紀念幣。這些數據已經充分表明，經濟屬性的差異對收藏投資價值的影響。另外在各種分類中，銀幣的 S/BD 值大大高於金幣，由於材質不同造成的收藏投資價值差異也已經非常明顯地表現出來。

分析形成的原因，應該與不同板塊的文化藝術價值、發行量的多少和幣種絕對價格的高低等因素有關。這些因素都將受到由資金決定的供需關係的影響。

②經濟屬性轉化分析。

雖然從整體上看，不同經濟屬性板塊的收藏投資價值具有一定差異，但事物內部是動態和不平衡的，經濟屬性也有可能在局部出現轉化。是否可以這樣認為，當投資幣內某些幣種的 S/BD 值高於紀念幣的均值、當紀念幣內某些幣種的 S/BD 值低於投資幣的均值時，它們的經濟屬性已經發生轉變。有關這種轉變的統計分析見表 8-3。

表 8-3　　　　　　　幣種經濟屬性轉化統計表

幣種類型	不同幣種總數	經濟屬性轉化枚數	占比
投資幣	201	33	16.42%
投資金幣	169	27	15.98%

表8-3(續)

幣種類型	不同幣種總數	經濟屬性轉化枚數	占比
投資銀幣	32	6	18.75%
紀念幣	1,733	114	6.58%
紀念金幣	740	79	10.68%
紀念銀幣	993	35	3.52%

如表8-3所示，按照以上標準衡量，投資金幣有27個幣種，投資銀幣有6個幣種，紀念金幣有79個幣種，紀念銀幣有35個幣種，它們的經濟屬性已經出現變化。

分析形成的原因，一是在早期發行的投資幣中，由於存世量原因，一些幣種已經明顯具有紀念幣屬性。二是在近些年發行的紀念幣中，由於需求不足，有些幣種的S/BD值較低，並緊隨貴金屬價格變化而波動，也已明顯出現投資幣的特點。

在經濟屬性不同的板塊中，少數幣種性質的轉化說明，認識任何事物都不能採用僵化和形而上學的思想方法。對我國的現代貴金屬幣而言，情況也是複雜的，往往存在我中有你、你中有我的狀況。人們既要從整體上充分認識經濟屬性差異在收藏投資價值上的不同，同時也要分別對待它們內部的變化，更好地掌握收藏投資價值的變化規律。

（2）紀念幣中其他變量板塊的貨幣溢價因素變化。

研究其他變量板塊的貨幣溢價因素變化，將主要集中在紀念幣內部，這裡將包括項目主題、材質、重量規格和幣種數量等不同因素。

①不同的項目主題板塊

我國現代貴金屬幣的項目主題分為九大板塊，這九大板塊 S/BD 值的結構見圖8-4。

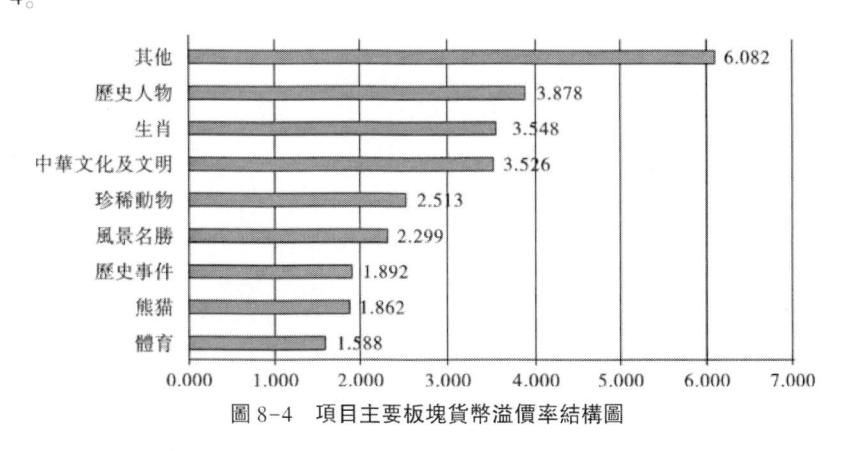

板塊	S/BD值
其他	6.082
歷史人物	3.878
生肖	3.548
中華文化及文明	3.526
珍稀動物	2.513
風景名勝	2.299
歷史事件	1.892
熊貓	1.862
體育	1.588

圖 8-4 項目主要板塊貨幣溢價率結構圖

如圖8-4所示，S/BD值最高的是「其他」板塊，為6.082；排在第二區間的是

「歷史人物」「生肖」和「中華文化及文明」板塊，S/BD 值在 3.878 至 3.526 之間；第三區間是「珍稀動物」和「風景名勝」板塊，S/BD 值分別為 2.513 和 2.299；落在最末端區間的是「熊貓」和「體育」板塊，S/BD 值分別為 1.862 和 1.588。

數據形成的原因是「其他」板塊中計入了「國際兒童年」和「中新友好」等典型項目，整個板塊的體量較小，而且這個板塊中某些幣種對整個板塊的 S/BD 值產生了較大拉動，由此形成「其他」板塊的 S/BD 值處於明顯領先地位。另外還可以看到，文化藝術內涵相對比較豐富的板塊，仍處於優勢地位。「體育」板塊由於受到「2008 年奧運會」項目的拖累，處於整個數據分佈的末端。

②不同貴金屬材質板塊。

我國的現代貴金屬幣由黃金、白銀、鉑、鈀和金銀雙金屬鑄造而成，它們的 S/BD 值結構見圖 8-5。

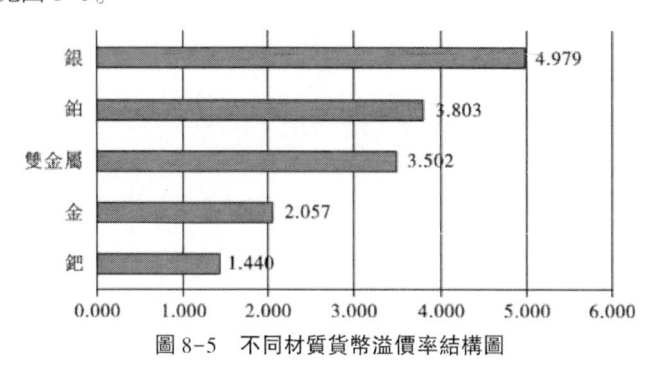

材質	S/BD 值
銀	4.979
鉑	3.803
雙金屬	3.502
金	2.057
鈀	1.440

圖 8-5　不同材質貨幣溢價率結構圖

如圖 8-5 所示，在不同材質板塊中，S/BD 值最高的是銀幣板塊，為 4.979；接著是鉑幣和雙金屬幣板塊，S/BD 值分別為 3.803 和 3.502；金幣板塊處於倒數第二的位置，S/BD 值為 2.057；鈀幣的 S/BD 值相對最低，為 1.440。

數據形成的原因可能與材質絕對價格的高低、板塊規模的大小，以及資本關注程度等多種因素有關。例如，雖然銀幣的體量不小，但由於本身的絕對價格相對較低，資本關注度較高，在供需關係作用下，表現出較高的變動成本溢價率。又如，雖然鉑幣和雙金屬幣的絕對價格也不低，但由於體量適中，資本關注度較高，整體上容易形成相對較高的 S/BD 值。對於金幣板塊來說，其中也有投資性能極其優異的幣種，但由於這個板塊的體量巨大，優劣幣種參差不齊，數據相互影響，由此形成這個板塊的 S/BD 值處於相對弱勢。對於鈀幣板塊而言，雖然幣種的絕對價格不高，但由於這個板塊全部集中在熊貓題材，而且體量過小，市場關注度和資本關注度很低，這可能是這個板塊 S/BD 值較低的原因。

③不同重量規格板塊。

我國現代貴金屬幣的重量規格可以分為五大板塊，它們的 S/BD 值結構見圖8-6。

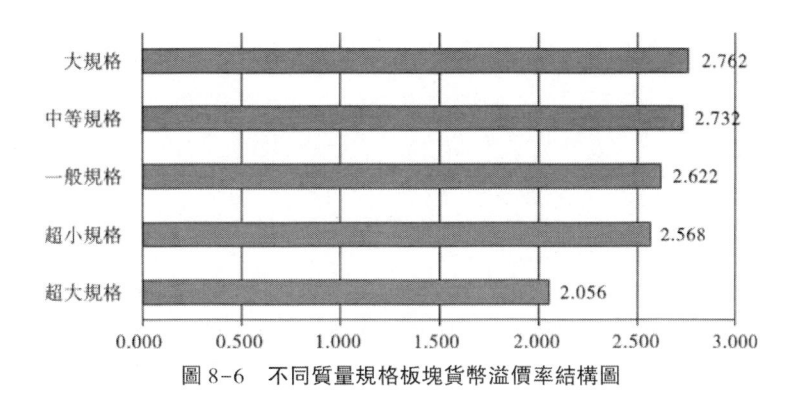

図 8-6　不同質量規格板塊貨幣溢價率結構圖

如圖 8-6 所示，大規格和中等規格幣種的 S/BD 值處於優勢，分別為 2.762 和 2.732；一般規格和超小規格幣種的 S/BD 值處於中間位置，分別為 2.622 和 2.568；超大規格幣種的 S/BD 值相對最低，為 2.056。

數據形成的原因中，似乎絕對價格的高低和幣種的數量起到很大作用。例如，大中規格的幣種，雖然它們的絕對價格不低，但幣種數量相對較小，資本關注度較高，在供需關係作用下，形成 S/BD 值較優的狀態。又如，雖然超大規格幣種（全部為金幣）的數量很小，但由於絕對價格很高，消費受眾受到很大限制，由此形成 S/BD 值最低的情況。

④不同發行量板塊。

按發行量分類，可將我國現代貴金屬紀念幣的幣種發行數量分為 15 個板塊，它們的 S/BD 值結構見表 8-4。

表 8-4　　　　　　　　　發行量板塊貨幣溢價因素結構圖

幣種數量	總重量（萬盎司）	S/BD
幣種數量≤100	15.98	3.987
100<幣種數量≤250	14.51	2.890
250<幣種數量≤500	24.86	3.043
500<幣種數量≤1,000	33.07	3.087
1,000<幣種數量≤2,500	85.27	2.543
2,500<幣種數量≤5,000	578.43	2.596
5,000<幣種數量≤1 萬	497.90	2.520
1 萬<幣種數量≤2.5 萬	722.27	2.163
2.5 萬<幣種數量≤5 萬	737.86	2.555
5 萬<幣種數量≤10 萬	1,128.59	2.615

表8-4(續)

幣種數量	總重量（萬盎司）	S/BD
10萬<幣種數量≤15萬	56.35	2.255
15萬<幣種數量≤20萬	297.80	2.987
20萬<幣種數量≤30萬	166.00	4.742
30萬<幣種數量≤50萬	41.29	3.751
50萬<幣種數量≤100萬	79.69	1.942

如表8-4所示，在眾多不同的幣種發行量板塊中，似乎隱約可以看到數量與S/BD值之間的關係，但在這裡並沒有出現嚴格的負相關邏輯。有些發行量很大的幣種，S/BD值反而不低。要解釋這些數據，就需要對數據形成的原因進行深入剖析，但有一點是明確的，即幣種數量對S/BD值的影響不是絕對的，它將受到多種因素影響，必須具體問題具體分析。

二、收藏投資價值研判

研判我國現代貴金屬幣的收藏投資價值，將主要圍繞宏觀經濟數據和平均年化收益率等兩個方面的內容展開。

在我國現代貴金屬幣的收藏投資活動中，由於每位個體關注的板塊或幣種都各不相同，買入和賣出的價位與時間也存在很大差異，而且這些數據是完全無法得到的，如何評判不同個體實際的收藏投資效益狀況，需要由市場參與者根據評價原理和自己累積的數據，採用個性化的方式自行完成。

以下對收藏投資價值的評判，將使用幣種市場價與零售價之間的溢價率（S/L值），即現代貴金屬幣的實際增值幅度作為基礎數據。這些分析數據，完全不代表市場參與者中不同個體的實際情況，同時也將隨時間的變化而變動，但從宏觀角度出發，可以從整體上認識我國現代貴金屬幣收藏投資價值的一般狀況。

1. 對比主要宏觀經濟數據

主要宏觀經濟數據是指CPI、存款利率和貨幣貶值速度等指標。我國現代貴金屬幣與主要宏觀經濟數據相對比的結構狀況見表8-5。

表8-5　我國現代貴金屬幣三項宏觀經濟指標對比數據表

幣種分類	未跑贏CPI幣種		跑贏CPI幣種（CBZ）		跑贏存款利率幣種（LBZ）		跑贏貨幣貶值幣種（HBZ）	
	幣種數量	占比	幣種數量	占比	幣種數量	占比	幣種數量	占比
2014年大盤	436	21.64%	1,579	78.36%	1,145	56.82%	811	40.25%
投資幣	42	20.90%	159	79.10%	98	48.76%	59	29.35%

表8-5(續)

幣種分類	未跑贏CPI幣種		跑贏CPI幣種（CBZ）		跑贏存款利率幣種（LBZ）		跑贏貨幣貶值幣種（HBZ）	
	幣種數量	占比	幣種數量	占比	幣種數量	占比	幣種數量	占比
其中金幣	37	21.89%	132	78.11%	74	43.79%	42	24.85%
銀幣	5	15.63%	27	84.38%	24	75.00%	17	53.13%
紀念幣	394	21.72%	1,420	78.28%	1,047	57.72%	752	41.46%
其中金幣	197	26.62%	543	73.38%	426	57.57%	312	42.16%
銀幣	185	18.63%	808	81.37%	578	58.21%	402	40.48%
鉑幣	11	20.00%	44	80.00%	31	56.36%	28	50.91%
鈀幣	1	33.33%	2	66.67%	1	33.33%	0	0.00%
雙金屬幣	0	0.00%	23	100.00%	11	47.83%	10	43.48%

註：占比是指某一幣種數量占同類幣種總數的比例。

2014年我國現代貴金屬幣大盤與三項宏觀經濟指標對比的主要數據是：與CPI對比的比較值（CBZ值）為1.756；與存款利率對比的比較值（LBZ值）為1.169；與貨幣貶值對比的比較值（HBZ值）為0.849。這些數據說明，2014年大盤整體上跑贏了CPI和存款利率，但沒有跑贏貨幣貶值速度。

如表8-5所示，在2014年大盤的2015個幣種中，沒有跑贏CPI的有436個幣種，占總數的21.64%；跑贏CPI的有1,579個幣種，占總數的78.36%；跑贏存款利率的有1,145個幣種，占總數的56.82%；跑贏貨幣貶值速度的有811個幣種，占總數的40.25%。從表8-5中還可以看到，從三項指標的綜合情況比較，紀念幣的表現優於投資幣；在紀念幣中，表現最好的依次是鉑幣、雙金屬幣和金幣，銀幣表現相對較弱，而鈀幣排在最末端。

以上數據說明，與三項宏觀經濟指標比較，我國現代貴金屬幣收藏投資價值的市場表現喜憂參半。其中很多幣種的收藏投資價值優異，但也存在不甚理想的狀態。特別是由於受市場大幅調整影響，整體的HBZ值已經處於劣勢。希望隨著市場的見底回升，這個指標會有相應改觀。

2. 平均年化收益率分析

2014年我國現代貴金屬幣平均年化收益率的結構狀況見表8-6。

表8-6　　我國現代貴金屬幣平均年化收益率結構統計表

幣種分類	平均年化收益率為負		平均年化收益率大於零小於3%		平均年化收益率大於3%小於5%		平均年化收益大於5%小於10%		平均年化收益大於10%小於20%		平均年化收益大於20%	
	幣種數量	占比	幣種數量	占比	幣種數量	占比	幣種數量	占比	幣種數量	占比	幣種數量	占比
2014年大盤	242	12.01%	119	5.91%	114	5.66%	302	14.99%	445	22.08%	793	39.35%

表8-6(續)

幣種分類	平均年化收益率為負		平均年化收益率大於零小於3%		平均年化收益率大於3%小於5%		平均年化收益大於5%小於10%		平均年化收益大於10%小於20%		平均年化收益大於20%	
	幣種數量	占比	幣種數量	占比	幣種數量	占比	幣種數量	占比	幣種數量	占比	幣種數量	占比
投資幣	27	13.43%	4	1.99%	8	3.98%	18	8.96%	82	40.80%	62	30.85%
其中金幣	23	13.61%	4	2.37%	7	4.14%	16	9.47%	74	43.79%	45	26.63%
銀幣	4	12.50%	0	0.00%	1	3.13%	2	6.25%	8	25.00%	17	53.13%
紀念幣	215	11.85%	115	6.34%	106	5.84%	284	15.66%	363	20.01%	731	40.30%
其中金幣	113	15.27%	50	6.76%	26	3.51%	89	12.03%	153	20.68%	309	41.76%
銀幣	101	10.17%	61	6.14%	75	7.55%	176	17.72%	196	19.74%	384	38.67%
鉑幣	1	1.82%	3	5.45%	3	5.45%	11	20.00%	7	12.73%	30	54.55%
鈀幣	0	0.00%	1	33.33%	1	33.33%	0	0.00%	0	0.00%	1	33.33%
雙金屬幣	0	0.00%	0	0.00%	1	4.35%	8	34.78%	7	30.43%	7	30.43%

註：占比是指某一幣種數量占同類幣種總數的比例。

2014年，我國現代貴金屬幣大盤的平均年化收益率為15.04%。

如表8-6所示，在2014年大盤中，平均年化收益率為負數的有242個幣種，占總數的12.01%；平均年化收益率大於零小於3%的有119個幣種，占總數的5.91%；平均年化收益率大於3%小於5%的有114個幣種，占總數的5.66%；平均年化收益率大於5%小於10%的有302個幣種，占總數的14.99%；平均年化收益率大於10%小於20%的有445個幣種，占總數的22.08%；平均年化收益率大於20%的有793個幣種，占總數的39.35%。

從以上數據可以看到，如果與零售價相比，在我國現代貴金屬幣大盤中，平均年化收益率超過10%的幣種總數已經達到61.44%。眾所周知，作為一般的投資項目，如果平均年化收益率能夠達到10%以上，應該是非常不錯的，由此可以說我國現代貴金屬幣中的大多數幣種具有相對比較優異的收藏投資價值。與此同時也應該看到，在2014年大盤中，平均年化收益率低於3%甚至小於零的幣種總數接近20%，說明其內部結構不均衡且有風險，值得關注。

分析數據形成的原因，用表8-6的數據結構與S/BD值的各項數據對比，可以看到貴金屬價格上漲對提高平均年化收益率起到了重要支撐作用。由此應該可以說明，除了貨幣溢價因素之外，貴金屬價值在一個較長時間內的螺旋式上漲趨勢，對提升整個現代貴金屬幣的收藏投資價值起到了重要作用。另外，從平均年化收益率的計算公式中可以看到，如果能夠選對幣種，同時能以零售價買入並長期持有，那麼取得相對優異的收藏投資回報有可能是大概率事件。

三、交易效率評價

交易效率也是評價我國現代貴金屬幣收藏投資價值的重要指標。2014年大盤交易效率的統計數據見表8-7。

表 8-7　　　　　　　　　幣種市場交易效率結構統計分析表

幣種分類	成交順暢		成交不暢		成交困難	
	幣種數量	占比	幣種數量	占比	幣種數量	占比
2014 年大盤	791	39.26%	679	33.70%	545	27.05%
投資幣	201	100.00%	0	0.00%	0	0.00%
其中金幣	169	100.00%	0	0.00%	0	0.00%
銀幣	32	100.00%	0	0.00%	0	0.00%
紀念幣	590	32.52%	679	37.43%	545	30.04%
其中金幣	109	14.73%	277	37.43%	354	47.84%
銀幣	467	47.03%	355	35.75%	171	17.22%

註：占比是指某一幣種數量占同類幣種總數的比例。

如表 8-7 所示，在 2014 年大盤中，成交順暢的有 791 個幣種，占總數的 39.26%；成交不暢的有 697 個幣種，占總數的 33.70%；成交困難的有 545 個幣種，占總數的 27.05%。其中投資幣的交易效率很高，基本都能做到順暢交易，紀念幣的交易效率呈現三三制格局，但紀念銀幣好於紀念金幣。

從整體上看，交易效率不高是我國現代貴金屬幣面臨的一個較大問題，也是藝術收藏品市場的基本特點。從紀念幣看，成交不暢和成交困難幣種的總數已經達到 67.48%，說明交易效率不高已經影響到我國現代貴金屬幣的價值轉換過程。如何逐步提高交易效率，也將成為全體市場參與者面臨的重要課題。

四、收藏投資價值的總體評價

以上部分通過大量數據對我國現代貴金屬幣的收藏投資價值進行了相對比較全面的分析。從這些分析中是否可以看到以下主要特點和一般規律。

1. 收藏投資價值在總體上應該得到肯定

收藏投資價值是相對的，不是絕對的。從評價收藏投資價值的相對指標中可以看到：①與主要的宏觀經濟指標相比，我國現代貴金屬幣的總體水平跑贏了 CPI 和存款利率。雖然貨幣貶值指標處於偏弱狀態，但也有接近 50% 的幣種跑贏了貨幣貶值速度。②從平均年化收益率指標看，平均年化收益率超過 10% 的幣種占 61.44%，其中平均年化收益率超過 20% 的幣種達 39.35%，這是一種非常不容易達到的結果。特別需要指出的是，2014 年市場正處於本次大幅調整週期的底端，隨著市場的逐步恢復，這些指標還有可能進一步改善或提高。由此說明，我國現代貴金屬幣整體上具備相對較優的收藏投資價值，對此應該給予充分肯定。

正如任何投資活動都存在風險一樣，收藏投資我國的現代貴金屬幣也同樣是收益和風險並存。從相對指標的分析結果看，在肯定優勢的同時，也存在較大隱憂。

其中沒有跑贏 CPI 的幣種占到 21.64%，平均年化收益率低於 3%甚至小於零的幣種總數也接近 20%，特別是大盤的整體水平沒有跑贏貨幣貶值速度。存在的這些差距和不足充分說明，收藏投資現代貴金屬幣也存在風險，市場參與者應該對此給予充分認識，有所警惕。

眾所周知，資本價格不斷膨脹是現代市場經濟發展的一般規律，並由此決定三項宏觀經濟指標將隨著時間的推移呈現絕對的遞增趨勢。另外 CPI 指標只是最低要求。對收藏投資而言，存款利率指標應是一般要求，如果收藏投資回報低於同期存款利息收益，投資的資金效率也就無從談起。當然對投資的資金效率而言，跑贏貨幣貶值速度應是更高要求，如果能夠全部滿足這個指標，收藏投資價值無疑將處於相對較佳狀態。根據以上原理，要求我國現代貴金屬幣的 S/L 值要隨著時間推移全面不斷提高，否則整體的收藏投資價值將有可能處於遞減狀態。能否繼續保持我國現代貴金屬幣收藏投資價值的整體優勢，值得關注。

2. 影響收藏投資價值的因素即有規律又複雜多變

我國現代貴金屬幣的收藏投資價值受到多種因素影響，其中既有可以認知的規律，也存在複雜多變的特性，特別是由於資本的滲透使得這種規律和多變性顯得更加複雜。這裡的問題集中到一點，就是以資金形式反應的供需關係的動態變化是複雜的。

從貴金屬價值對整個收藏投資價值的影響看，毋容置疑的是，貴金屬價格變化將對整個市場價值產生重要影響。但這種影響又是多種多樣的，其中對投資金幣將產生重大影響，而對不少幣種的影響又很小。

從不同經濟屬性板塊的情況看，紀念幣的收藏投資價值明顯大於投資幣。在紀念幣內部，特定主題紀念幣與特定紀念題材紀念幣相比，前者比後者又具有一定優勢。於此同時，在不同經濟屬性板塊內，也會出現經濟性能轉化的幣種。

從紀念幣板塊的內部情況看，文化藝術價值從總體上將決定收藏投資價值的優劣，同時銀幣普遍好於金幣，大中規格幣種普遍好於特大規格和一般規格幣種等規律也比較突出。但是這些基本規律也會受到板塊體量大小、幣種絕對價格高低和是否受到資本關注等多種因素影響。

如何認識幣種數量對收藏投資價值的影響，是一個比較複雜的問題。長期以來，市場上一直流傳一種說法：決定收藏投資價值的第一要素是發行量，第二要素是發行量，第三要素還是發行量。但市場實踐證明，這種說法有些簡單和片面。從供需關係看，發行量就是稀缺性，而稀缺性是相對的不是絕對的，它取決於供需關係的動態變化。以生肖幣為例，不管在哪個時期生肖幣的發行量都是最大的，但由於這個題材深入中國文化，市場需求量很大，數據顯示生肖幣的收藏投資價值一般都好於其他題材。又如，有些超大規格金幣，雖然發行量不大，但絕對價值較高，收藏投資群體受到很大局限，需求量下降，造成收藏投資價值較低。從分析數據看，銀幣的投資價值一般都高於金幣，大中等規格的金銀幣與其他規格相比在收藏投資價值上也更具優勢，其原因也與稀缺的相對性有關。另外，從特定主題紀念幣板塊和

特定紀念題材紀念幣板塊的數據分析看，雖然前者的發行體量高出后者75%，但由於文化內涵不同，前者的收藏投資價值明顯優於后者。市場實踐告訴我們，影響某一板塊或幣種收藏投資價值的機理非常複雜，既有很多已知因素，也包含不少很難提前預知的偶發因素。研究顯示，在題材、材質、規格等條件相似的情況下，發行量才能起到重要作用，因此應該客觀、辯證地看待發行量對收藏投資價值的影響。

目前人們在研究收藏投資價值的變化規律方面已經取一定進展，但還有不少市場現象無法完全解釋。由此說明，隨著市場實踐的不斷深入，研究收藏投資價值變化規律的工作還任重道遠。

3. 投資幣是中國金幣市場的重要支點

投資幣是我國現代貴金屬幣體系中極其重要的組成部分。按2014年的統計數據，在我國金幣市場的總規模中，投資幣占發行總數量的49.72%，占發行總重量的37.64%，占市場價總值的44.59%，基本占據了中國金幣市場的半壁江山。從收藏投資價值的指標看，投資幣的變動成本溢價率（S/BD值）明顯低於紀念幣，三項宏觀經濟指標也處於相對弱勢。面對這種狀況，如何認識它們的收藏投資價值？如何充分發揮它們的收藏投資功能？正確回答這些問題，對發展我國的金幣市場是非常重要的。

我國的投資幣，特別是投資金幣，是中國金幣形象的重要代表。它們以熊貓和天壇為主景，每年變化圖案，品種規格相對固定，發行數量巨大，銷售價格相對較低，市場價格緊隨貴金屬價格的變化而波動，這些已經成為投資幣的最重要特點。

通過以上特點我們可以看出，由於投資幣的發行數量巨大，與紀念幣相比，在短時間內通過貨幣溢價因素獲取較高的收藏投資回報是比較困難的。投資幣，特別是投資金幣，獲取收藏投資收益一般有以下兩種基本路徑：①通過黃金商品避險及抗通脹功能，獲取平均收益。例如，從1982年我國開始發行普制熊貓金幣以來，國際黃金價格已經在螺旋式運動中上漲3.38倍。從投資金幣的平均年化收益率數據中可以看到，它們的平均年化收益率很高。由此可以明確，正是這種黃金價格的趨勢性上漲支撐了投資金幣的收藏投資價值。②通過黃金價格的波動在低買高賣的套利操作中獲利。儘管國際黃金價格在某一段時間內會出現方向性走勢，但區間內的波動是永遠存在的。例如，雖然近些年國際黃金價格出現趨勢性逆轉，但年度的平均波動率仍能達到一定水平。也就是說，在我國投資金幣平均升水11.37%的情況下，仍有可能在低買高賣的套利操作中獲利。在以上兩種基本路徑中，第一種路徑是被動的和不可控的，並會隨黃金價格的大幅波動，帶來較大的階段性和系統性風險。第二種路徑是主動的和可操作的，可以利用產品溢價率低的特點，在黃金價格的波動中獲利。

從投資幣在國際上的發展趨勢看，我國投資幣的發展速度還有較大差距。如何不斷擴大投資幣的發行規模，關鍵是增強它們的投資功能優勢。強化投資幣的投資功能應該兩條腿走路。一是借用黃金價格的趨勢性走勢，二是利用黃金價格的區間波動。其中特別要充分發揮熊貓普制金幣免稅政策的優勢，進一步下調零售價格水平，制定更合理的回購差價率，健全官方回購體系，給投資者提供投資獲利的良好

條件和環境。可以相信，只要按市場規律辦事，一方面努力提高投資幣的文化藝術價值，另一方面更好地發揮它們的投資價值優勢，我國的金幣市場就一定能取得更快發展。

4. 努力實現交易效率與收藏投資收益的平衡

通過我國現代貴金屬幣市場交易效率的統計數據可以看到，成交不暢和成交困難幣種的總數達到60.74%，交易效率不高是擺在市場面前的現實問題，這也是藝術收藏品市場的基本現狀。

關於交易效率與投資回報之間的關係，國外有不少學者進行過這方面的專題研究。阿米胡德和門德爾松（Amihud & Mendelson，1986）基於證券市場資產定價提出的流動性溢價理論指出：收藏品市場的流動性低，持有成本高，回報水平波動性大，因而收藏品應該提供更高的回報。凱恩（Kane，1984）通過建立一個包含了美國市場中120種錢幣的投資組合，並記錄這些錢幣在1970—1979年間每個月的價格，發現投資錢幣市場的名義收益率高達20%，對沖通貨膨脹後，實際收益仍然有13%左右。伯頓和雅各布森（Burton & Jacobsen，1999）在總結各類收藏品市場的投資回報時發現Sotheby's（蘇富比拍賣公司），Salomon Brothers（所羅門兄弟公司）和BritRail Pensions Fund（英國鐵路養老基金）三種收藏品指數在1967年到1990年間的不同持有期間的年均回報水平在11%到14%之間，均超過了這段時期的股票和債券回報水平。從以上數據可以看到，國外學者的研究數據與我國現代貴金屬幣的交易效率數據和平均年化收益率數據，形成了明顯的契合。雖然我國現代貴金屬幣的交易效率不高，但大盤的平均年化收益率為15.04%。平均年化收益率超過10%的幣種已經超61.44%。鑒於交易效率過高將影響投資回報的現狀，可以設想，如果我國現代貴金屬幣的交易效率向股票市場一樣，仍能實現這樣的平均年化收益率水平值得懷疑。

市場實踐證明，在交易效率與投資回報之間，不可能實現魚與熊掌兼得，這裡的關鍵問題是如何實現效率與回報的平衡。對我國的金幣市場來說，要努力改善市場環境，不斷創新交易渠道和交易平臺，逐步提高交易效率。但是指望完全實現100%的順暢交易是不現實的，假如有一天真正實現了100%的順暢交易，那麼這種藝術收藏品的年均回報率也很有可能會大幅下降。

第四節　值得市場關注的問題

對我國現代貴金屬幣來說，除了項目題材、設計雕刻、幣種質量等級、規格、材質和發行量等因素會對收藏投資價值產生重大影響之外，其他相關因素，如品相、版別、技術特徵、包裝形式、證書及號碼等，也會對收藏投資價值產生程度不同的影響。

在我國的金幣市場中，隨著收藏投資活動不斷深入，不少市場參與者已經不滿足於一般水平的收藏鑒賞與經營，他們開始把精力逐步投入到有關錢幣品相、版別、技術特徵等問題的研究之中。其中，特別是對樣幣的探尋已經引起市場關注，對數

字的崇拜更是開始對收藏投資價值產生導向性作用，最新出現的錢幣封裝形式也已成為熱點。面對這些問題，我們經常可以看到很多媒體的推波助瀾，也可以讀到不少研究文章，更有很多研討和爭論在收藏市場中成為活躍的看點，充分體現出民間積聚著一種推動金幣市場深入發展的力量。

我國的金幣市場已有 37 年發展歷史，各種不同的幣種已經匯集成一個相對比較龐大的集合體。由於各種技術和管理原因，擺在我們面前的歷史現實是，有些幣種的發行信息不完整、不透明或不對稱。從收藏研究角度出發，深入探尋這些幣種撲朔迷離的歷史真相和發展脈絡，正是市場深入發展的必然階段和標誌，也為深入研究這些錢幣的真實狀況提供了豐富的想像空間。從收藏投資角度出發，追逐利益最大化正是推動這些研究和探索的動力源泉。如果沒有利益驅使，很難想像在這些問題上會吸引如此眾多收藏投資者和經營者的目光。面對這種現狀，我們首先應該充分肯定這些研究和探索對推動市場深入發展產生的積極作用，同時也應該看到在商業利益驅使下，有些人會利用信息不對稱和人們的獵奇心理，編造故事、製造虛假信息誤導收藏投資者。以事實和數據為依據，採用科學嚴謹的態度，正確衡量和對待品相、版別、技術特徵、包裝形式、證書號碼和樣幣等因素對投資價值的影響，防範各種虛假陷阱，將對科學健康有序發展我國的金幣市場產生積極作用。

一、關於品相問題

與其他藝術收藏品相同，我國現代貴金屬幣的品相對收藏投資價值將產生重要影響，而且這種影響有時不亞於選對收藏項目和幣種。在市場交易中，品相與價值之間的關係見圖 8-7。

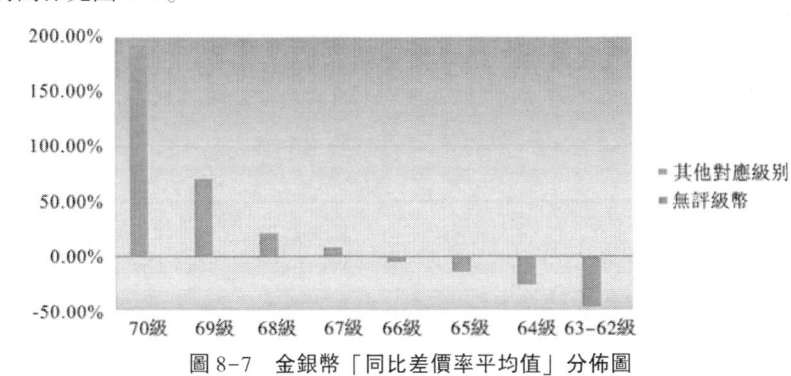

圖 8-7　金銀幣「同比差價率平均值」分佈圖

目前，評價錢幣品相的標準和方法很多，70 分的評級標準只是其中之一。筆者引用圖 8-7 的目的是使用定量分析方法，用數據客觀反應錢幣品相與收藏投資價值之間的關係。這些統計分析數據來源於 2011 年至 2013 年，匯集了國內外各種形式拍賣會上近 7 萬多個現代貴金屬幣分級別的成交價紀錄。圖 8-7 是以無評級幣為基準，分別與其他品級幣相對比，形成的平均價差水平。

如圖8-7所示，目前我國現代貴金屬幣的平均質量水平在68級至67級之間，其中最高品相與平均質量水平的交易價格相差3倍左右，最高品相與最低品相的交易價格相差7倍之多，由此可以充分說明，品相對收藏投資價值已經產生不可忽視的影響。

既然錢幣品相對收藏投資價值會產生如此之大的作用，那麼影響品相的主要因素又有那些呢？在現代貴金屬幣的收藏過程中，經常出現的瑕疵主要有：壓鑄缺陷、紅斑、白霧、白斑、變色、表面磨損、物理硬傷、劃痕、手印、唾液、斑點等。在這些缺陷中，只有少數瑕疵可以在后期的科學保養中得到修復，大部分瑕疵是永久和不可徹底修復的，科學保養只能減輕或暫時掩蓋一些缺陷。保證現代貴金屬幣品相的基礎和關鍵是從根本上避免和遏制出現瑕疵。

要防止或避免出現瑕疵，首先應該明確產生瑕疵的原因。從技術角度分析，導致出現上述瑕疵，大致可分為兩大主要因素。第一大因素是先天缺陷，即由於生產鑄造環節的工藝技術條件不穩定而造成。第二大因素是后天保存不當，即由於觀賞把玩不當或保管儲藏不當而造成。

我國的現代貴金屬幣屬於標準化的批量工業產品，它們的生產過程從原料進廠到成品出廠銷售是一個完整的加工鏈條，其質量特別是表面質量狀況，與企業的管理水平、技術水平、生產條件的穩定性、壓鑄模具的使用狀態、人為因素、原料品級、氣候條件等多種因素有關。我們通常所說的「鑄造精良」主要是指我國現代貴金屬幣的平均質量水平，但在現實的鑄造加工過程中，由於上述條件可能發生變化，實際的產品質量圍繞標準和平均質量水平上下波動。例如，一些浮雕和邊形的缺陷，是由於壓鑄過程控制不當造成的。金幣紅斑和銀幣白霧等缺陷是由於在生產過程中產生的工業交叉污染造成的。還有在鑄造過程中，一件壓鑄模具的使用狀態也會不斷變化，由此會造成表面質量差異。上述缺陷和差異都屬於原發性的，只能通過技術手段和科學管理在鑄造加工環節中得到根本解決或改善。

眾所周知，由於我國現代貴金屬幣的鑄造工藝非常精細，它們的表面狀態比較脆弱，稍有不慎便會造成損傷，所以收藏把玩或保管稍有不當，便會產生后天瑕疵。對后天產生的瑕疵來講，問題相對較好解決，只要掌握正確的觀賞把玩方法和儲藏方法就可基本避免。另外需要指出的是，貴金屬幣的表面狀態會受外界環境的干擾產生不同變化，特別是銀幣的表面化學穩定性較差，產生變色幾乎是無法抗拒的自然規律。例如，一枚鑲嵌在評級盒子內的銀幣，長期擺放在展櫃內，雖然其他條件相同，但受光面和背光面也會產生不同的色差變化。諸如此類的問題，需要學習和掌握相對比較專業的知識和技巧才有可能緩解或推遲產生。

市場實踐證明，在影響現代貴金屬幣品相的兩大因素中，先天不足的影響大於后天保管不當。保證優異的錢幣品相，首先必須解決先天缺陷。我們的造幣企業應該把質量當成生命，努力進行技術攻關，大力提高產品質量，特別要集中解決金幣紅斑和銀幣白霧的質量問題，保證收藏投資者利益。對於收藏投資者來說，也要首先把好買入關，在選購幣種時要特別注意品相，同時注意學習科學的把玩和儲存知識，做好后期的收藏保管工作，保證自己的藏品能夠處於較佳狀態。

在當下的市場中，評判錢幣品相的主要方法就是定量評級，由此就會產生如何認識評級功能的問題。從評級的功能看，錢幣的評級一般只能解決交易效率問題，與錢幣的品相無關。一枚品相完好的錢幣，不管是否經過評級，都不會影響它的收藏價值。目前在一些商業利益蠱惑下，把錢幣評級的功能過度放大，好像不經評級的錢幣就沒有收藏價值和無法完美保存，這種輿論導向有失偏頗，同時也會誤導錢幣收藏形式的畸形發展。因此錢幣評級業務應該良性、有序拓展，一方面要使錢幣評級在抑制假幣流通、簡化交易環節、提高交易效率等方面發揮積極作用，另一方面要促成多種收藏形式的共融互進，促進錢幣市場健康發展。

二、關於版別問題

隨著收藏投資活動的深入展開，我國現代貴金屬幣的版別問題已經引起經營者和收藏投資者關注，發現和挖掘版別已經成為獲取經營利益和提升收藏投資價值的重要手段，同時也為研究我國現代貴金屬幣的生產管理發展過程提供了豐富素材。據不完全統計，目前在市場交易中出現的各種所謂版別已經達到280多種，並且還有不斷增長之勢。由於版別不同，有些幣種的市場交易價格也已出現明顯差異。

自從版別問題引起關注後，市場參與者一直在探討有關版別的定義，其中也不乏激烈的爭論和對抗，各種意見深度交鋒，很難取得一致看法。

如何定義版別，首先應搞清楚制模的生產工藝。

我國現代制模技術的發展大體可以分為兩個主要階段。第一階段大約在2005年以前，鑄幣模具的生產過程大致為：石膏型→銅型→機械仿形雕刻→直雕模→陰文模→二原模→工作模。2005年之後，隨著普遍採用電子設計及雕刻技術，制模技術的發展進入第二階段。目前的鑄幣模具生產過程大致為：石膏型→電子雕刻→直雕模→陰文模→二原模→工作模。其中根據需要已經可以通過電子雕刻直接生產出用於壓鑄產品的工作模。從這些流程中可以看到，鑄幣模具的生產工藝非常複雜，特別是從直雕模到工作模，中間還有反覆翻壓模具、外形加工、修模、熱處理、電鍍、噴砂、拋光等多道工序。在這些工序中，目前還不可能完全實現精確的加工技術，其中的不少工序還要通過手工技術和經驗完成，因此將不可避免地出現差異。但這裡需要指出的是，由於引入電子雕刻技術，直雕模的圖文信息質量已經非常穩定，儘管有可能通過電子雕刻多次生產某一幣種的直雕模，但已經完全可以保證這些直雕模圖文質量的一致性。

通過瞭解鑄幣模具的生產過程應該可以明確，所謂的版別應該是直雕模出現變動。直雕模的不同是確定版別的依據。在模具的其他生產環節出現的微小變化應稱為質量差異。按照這一定義進行衡量，目前市場上出現的很多所謂版別，大多屬於質量差異，只有一少部分真正屬於版別差異。可以設想，如果將工作模的差異定義為版別，那麼現代貴金屬幣的版別可能成千上萬。

目前在市場中出現的版別爭論大多針對早期發行的幣種，自從引入電子雕刻技術後，這種情況已經比較少見。目前市場中流傳的版別大致可以分為四種情況。

（1）從發行需要出發，在模具製造過程，通過在直雕模上設計不同標記產生的版別。例如，1987年鑄造發行的普制熊貓金幣的S版和Y版，2001年鑄造發行的普制熊貓金銀幣的國內版和國際版，2006年至2008年鑄造發行的「第29屆奧林匹克運動會貴金屬紀念幣」中的S、Y、Z版。這些版別都有正式公告和信息，得到官方認可，可稱為官方版別。

圖8-8是1987年鑄造發行的普制熊貓金幣S版和Y版的照片。

圖8-8　官方版別

（2）由於生產管理問題，一個幣種在生產過程中經過多次修改，直雕模出現明顯變化；或一個幣種由多個企業組織鑄造，在直雕模轉化為陰文模的過程中發生變化；或直雕模出現問題后重新制模出現了變化。這些版別並非出自設計需要，大多是在制模過程中無意間產生的，目前沒有公開的官方文件記錄，大多數由民間研究發現，並得到市場普遍認同，可稱為民間版別。

圖8-9是1995年發行的1盎司普制熊貓銀幣年號字體不同的照片。這種情況一般是由於不同生產企業在模具上雕刻年號時，使用的字體不同造成的。類似這種原模出現變化的情況還有一些，其成因值得深入研究。

圖8-9　民間版別

（3）由於生產條件和操作技術不穩定，在鑄幣模具后期的生產環中出現了一些模具狀態的微小變化，這種情況應稱為質量差異。

圖8-10是2001年發行的1/2盎司普制熊貓金幣不同噴砂效果的照片。造成這種情況的主要原因是工作模的噴砂工藝不穩定。類似這種情況，會在實際產品中大量出現，不應稱為版別，準確的叫法應稱為質量差異。

圖8-10　質量差異

（4）由於工作模使用不當，同時出廠質量檢驗時又沒有檢出，使極少數不合格產品流入社會，這種情況與版別毫不相關，應稱為殘次品。

圖8-11是一枚銀幣年號出現壓印疊影的照片。這種情況不是版別，而是典型的殘次品。在市場中出現這種產品的概率很小。

圖8-11 殘次品

在我國的現代貴金屬幣中，不管是官方版別、民間版別、質量差異產品還是殘次品，一經由生產企業鑄造出廠後，就必然會在市場中有所反應。不管是從研究角度還是從經濟利益出發，對它們的發掘和研究都是正常和無可非議的，其價值也會在市場博弈中找到自己應有的定位。然而這個問題的關鍵並不在於研究和探索版別，而在於由於信息的不透明和不對稱，有些人會在利益驅使下，編造故事，故弄玄虛，甚至製假販假，欺騙收藏投資者，獲取不正當利益，投資者對此應該保持高度警惕。

我國的現代貴金屬幣僅有37年的發展歷史，鑄幣企業生產一線的檔案資料還應存在，有些當事人也還健在。從正視歷史、總結經驗的角度出發，應該對目前市場中反應出的版別問題，特別是對民間研究發現的版別，組織專家進行考察和甄別，認真研究形成的原因的背景，通過規範渠道給廣大收藏投資者提供指引，不要為歷史和后人留下永久的迷霧和遺憾。

三、關於加厚幣問題

在我國現代貴金屬幣的技術特徵分類中，加厚幣屬於具有一定特色的幣種。特別是由於這類幣種發行的品種和數量相對較少，受到收藏投資者追捧，市場交易價格和收藏投資價值相對較高。也正是這個原因，我們經常可以在市場中看到，有些本不屬於加厚幣的幣種被冠以加厚幣的名號，迷惑和誤導了收藏投資者。

在現代貴金屬幣的發展過程中，加厚幣是一個專有名稱，並有自己嚴格的定義。所謂加厚幣是指，在同一項目主題中，兩個幣種的材質、成色、直徑、面值、生產工藝完全相同，圖案基本相同，只是貴金屬的克重不同，一般加厚幣與對應的薄幣相比在重量多出一倍，即所說的六同一不同。由此可見，加厚幣必須在符合上述條件下，存在完全對應的薄幣。我國1979年發行的國際兒童年1盎司精製金幣就是典

型的加厚幣，它對應的薄幣是同一個項目中的 1/2 盎司精製金幣，見圖 8-12。

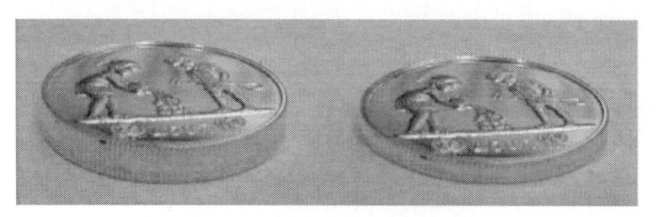

圖 8-12 國際兒童年加厚金幣

在我國現代貴金屬幣的貴金屬含量與規格尺寸之間，雖然存在一些匹配規律，但這種規律不是十分嚴格和不能變化的。有些幣種，從總體設計及工藝角度出發，直徑厚度比與常規幣種相比會發生一些變化，但不能據此就說較厚的幣種就是加厚幣。在這裡，比較典型的例子是 1988 年號至 1999 年號的生肖 1 盎司金銀鉑系列紀念幣。儘管這套紀念幣的直徑厚度關係比較特殊，但由於它們沒有完全對應的薄幣，因此不能稱作加厚幣。

按照加厚幣的定義，我國已經發行的現代貴金屬加厚幣見表 8-8。

表 8-8　　　　　　　　中國現代貴金屬幣加厚幣一覽表

發行時間	項目名稱	幣種材質	成色(%)	直徑(mm)	面值(元)	工藝	克重	圖案
1979	國際兒童年金銀紀念幣	金	90	27	450	精製	1 盎司	精心澆灌花朵的中國男女兒童和國際兒童年標誌
	對應薄幣	金	90	27	450	精製	1/2 盎司	
1979	國際兒童年金銀紀念幣	銀	80	36	35	精製	1 盎司	精心澆灌花朵的中國男女兒童和國際兒童年標誌
	對應薄幣	銀	80	36	35	精製	1/2 盎司	
1980	第 13 屆冬奧會金銀紀念幣	金	91.6	23	250	精製	16 克	男子滑降
	對應薄幣	金	91.6	23	250	精製	8 克	
1980	第 13 屆冬奧會金銀紀念幣	銀	85	33	30	精製	30 克	女子速度滑冰
	對應薄幣	銀	85	33	30	精製	15 克	
1980	中國奧林匹克委員會金銀紀念幣	金	91.6	23	300	精製	20 克	古代射藝
	對應薄幣	金	91.6	23	300	精製	10 克	
1992	中國古代科技發明發現金銀鉑紀念幣	銀 X 5	90	36	5	精製	44 克	鑄銅術、指南針、蝴蝶風箏、地動儀、航海造船
	對應薄幣	銀 X 5	90	36	5	精製	22 克	
1991	中國熊貓金幣發行 10 周年金銀紀念幣	金	99.9	27	50	精製	1 盎司	大熊貓
	對應薄幣（1991 版熊貓精製金銀紀念幣）	金	99.9	27	50	精製	1/2 盎司	
1991	中國熊貓金幣發行 10 周年金銀紀念幣	銀	99.9	40	10	精製	2 盎司	大熊貓
	對應薄幣（1991 版熊貓精製金銀紀念幣）	銀	99.9	40	10	精製	1 盎司	
1996	1996 年觀音金銀紀念幣	銀 X 2	99.9	33	5	精製	1 盎司	玉瓶觀音、金蓮觀音
	對應薄幣	銀 X 2	99.9	33	5	精製	1/2 盎司	

表8-8(續)

發行時間	項目名稱	幣種材質	成色(%)	直徑(mm)	面值(元)	工藝	克重	圖案
1997	中國傳統吉祥圖（吉慶有余）金銀紀念幣	銀	99.9	40	10	普制	2盎司	吉慶有余
	對應薄幣	銀	99.9	40	10	普制	1盎司	
1997	中國傳統吉祥圖（吉慶有余）金銀紀念幣	銀	99.9	33	5	普制	1盎司	吉慶有余
	對應薄幣	銀	99.9	33	5	普制	1/2盎司	

　　從表面來看，明確加厚幣的概念或定義，僅是學術和理論問題，但從市場實踐角度出發，這也有正視聽的作用。對於廣大收藏投資者來說，要全面考察不同幣種的收藏投資價值，防止被混淆概念的包裝炒作誤導。

　　四、關於封裝幣問題

　　從2014年第四季度以后，在我國的金幣市場中開始出現初打幣和封裝幣。目前這些具有全新包裝概念的產品發展較快，數量已經躍上數十種。這些產品一面世即引起市場關注，市場交易價格也有突出表現。這些產品中的典型幣種見圖8-13。

圖8-13　封裝幣

　　如圖8-13所示，在這些產品中開始出現所謂「初打幣」概念。在我國的金幣市場中「初打幣」不是一個最新名詞，早在幾年前的某些評級幣產品中就已經出現了這個概念。

　　那麼何為初打幣呢？眾所周知，錢幣的品相與壓鑄模具的使用狀態關係很大。顧名思義，所謂的初打幣一般應該是某一副模具在最初開始壓鑄時生產出來的產品。此時由於模具的使用狀態較好，產品的表面狀態也有可能相對較好。

　　查詢相關評級公司的官方解釋，「first released」和「early released」準確的中文

意思是「早期發行」和「早期送評」。一般是在一個幣種宣布對外公開發售三十天內提交送評的產品就可獲得這樣的標籤。從以上的官方解釋中可以看到，一方面把上述英文翻譯成初打幣是不夠準確和存在很大瑕疵的，另一方面貼上這種標籤的產品，也與壓鑄模具的使用狀態沒有關係。

國內某些標註初打幣產品實際上是某一幣種在造幣廠的第一批鑄造產品中任意選擇出的一部分產品，而第一批生產鑄造指令的數量可能很大。由此可以明確，這些產品的表面質量也與某一付模具的使用狀態無關。

通過以上分析可以看到，目前在我國金幣市場中出現的所謂初打幣，均與嚴格意義上的初打幣概念差距甚遠，只是經營者採取的行銷手段或商業噱頭。從嚴格意義上講，可以把這些所謂的初打幣統稱為封裝幣。

封裝幣是在確認產品為真品後，將其封裝在特殊設計的包裝內，在這種包裝的盒子上標註有可通過網路系統查詢的編碼，方便在流通環節中進行真偽識別的產品。封裝幣一般不對產品的品相進行評定。

從目前市場中出現的封裝幣看，它們的本質是把某一相對較大的幣種板塊，通過特殊包裝，分解為一個相對較小的幣種板塊，期望引起收藏投資者關注，最終達到擴大銷售的目的。不出所料，這些封裝幣的市場表現確實不錯。

表8-9是圖8-13所示兩個幣種封裝數量與市場價格之間的對比分析表。如表8-9所示，這兩個幣種的封裝率分別為0.63%和4.69%，市場交易價格的差價率分別達到841.18%和103.69%，溢價驚人。在這裡人們可以清晰地看到特殊包裝形式也能創造價值的商業案例。

表8-9 　　　　　　　　　封裝幣數量價格分析表

幣種名稱	2015年1盎司熊貓銀幣	2011年1/2盎司熊貓金幣
封裝形式	初打幣	封裝幣
總發行量（萬枚）	800	21.315
封裝數量（萬枚）	5	1
封裝率	0.63%	4.69%
一般產品市場價（元）	170	3,682
封裝產品市場價（元）	1,600	7,500
溢價率	841.18%	103.69%

註：表中市場交易價格數據取自2015年8月。

與評級幣類似，封裝幣的優點是在包裝沒有損壞的前提下，由封裝企業對其真偽進行商業擔保，並可以在二級市場的流通中提供交易便利，但是它們也存在包裝溢價帶來的風險。由於封裝幣的市場溢價，不但與被封裝產品的文化藝術價值無關，同時也與它們的表面質量狀態無關，一旦產品包裝出現損壞，或被封裝產品的表面質量出現較大負面問題後，這些由包裝產生的溢價將蕩然無存。

目前在金幣市場中出現的這種新的產品包裝形式，完全是經營者為迎合收藏投資者心理創造出的一種市場行銷策略，目的在於獲取更大的商業利潤，如何正確定位它們的市場價值也要經受長期的市場檢驗。但這裡應該明確的是，雖然完好無損的封裝幣可為市場流通提供一些便利，但封裝幣玩的是產品包裝，玩的是被特殊包裝形式分離出來的相對較小的幣種板塊，因此也要警惕包裝溢價有可能帶來的風險。

五、關於數字崇拜問題

我國的現代貴金屬幣，特別是其中的紀念幣，在發售時一般都配有由政府主管部門領導簽發的證書，也有少部分特大和大中規格幣種在幣的邊緣打印有與證書編號相對應的號碼。所謂數字崇拜，主要是指人們對這些發行證書號碼或幣種邊部號碼的喜惡、挑剔和選擇。

與其他類似的藝術收藏品一樣，在我國現代貴金屬幣的收藏投資中，人們對號碼的選擇和對數字的崇拜早已有之。過去人們一般只是對民間普遍喜愛的吉祥數字比較重視，但在近些年的市場交易中，這種對數字的挑剔和顧及開始愈演愈烈。目前除了追捧一些吉祥數字外，已經開始排斥某些民間認為不吉利的號碼，例如，要求尾數無4、7，全程無4、7，等等。這些所謂不吉利號碼的交易價格已經明顯拉低，收藏投資價值也開始出現差異，形成了一種同質不同價的奇怪潮流。

對數字的崇拜起源於遠古時代原始人的愚昧無知，這種傳統傳承到當代已經成為一種根深蒂固的社會文化心理現象。作為一種文化傳統，人們對一些數字的厭惡和喜好是無可厚非，也無須指責的，但如果失去理性，走向極端也會產生不良後果。

首先，我們應該看到，對數字崇拜的動力來自於商業利益。為博取利益最大化，很多經營者往往利用人們的文化心理選項，通過各種方式和手段大力炒作所謂的吉祥數字或特殊號碼，在賺取超額利潤的同時，對數字崇拜潮流也起到推波助瀾的作用。其次，近幾年出現的排斥不吉利號碼的現象，更是精明的商人採取的一種壓價行為，完全是一種弱市反應。目前這種現象還在繼續蔓延和擴大，如果一旦形成一種趨勢性心理暗示，對市場健康發展肯定不利。

與流通紙幣不同，我國現代貴金屬幣的證書只是一種官方證明文件，與錢幣本身並不是不可分割的整體。嚴格來講，現代貴金屬幣的收藏投資價值與它們的「項目題材」「設計雕刻」「幣種」「規格」「材質」「發行量」「品相」等因素有關，而與證書號碼無關。只要是一枚品相完好的真品紀念幣，儘管證書丟失或根本沒有證書，也不會影響它們的收藏價值和市場價格。這其中需要特別引起注意的是，不能僅憑證書或證書號碼買入現代貴金屬幣。使用真證書販賣假幣，或使用修改證書號碼的方法欺騙收藏投資及消費者的現象已經屢見不鮮，投資者對此應該提高警惕，防範被證書號碼迷惑掉入陷阱。

隨著市場發展，特別是錢幣評級的推廣，已經開始出現幣、證分離現象。在目前的市場交易中，一方面證書的作用已經開始弱化，另一方面證書的單獨交易也日見頻繁。出現的這些新情況說明了什麼？如何認識證書的作用？如何弱化證書號碼

對收藏投資價值的影響？如何防範利用數字崇拜侵害收藏投資及消費者利益？如何使證書的設計與管理更好適應市場發展？這些問題不但值得深入研究，對引導市場健康發展也有現實意義。

六、關於樣幣問題

較長一段時間以來，在國內外的錢幣拍賣會上，我們經常可以看到一些所謂的中國現代貴金屬幣樣幣上拍。由於神祕性和稀缺性，這些樣幣往往會被當作收藏投資的佼佼者和頂尖藏品，受到一些人士熱捧，成為他們不惜重金追逐的目標。據不完全統計，近些年所謂現代貴金屬幣樣幣的上拍頻次已達數十次之多，市場中的成交數量也不少見，最高成交價已達一千多萬元，獲利空間巨大，市場價值凸顯。

為滿足設計和審定需要，在我國現代貴金屬幣的生產鑄造過程中，必然會出現一些實物樣品。這些樣品在行政和法律上屬於實物檔案，不屬於國家發行的法定貨幣。按照相關保密和管理條例，這些樣品本應長期存放在相關機構的檔案庫內，禁止流通和買賣。但由於某些人為原因或管理疏漏，其中的極少部分樣品已經流入民間。正是由於此種原因，這些實物檔案一旦進入市場，就成為一種資源稀缺的收藏品，並按照價值規律在錢幣市場上流動。

應該看到，按照以上定義，這些樣幣的來源和合法性存在很大疑點。由於這些樣幣大多屬於非正常流出，因此不可能得到官方的肯定和否定。特別是在巨大商業利益誘惑下，一定會有人偷換概念、張冠李戴，利用信息的不透明謀取不正當利益。甚至會有人敢冒天下之大不韙，編造美麗動聽的故事，進行偽造和詐欺的犯罪活動。現代貴金屬幣的樣幣市場是一池永遠也無法澄清的渾水，存在巨大的法律風險、道德風險和交易風險。

廣大收藏投資者要清楚地知道，我國現代貴金屬幣樣幣的品種和數量很少，流入民間的就更加稀少，要想真正見到這類樣幣的真品實屬不易。目前錢幣市場上流傳的一些所謂樣幣，實際上是否真實存在無人知曉。面對存在如此巨大風險的交易活動，收藏投資者應該敬而遠之，一般不要參與這些合法性存在質疑的交易。如果一定要參與，也要搞清楚歷史背景和來龍去脈，搞清楚其來源是否合法，同時加以技術上的甄別，在充分握有歷史佐證的前提下方可介入，切忌被神乎其神的「故事」欺騙，造成重大經濟損失。對於管理者來說，要認真吸取經驗教訓，進一步採取有效措施，一方面用法律和行政手段干預這些違法交易行為，另一方面切實加強對樣幣的嚴格管理，防止和杜絕現代貴金屬幣樣幣繼續流入民間。

第四部分　市場篇

第九章　市場體系

在市場經濟中，商品、價值和市場是一個有機整體。它們相互之間既有密不可分的聯繫，也各自處於不同的地位，具有不同的作用。對我國的現代貴金屬幣來說，不斷發展、完善的市場體系是實現這種商品市場價值的基礎，也是推動我國金幣事業發展的最根本保障。研究我國現代貴金屬幣的市場體系，主要包括市場的結構與特徵，各市場參與主體的構成、職能與現狀等內容。

第一節　結構與特徵

一、市場結構

1. 市場結構組成

我國金幣市場的組成結構見圖 9-1。

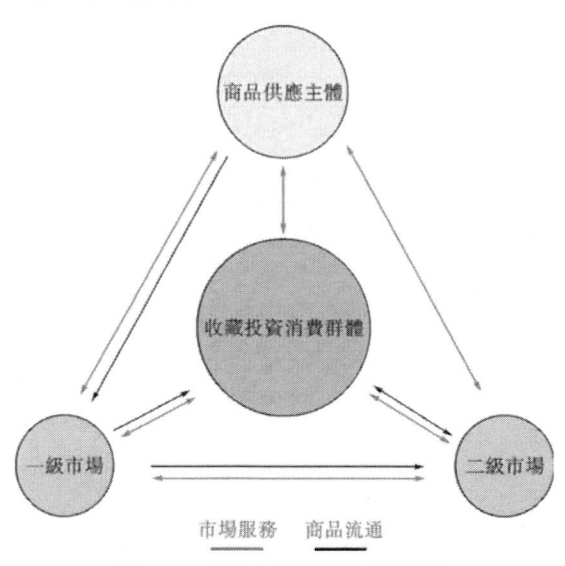

圖 9-1　中國金幣市場體系示意圖

（1）商品供應主體：我國的現代貴金屬幣是這個市場的商品主體。這種商品的

提供者就是商品的供應主體。他們由政府主管部門、國有專營企業和商品生產製造者共同組成,是全部商品的提供方,也是整個市場體系的源頭。

(2)收藏投資及消費群體:我國的現代貴金屬幣是用於收藏投資或消費的藝術商品,收藏投資及消費群體是這種商品的最終承接者,同時也是整個市場體系的中心和基礎。

(3)一級市場與二級市場:我國的現代貴金屬幣作為一種商品,在從產品向商品的轉化過程中,需要市場流通環節支撐。一級市場與二級市場將承擔這種職能,實現商品的發行、價值轉換和價值發現,成為連接商品供應主體與收藏投資及消費群體的橋樑和紐帶,是整個市場體系的血脈。

(4)市場服務體系:我國的現代貴金屬幣在市場流通中,需要第三方公正客觀的信息傳播、價值評估、市場分析、質量評定等市場服務支撐。這些市場服務功能將構成市場服務體系,它是整個市場體系的氣脈。

從圖9-1中可以看到,我國的現代貴金屬幣由商品供應主體設計鑄造后,首先直接通過一級市場或間接通過二級市場向收藏投資及消費群體進行物權轉移。後續的商品流通、價值轉化和價值發現將主要在收藏投資及消費群體與二級市場之間進行。在這一過程中,市場服務體系融會貫通於各個交易環節,為商品流通提供信息和服務保障。從更深層的視野觀察,市場體系還包括交易行為、交易效率、市場秩序和市場生態環境。

2. 一級市場與二級市場的經濟學定義

在我國的金幣市場中,長期以來在如何界定一級市場與二級市場的問題上一直存在不同意見和爭論。出現爭議的焦點主要在於,在一級市場交易規則的頂層設計上存在不同認識,在如何保護收藏投資及消費者權益的問題上存在利益衝突,而且不同利益群體都試圖在為自己的利益訴求尋找理論依據。進行界定的難點主要在於,在現有的一級市場體系中,不少經營者也可能是二級市場的參與者,兩者之間沒有明顯的形式邊界。但從規範發展市場的總要求出發,又必須對這個問題給出明確答案。

對於如何界定一級市場與二級市場,不同行業有不同的方法和標準。對我國的金幣市場來說,從它們的基本性質、屬性和發行原則出發,一級市場與二級市場的經濟學定義應該界定如下:

一級市場:特指在我國現代貴金屬幣發行過程中,包括國有專營企業批發環節,以及批發環節後進行第一次價值轉換的市場交易活動,它將主要承擔發行職能。

二級市場:特指在我國現代貴金屬幣流通環節中,在完成第一次價值轉化後,繼續進行價值轉換的市場交易活動,它將主要承擔后續的流通職能。

從以上定義中可以看到,區別一級市場與二級市場,主要應界定價值轉換的性質,不取決於經營者的市場位置和身分。我國的現代貴金屬幣屬於利用國家行政資源發行的法定貨幣,在面對公眾發行時,也就是在進行第一次價值轉換時,必須以公開、公平和公正的原則,通過一定規則,向廣大收藏投資及消費群體提供標準零

售價格的商品，避免利益集團從中漁利，這就是一級市場的基本職責，也是對第一次價值轉換提出的基本要求。這種商品在完成第一次價值後，即可進入二級市場進行自由買賣，市場交易價格由供需關係確定。

一級市場和二級市場的經濟學定義，不僅僅是理論上的界定，同時對規範市場秩序、維護市場公平正義、保護收藏投資及消費者權益也有現實意義。

二、市場特徵

與市場經濟中的其他市場相比，我國的金幣市場具有以下特徵。

1. 二元結構特徵

所謂二元結構特徵主要是指，我國的金幣市場是由完全壟斷的一級市場與近似完全競爭的二級市場共同組成的市場，兩個市場通過商品的第一次價值轉換實現對接。

對我國現代貴金屬幣的發行和一級市場來說，由於這種商品的專營性，決定商品的發行和一級市場是一個完全壟斷的市場。這種壟斷性具體體現在：①資源壟斷，即現代貴金屬幣的發行使用的是國家行政資源，這種行政權力具有排他性，這也是現代貴金屬幣貨幣溢價因素的源泉。②渠道壟斷，即進入一級市場具有限制條件和准入制度，不是所有經濟實體都可隨意進入。這種限制條件和准入制度由國有專營企業負責制定和解釋。③價格壟斷，即一級市場中的批發價格和標準零售價格由國有專營企業根據利益最大化原則自主確定。雖然我國現代貴金屬幣的發行和一級市場具有完全壟斷特性，但它同時也會面對潛在的競爭威脅，很難做到隨心所欲，特別是由於受到需求和成本的不確定性影響，其產量和價格的制定也受到制約，以實現利益最大化。

對二級市場來說，它是一個近似完全競爭的市場。這種競爭性主要表現在二級市場的參與者眾多，沒有進入和退出限制，價格由供需關係確定，在藝術收藏品中不具唯一性，市場充滿不確定因素等方面。

在我國當前的市場經濟中，由於商品性質的差異，金幣市場的二元結構特徵形成了自己最大的特色。特別是在藝術收藏品市場中，如與金幣市場相比，其他主要藝術收藏品市場一般均不具備這種特徵。正是由於我國金幣市場具有的二元結構，在一級市場與二級市場的連接之處，即在這種商品進行第一次價值轉換時，是利益分配的關鍵節點，也成為評判市場是否公平的重要觀察點。

2. OTC 市場特徵

OTC（Over The Counter）市場主要是指場外交易市場，它對應於股票市場的集中交易模式，是一種非封閉的市場。我國的金幣市場也屬於場外市場，即 OTC 市場，不存在也不可能存在全國統一的封閉式交易平臺。這種市場特性決定了，在我國的金幣市場中，信息的對稱度、交易價格的透明度和交易效率的水平相對較低，交易成本相對較高，同時也存在易於被資金操控的市場現象，正是由於這種市場特性，使現代貴金屬幣的流動性和變現能力降低，市場發展的不確定性增強，市場亂象頻

出，監管難度加大，同時也增添了在市場中博弈的魅力與想像力。

由於我國的金幣市場具有典型的 OTC 市場特徵，很多市場現象都能從這裡找到觀察點和合理解釋。例如，同一幣種在同一時間段內由於地點不同交易價格可能差距較大，市場的真實交易狀況很難把握，某些幣種買入賣出時會覺得很不順暢等。正確看待這種市場特性，不斷適應這種市場特性，從中找尋改善市場環境的對策，將是全體市場參與者需要面對的永恆課題。

我國的金幣市場與全國的藝術收藏品市場同屬 OTC 市場，特別是其中的二級市場，融會在整個藝術收藏品市場之中，不存在獨立封閉的市場狀態，整個藝術收藏品市場的環境和條件將會對我國金幣市場的發展帶來影響。觀察我國金幣市場的市場體系，要從整個藝術收藏品市場的大環境出發，研究其中各種市場行為的相互輻射、相互作用與相互影響，在全局中探尋自己的發展特色和路徑。

3. 利益博弈特徵

市場經濟就是利益經濟，與其他市場相同，在我國的金幣市場中所有的市場主體都以經濟利益為目的參與市場交易活動。我國的現代貴金屬幣作為一種藝術商品，其文化藝術價值已經變為依附於這種商品之上的為經濟利益服務的特殊符號。從商品的供應主體來講，獲取經濟利益是他們經營的主要動力，而現代貴金屬幣的文化藝術價值就是在為他們的經濟利益服務。從收藏投資及消費群體來講，保值增值或取得收藏投資的比較優勢，是他們參與市場的最主要目的。從一級市場、二級市場的經營者來講，獲取利潤是他們參與市場的最根本目標。特別是在進行第一次價值轉換時，各種利益的搏殺尤為突出。從市場服務體系來看，在他們為市場提供服務的同時，也在取得相應的經濟回報。經濟利益是市場發展的潤滑劑，它會煥發出市場參與者的無限熱情和創造能力。經濟利益也是市場發展的干擾劑，造成利益失衡、利益侵害、利益輸送、權力尋租、惡性競爭、唯利是圖、製假販假、坑蒙拐騙等市場亂象。使用經濟利益這個放大鏡來觀察各種市場現象，是解讀其背後成因的有力武器。

在發展我國的金幣市場中，面對經濟利益的博弈，一方面，要充分發揮無形之手的作用，承認和重視全體市場參與者的利益訴求，利用經濟利益這個槓桿，調動全體市場參與者的積極性和創造性，鼓勵創新多種交易形式和手段。另一方面，要充分發揮有形之手的作用，實現有效的行政監管，保證市場參與者之間的利益均衡，促進市場良性競爭，堅決打擊各種利益輸送、利益侵害和違法犯罪活動，保證市場環境健康有序，努力實現社會利益最大化，形成市場科學健康有序發展的良好局面。

4. 市場體系尚需完善的特徵

我國的金幣市場從無到有、從小到大經歷了 37 年的發展道路。在這 37 年不長的發展歷程中，市場規模不斷擴大、市場要素逐漸形成，資本關注度不斷提高，社會影響力也穩步提升，取得了世人矚目的發展成績，對此應該給予充分肯定。但總結這個市場的發展，既有繁榮的景象，也有低迷的場景；既有值得記載的發展成績，也有不容忽視的經驗教訓；既有逐步形成的市場體系，也有尚需治理的市場亂象。

整個市場形態與成熟市場還有一定差距，顯示出市場體系尚需不斷完善的基本特徵。特別是發行管理體制尚需進一步改革進步，一級市場公開、公平、公正的原則亟待徹底落實，二級市場需要加快發展，價值取向需要趨於平衡，交易效率有待不斷提高，交易行為和市場秩序仍需不斷規範，市場服務體系還要豐富健全。如何在成績與問題、困難與機遇、希望與挑戰面前不斷完善整個市場體系，始終是擺在全體市場參與者面前的首要任務，同時也是伴隨我國金幣市場科學發展全過程的永恆主題。

第二節　商品供應主體

一、主要構成

我國金幣市場的商品供應主體由以下部分構成：

（1）貨幣發行部門：根據國家法律規定，我國的中央銀行，即中國人民銀行是負責發行現代貴金屬幣的主管部門。中央銀行將負責制定發行計劃並組織實施，承擔貨幣發行和市場管理職責。

（2）國有專營企業：中國人民銀行直屬的中國金幣總公司，是負責經營我國現代貴金屬幣的國有專營企業。中國人民銀行在履行中央銀行貨幣發行職責的過程中，授權所屬國有專營企業具體負責現代貴金屬幣的項目規劃、設計、鑄造和發售等工作，實行政府行政權力的企業化運作模式。目前國有專營企業既承擔部分政府行政職能，也承擔商業化運作任務，是整個商品供應主體的重要組成部分。

（3）造幣企業：目前承擔我國現代貴金屬幣設計鑄造任務的造幣企業有三家，它們分別是深圳國寶造幣有限公司、上海造幣有限公司和瀋陽造幣有限公司。這些企業負責按計劃承擔現代貴金屬幣的設計和鑄造任務，是整個商品供應主體的物質基礎。同時還有一些社會企業，負責產品包裝和證書印製等必需的配套服務。

二、主要職責

根據我國現代貴金屬幣的基本定義和性質，商品供應主體將主要承擔以下職責：

1. 制訂並實施發行計劃

發行現代貴金屬幣是政府行為，是國家根據需要進行的一項貨幣發行工作，制定嚴肅科學的發行計劃是商品供應主體應承擔的主要職責。制定發行計劃一方面應反應國家意志，另一方面也要適應市場的需求和變化，為公共利益和發展我國的錢幣文化事業服務。制訂發行計劃應從長遠規劃出發，不應為發行而發行，也不應受到其他不當利益的裹挾，更不應盲目透支我國寶貴的文化題材資源。總之，制訂發行計劃應排除部門利益和企業利益的干擾，保證國家貨幣發行權的獨立性、嚴肅性、合理性和規範性。

2. 組織產品的設計和鑄造

我國的現代貴金屬幣不但是國家的法定貨幣，更是藝術收藏品，組織設計和鑄造出藝術精品也是商品供應主體應承擔的重要職責。設計和鑄造藝術精品，首先應按藝術收藏品市場的規律辦事，充分調動社會中蘊藏的各種設計力量，打破各種人為設定的條框限制，用藝術手段充分展現我國優秀的歷史文化和發展建設成就。設計和鑄造藝術精品，還要努力提高生產的技術水平和創新能力，切實保證產品質量達到較高要求。總之，向廣大收藏投資及消費群體奉獻一枚枚具有豐富藝術感染力和收藏價值的藝術精品，是組織設計鑄造我國現代貴金屬幣的基本任務，同時反應了我國造幣技術的最新發展。

3. 厘定銷售價格並組織發行工作

發行現代貴金屬幣使用的是國家行政資源，同時又要採用壟斷方式經營，如何厘定合理價格和組織有序發行也是商品供應主體應承擔的重要職責。受商品性質決定，我國的現代貴金屬幣必然要採取壟斷方式經營。在這種壟斷經營環境下，為實現利益均衡，應保證在程序合法和實現有效行政監管的條件下，完善批發價格和零售價格的形成機制，既保證國有專營企業的合理利潤，又保護其他市場參與者的利益。在一級市場的發行工作中，應從廣大收藏投資及消費群體的根本利益出發，按照市場公平原則，進行一級市場銷售規則的頂層設計，實現市場的三公原則，避免利益輸送、利益侵害和利益分流。總之，做好價格制定和發行工作，應遵循有效實施行政監管和公平行使行政權力的原則。

4. 做好市場宣傳和服務工作

我國的現代貴金屬幣是面對公眾發行的藝術收藏品，它的受眾是廣大收藏投資及消費群體，做好市場宣傳和社會服務也是商品供應主體需要承擔的重要職責。做好宣傳和服務工作，要保證各種銷售信息的公開透明，徹底實施無保留的陽光政策，實現信息平等和信息共享，避免暗箱操作和信息不對稱。做好宣傳和服務工作，應利用多種傳播媒介和形式，全面、公正、客觀地介紹商品的文化藝術價值和收藏投資價值，避免信息失衡和信息誤導。做好宣傳和服務工作，應與廣大受眾建立有效的聯繫和互動渠道，廣泛聽取社會各界的各種意見和建議，及時收集各種市場動態，為改進發行工作服務。總之收藏投資及消費群體是市場的中心和基礎，為這一群體服務應成為發展中國金幣事業的出發點和歸宿。

5. 加強市場的監督管理

由於各種利益的博弈，發展健康有序的中國金幣市場，只靠無形之手是不行的，還必須充分發揮有形之手的作用，因此加強對市場的行政監管也是商品供應主體應履行的重要職責。加強行政監管，除了上邊提到的監管內容外，還應會同政府其他部門，堅決治理和打擊市場中出現的各種違規經營、利益傷害、製假販假、坑蒙拐騙等違法犯罪行為，維護市場正常秩序。總之，發展我國的金幣市場既要注重發行銷售，也要關注市場管理，雙管齊下，才能保證整個市場科學健康有序發展。

第三節　收藏投資及消費群體

在經濟學中，投資和消費是兩個不同的概念。投資一般指的是一定經濟主體為了獲取預期的不確定效益而將現期的一定收入或其他資源轉化為資本的經濟活動。消費特別是個人消費一般是指利用社會產品來滿足人們各種物質和精神文化需求的過程。在我國金幣市場的需求結構中，有明顯的消費特徵，例如，有些機構或個人購買這種商品的目的就是用於饋贈，這是典型的消費行為。另外也存在明顯的投資特徵，例如，有些人購買這種商品的目的就是賺錢盈利，這是典型的投資行為。但是從大多數受眾的情況看，兩種目的兼而有之。他們一方面在享受收藏過程，滿足自己的精神文化需求；另一方面關注這種商品的保值增值性能，試圖獲取經濟回報。從總體上觀察，在我國金幣市場的大多數需求構成中，投資與消費之間沒有十分清晰的界限，因而可以把這個群體統稱為收藏投資及消費群體。

我國的現代貴金屬幣本質上是用於收藏或投資的藝術商品。作為這種商品的需求方，廣大收藏投資及消費群體是整個市場體系的中心與基礎，這個群體的結構組成、價值取向和動態變化，將直接影響市場的發展和變化。沒有穩定擴大的收藏投資及消費群體，整個市場就是無源之水和無本之木。

一、群體結構

與其他藝術收藏品相同，我國金幣市場的收藏投資與消費群體是由多種成分構成的，他們參與市場的目的和行為各不相同，形成了複雜多樣的組成結構。

1. 博物館收藏

目前在我國的很多專業機構、金融機構、省市地區和民間的博物館中，都可以看到我國現代貴金屬幣的身影，但目前這些機構館藏的數量非常有限。

2. 企業收藏

企業收藏是指使用企業資金購買的現代貴金屬幣。企業收藏主要是為滿足企業品牌和文化需求購買現代貴金屬幣，並將它們存放在企業內用於收藏或展示。目前這種收藏需求已經出現，成為企業資產配置和財務安排的助手。這種收藏形式也不是我國金幣市場收藏結構的主流。

3. 私人收藏群體

目前私人收藏群體是我國金幣市場收藏投資及消費群體的重要組成部分，它的結構比較複雜，其中主要包括以下兩個群體。

（1）以收藏為主要目的的群體。這是具有一定專業知識的群體，他們購買現代貴金屬幣時除了經濟上的考慮之外，主要是看重它們的文化藝術和鑒賞價值，較少頻繁交易。這部分人群對現代貴金屬幣有較深的認知度，持之以恒，不離不棄，是整個收藏投資群體中最堅定的力量，同時也可以起到收藏投資的示範作用。

（2）以投資為主要目的的群體。在這個群體中又可細分為相對穩的群體和相對不穩定的群體。

①相對穩定的群體：這部分人使用一定資金購買現代貴金屬幣的主要目的是長期看好它們的市場增值潛力，其次才是收藏鑒賞。他們在市場中久經歷練，根基扎得比較牢固，能較好把握市場脈搏，不會輕易離場，並且在市場交易活動中不斷倒倉換幣，增加籌碼，以藏養藏，比較活躍，是個人收藏投資群體的主流之一，也是發展市場最重要的經濟基礎。

②相對不穩定的群體：這部分群體大多是涉市不深的新人，他們最主要的特點是缺乏必要的錢幣知識，也缺乏對市場運行規律和風險的認識。這部分人在不當信息導向下，以賺錢營利為期望，盲目入市。當整個市場處於牛市時，他們會大量出現，當市場處於低潮時又會較快消失，是市場風險的主要承受者和最不穩定的因素。

4. 禮品消費群體

禮品消費群體由集團消費和個人消費兩部分構成。集團消費主要是指購買支出來源於企業資金，購買現代貴金屬幣的主要目的是為了贈送和發放禮品。個人消費主要是指購買支出來源於私人資金，購買現代貴金屬幣的主要目的是用於個人的禮尚往來。過去一段時間，集團消費佔有一定比例，但目前受各種因素影響，集團消費變化較大而且不穩定。個人消費正處於不斷發展之中，有可能形成新的需求增長點。

5. 經營群體

經營群體主要是以盈利為目，靠經營錢幣為生的群體。這部分群體大多以經營實體形式出現，他們買入現代貴金屬幣的主要目的就是賺錢謀生，相對比較穩定。目前在我國金幣市場的零售體系之外，這種經營群體大量存在，而且有相當一部分市場存量貨源控制在他們手中。這個群體是我國錢幣二級市場的經營主體，也是市場流動的倉庫和蓄水池，對我國金幣市場的穩定發展關係很大。在這裡需要指出的是，經營群體和收藏投資群體之間會發生轉化。有的經營者是從收藏投資者轉化而來，而有些經營者也會轉變為收藏投資者甚至收藏錢幣的專家。

6. 投機群體

投機群體既不是投資收藏群體也不是經營群體，他們是專門針對買賣差價進行投機套利的群體，就是民間所說的「過江龍」。現代貴金屬幣在他們眼中只是左手倒右手的籌碼，一旦見到利潤就會不顧一切地投入金錢和時間，瘋狂進行倒賣、投機和套利，當看不到利差後，就會銷聲匿跡，沒有了蹤影。這是我國金幣市場最不穩定的因素，而且這部分人往往可以通過某種特殊關係或渠道搞到大量廉價貨源，對市場體系的健康發展危害極大。

二、價值取向

所謂價值取向主要是指不同群體投入資金購買這種商品的目的。由於我國金幣市場收藏投資及消費群體的多樣性和複雜性，他們的價值取向也有很大差別。

1. 文化藝術價值

我國的現代貴金屬幣具有豐富的文化藝術內涵，它們在記錄歷史文化、滿足收藏鑒賞精神需求、宣傳教育和發展創造錢幣文化等方面起到了一定作用，由此吸引了很多收藏者的目光。這部分群體介入市場的主要考量是這種商品的文化藝術價值，收藏、研究和鑒賞讓他們傾註了很大精力和財力，愛好和執著成為支撐他們不懈參與的動力，經濟利益並不是他們最重要的選項，這就是這部分群體的價值取向。不斷向市場輸送高質量的藝術精品，將會鞏固和擴大這個群體的體量。

2. 收藏投資價值

在我國的金幣市場中，由於受到各種環境和條件影響，目前以收藏為主要目的的群體畢竟還是少數，絕大部分人群是以投資增值為主要目的，買進的目的就是在將來的某個時機賣出，他們的價值取向就是保值增值、獲取投資回報，文化藝術價值只是他們判斷收藏投資價值的重要因素，收藏鑒賞處於輔助位置。在歷史發展中，由於我國的現代貴金屬幣在總體上呈現出一種增值趨勢，由此吸引了大量群體的關注和介入，其中特別是相對穩定的投資收藏群體已經成為整個收藏投資群體中最基礎最活躍的力量。從發展我國金幣市場的全局出發，應該充分肯定和滿足這部分群體的價值取向和利益訴求，努力提高我國現代貴金屬幣的保值增值特性和投資價值的比較優勢，利用經濟利益這個槓桿，帶動收藏投資群體的擴大和錢幣文化的發展與普及。

3. 研究及展示價值

我國的現代貴金屬幣不但是藝術收藏品，同時也是國家的法定貨幣，代表了國家的意志和形象，體現出我國造幣技術的發展水平，是整個中國錢幣文化發展歷史的組成部分，目前已經開始受到各種博物館和一些企業的關注，成為他們收藏、研究和展示的目標。當下能夠進入博物館和企業的藏品，一般都經過精心挑選，文化藝術價值較高，體現出這些機構的價值取向，並可在宣傳推廣中國金幣文化中發揮重要作用。隨著我國文化事業的發展和企業素質的提高，相信今后用於研究和展示的數量會逐步增加，我國金幣文化的社會地位也會大幅提高。

4. 公關和饋贈價值

饋贈禮品是現代商業拓展業務的重要形式，同時也是民間進行感情溝通的重要手段。我國的現代貴金屬幣由黃金白銀鑄造而成，又具有一定的紀念意義和文化意義，這種價值取向已經成為高檔禮品的重要選項之一，特別是在金融機構拓展業務和中國重大的傳統節日時，這種消費傾向較為明顯，市場潛力很大，值得深入挖掘和擴展。

5. 投機和套利價值

雖然「投機」和「套利」這兩個詞彙聽起來有些不夠高雅，但我國的現代貴金屬幣作為一種商品，這種價值取向也是不可避免的。目前的市場現狀是，在一些資本眼中，我國現代貴金屬幣的文化藝術價值已經完全被弱化，成為一種投機和套利的籌碼，特別是在郵幣卡電子交易平臺中，這種傾向尤為明顯。市場經濟是複雜的，

進行商品的投機和套利也是一種較為普遍的市場現象，而且適度投機也不完全是壞事，它可吸引量資金進場，激發市場活力。由於過度投機會造成市場的巨大波動，是一種市場不穩定因素，應該將其控制在法律法規允許的邊界之內，盡量減少傷害市場的平穩發展。

三、總體分析

通過分析群體結構和價值取向可以看到，目前我國金幣市場的收藏投資及消費群體具有以下主要特點。

（1）在目前的需求結構中，占比最大的價值取向是投資盈利，收藏鑒賞群體處於相對弱勢地位。從目前的狀況看，對收藏投資群體中的大多數人來說，更加看中的是現代貴金屬幣的投資價值和增值預期，對它們的文化藝術價值關注研究不夠，存在價值取向重心偏移傾向，特別是有時盛行投機炒作，顯示出資本的逐利本質。目前的這種市場狀況，一方面表現出市場發展的階段性特徵，另一方面也說明整個市場離成熟市場還有一定差距。

（2）在目前的需求結構中，總量不穩定也是重要特點。這種不穩定主要表現在：①由於大量存在相對不穩定的收藏投資群體和投機群體，使得需求結構會隨市場走勢發生較大變動。牛市時的熙熙攘攘與熊市時的門可羅雀就是這種內部結構特點的生動表現。②集團消費的需求結構也處於不穩定狀態。其中特別是隨著國家治理方向的變化，不合規的集團消費受到很大遏制，呈現出集團消費大幅下降的趨勢。

（3）在需求結構中，會出現群體性質的轉變。例如，在收藏投資者與經營者之間，有些收藏投資者會轉化為錢幣經營者，而有些錢幣經營者也會成為收藏專家。在收藏投資者中，部分不穩定的收藏投資群體經過市場歷練也會逐步轉化為穩定的收藏投資群體。特別是在禮品消費的受眾中，其中有很多人會從禮品的接受者逐步轉變為主動的購買者或收藏投資者。

如何不斷擴大我國金幣市場的收藏投資及消費群體，逐步改善需求結構。首先，要大幅提高我國現代貴金屬幣收藏投資價值的比較優勢，利用經濟利益槓桿，壯大以投資為主要目的的收藏隊伍，用這些人群的盈利效應帶動和吸引更多資金和人群關注，從而大幅提高參與群體的體量。其次，要注重我國現代貴金屬幣文化藝術價值的研究和挖掘，積極宣傳收藏群體的理念和實踐活動，充分發揮他們的示範作用，逐步扭轉價值取向重心偏移傾向，使我國的金幣市場逐步向成熟市場邁進。再次，擴大群體和改善結構，應注意充分挖掘具有正向能量的集團和個人禮品消費，利用多種渠道擴大中國金幣的社會影響力和傳播力，將更多的禮品受眾群體轉變為收藏投資群體。最後，要注意引導博物館收藏和企業收藏，遏制過度投機群體，促使收藏投資及消費群體的良性發展。

四、加強市場調查

收藏投資及消費群體是我國金幣市場的中心與基礎，這個群體的組成結構、價

值取向和動態變化將決定整個市場的發展潛力，對這個群體的狀況進行系統調查和研究是指導制定發展戰略的必備條件。過去一段時間，對收藏投資及消費群體的市場調查始終是弱項，認識水平處於盲目的定性狀態，很少見到具有一定指導作用的調查成果。如何加強這方面的研究工作，不但十分必要，而且十分急迫。

進行收藏投資及消費群體的市場調查至少應該包括以下主要內容。

1. 商品認知度調查

（1）我國的消費群體數量巨大，消費的商品種類成千上萬。在這個巨大的市場中，到底有多少人知道我國的現代貴金屬幣，它由誰發行，有何價值，如何買賣。通過這項調查將可瞭解我國現代貴金屬幣在整個民眾中的認識度及其市場地位。

（2）我國藝術收藏品的門類龐雜，現代貴金屬幣只是其中之一。在全國的收藏群體中，有多少人介入收藏了現代貴金屬幣，介入的原因是什麼；多少人沒有介入，沒有介入的原因是什麼。通過這項調查，將瞭解全國的收藏投資群體對我國現代貴金屬幣的認知度和參與度。

（3）在錢幣收藏中，既有紙幣也有硬幣，在硬幣收藏中既有歷史貨幣也有近代機制幣，我國的現代貴金屬幣只是其中一部分。在全國的錢幣收藏隊伍中，到底有多少人介入收藏了現代貴金屬幣，介入的原因是什麼，是各種錢幣全面介入，還是單一介入現代貴金屬幣，如果沒有介入，沒有介入的原因是什麼。通過這項調查將瞭解我國現代貴金屬幣在錢幣收藏中的地位和認知度。

2. 收藏投資及消費群體調查

（1）目前我國現代貴金屬幣收藏投資及消費群體的人數到底有多少，眾說紛紜，在總體數量上沒有概念，對此應進行系統調查。

（2）在參與的群體中，購買的動機是什麼，是單純收藏，還是收藏投資，還是投資收藏，或僅僅以投資為目的。

（3）在參與的群體中，收入狀況如何，文化水平狀況如何。

3. 持有狀況調查

（1）在收藏投資現代貴金屬幣的群體中，一般持有的時間是多長，是長期持有、中期持有，還是短期持有。

（2）喜歡怎樣的題材、材質、幣種和規格，是進行專題收藏還是僅關注自己喜愛的品種。

（3）在收藏投資中，損益狀況如何，是全部盈利、全部虧損，還是損益兼有，如何預判自己持有幣種將來的損益概率，是否具備面對虧損的心理承受能力。

從歷史發展的較長時間跨度觀察，隨著我國經濟的發展和人們物質文化生活水平的提高，我國金幣市場收藏投資及消費群體的不斷擴大將是一種發展趨勢。回顧20世紀七八十年代的狀況，收藏投資群體寥寥無幾，而今這種狀況已經一去不再復返。展望今後的發展，只要市場管理者按市場規律辦事，不斷完善整個市場的生態環境，滿足廣大收藏投資及消費群體的需求，我國金幣市場的受眾規模就一定會不斷發展壯大。

第四節　一級市場與二級市場

一級市場與二級市場是我國金幣市場體系的重要組成部分，它們既有區別也存在聯繫，前者主要承擔發行職能，后者主要承擔后續的流通職能，這兩個市場在現代貴金屬幣的第一次價值轉換中實現對接，共同成為連接商品供應主體與收藏投資及消費群體的橋樑與紐帶，是整個市場體系的血脈。

一、一級市場

一級市場主要是指我國現代貴金屬幣的發行市場，主要任務是通過這種商品的第一次價值轉化，向廣大收藏投資及消費群體銷售現代貴金屬幣。

1. 組成結構

（1）國有專營企業的直屬銷售公司：國有專營企業是商品供應主體的重要組成部分，同時它的四家下屬公司也承擔國內一級市場的銷售任務。

（2）特許經銷體系：特許經銷體系是按照國有專營企業制定的管理要求和准入制度建立起來的一級市場銷售體系。目前在這個體系內大約有 95 家企業，遍布全國各地的主要城市。

（3）商業銀行銷售系統：這個系統是從 2002 年開始啓動，近幾年發展較快，目前大約已有 10 家商業銀行與國有專營企業建立了戰略合作夥伴關係。

（4）指定銷售機構：根據項目的不同特點，國有專營企業會一次性配給有關機構或企業一定比例的銷售配額，完成相關項目的零售任務。

（5）海外機構：國有專營企業在香港地區設有一家直屬公司，負責拓展我國現代貴金屬幣的海外市場。

2. 市場特性

（1）由於一級市場的壟斷經營特性，進入這個市場需要准入條件，由國有專營企業審批同意，不能隨意進入。

（2）經營實體的資本結構多樣，其中既有國有企業，也有民營企業，還有多種經濟成分混合型企業。

（3）企業的經營範圍相對廣泛，目前專門經營現代貴金屬幣的企業較少，大多數企業同時經營其他錢幣和黃金業務。其中有些企業已經開始涉足與錢幣相關的其他增值業務。當然也有企業把經營現代貴金屬幣視為附加的臨時業務。

（4）銷售的渠道和方式多樣，過去以店面銷售和直接進入二級市場銷售為主，近些年開始出現會員制客戶服務系統，特別是隨著電子商務的發展和普及，網路直銷發展較快，大多以 B2C 形式出現，市場擴散能力增強。

（5）一級市場和二級市場的形式邊界不清，很多企業既是一級市場的經營者，也是二級市場的參與者，不能僅憑企業的身分和經營地點判斷商品銷售的性質。

3. 市場狀況

我國現代貴金屬幣的一級市場從 1984 年 9 月正式啟動，從最初的三家門店逐步發展擴大到由 69 家特約經銷商和 5 家直屬機構組成的銷售體系。為適應市場發展，從 2005 年 6 月開始，對特約經銷體系進行逐步改造，目前形成了由 95 家特許經銷商組成的新銷售體系。與此同時，從 2002 年起開始逐步引入商業銀行參與銷售，目前參與銷售的商業銀行逐漸增多。隨著近年來電子商務的迅猛發展，借助網路平臺銷售已經成為一種全新業態，國有專營企業所屬公司的網路直銷比例不斷加大，為實現公平與效率的最佳組合提供了新路徑。總之，隨著市場的發展和擴大，我國金幣市場的銷售體制正在不斷發展和進步。

在肯定不斷發展與進步的同時，也應看到一級市場經銷體系存在的一些問題。目前在這個零售體系中，公眾對有些項目的分配去向全然不知，陽光工程沒有得到全面落實；有些零售企業利用一級市場和二級市場的差價高價銷售商品；有些零售企業在銷售商品時，搭售其他無關商品；還有些商品只有通過關係才能從某些特殊渠道得到。這些銷售行為的本質是利用或尋求壟斷優勢，以零售企業追求利益最大化為目的，提前透支本應屬於收藏投資及消費群體的增值預期，加大了這一群體的收藏投資風險，嚴重侵害了處於市場弱勢群體的權益，違背了國家法定貨幣和行政資源類商品的基本銷售原則。由於我國的現代貴金屬幣在進行第一次價值轉換時可能存在巨大利差，因此這個關鍵節點成為某些利益集團眼中的唐僧肉，對其的利益角逐和廝殺異常激烈。造成這種現狀的根本原因是，目前一級市場的頂層設計是以國有專營企業利益最大化和無風險經營為目標設計的，沒有充分考慮廣大收藏投資及消費者的權利和市場公平，同時也容易形成滋生權力尋租和腐敗的土壤。我國的現代貴金屬幣作為一種政府行政資源類藝術商品，在進行第一次價值轉換時，應從收藏投資及消費群體的根本利益出發，將二級市場的增值預期全部讓利給廣大收藏投資及消費群體，真正實現一級市場的公開、公平和公正。資本的逐利本性是由天性造成的，改變目前一級市場中出現的這些不合理現象，根本上應從零售體系的頂層設計入手，對目前的零售體系實施進一步改革，排除利益糾結和制度設計漏洞，促使我國金幣市場的發行體制向更加規範的方向發展。

二、二級市場

二級市場主要是指在現代貴金屬幣完成第一次價值轉化後，繼續實現價值轉換的市場，主要承擔後續的流通職能。

1. 組成結構

我國金幣市場的二級市場並不特指某一固定不變的交易平臺，而是一個經濟概念，涵蓋現代貴金屬幣在完成第一次價值轉換後的所有價值轉換活動，它只與交易的性質有關，與交易的地點和形式無關。一級市場內的經營者也可能是二級市場的參與者，例如，國有專營企業所屬機構開展的普制熊貓金幣回購業務就屬於二級市場交易行為。目前的二級市場由多種經濟成分構成，各種經濟力量都在不同程度地

介入這個市場，其中民間資本大於國有資本。二級市場主要由以下結構組成。

（1）集中交易平臺：所謂集中交易平臺是指，資本實體為買賣雙方搭建的交易場所或交易途徑。這種集中交易平臺通常是有償的，它在給買賣雙方提供交易條件時，獲取相應的資本回報。

目前二級市場的集中交易平臺主要有以下五種。

①遍布全國各地的郵幣卡現貨交易市場，這是二級市場的最初形態，也是最傳統的交易場所。在這種交易場所內聚集了眾多的賣家和買家，是現代貴金屬幣重要的集散地。

②各種現場拍賣會，是二級市場重要的集中競價交易平臺，一些稀有或貴重幣種，往往通過這種集中交易平臺實現價值轉換。

③各種博覽會、展銷會也是重要的集中交易平臺，這種展銷活動會定期或不定期舉辦，為實現價值轉換提供了輔助渠道。

④電子商務平臺是近些年來隨著網路技術發展，出現的一種全新交易模式。這種C2C電商模式促成了網路拍賣、微信拍賣和信息仲介的迅速發展。其中特別是網路拍賣的發展速度非常迅速，年度成交額已經大大高於現場拍賣，成為目前最重要的集中競價拍賣平臺。

⑤從2013年10月起，國內市場出現了一種全新的郵幣卡電子交易平臺。截至2015年6月，全國已有7家電子交易平臺掛牌交易現代貴金屬幣，共涉及77個幣種，掛牌交易數量占全部幣種總數的6.39%。在郵幣卡市場中出現的電子交易平臺是一種新生事物，已經引起市場普遍關注。

（2）非集中交易平臺：所謂非集中交易平臺是指，沒有利用上述集中交易平臺進行交易的形式。過去一段時間，非集中交易平臺大多以實體店面形式遍布全國各地，相對比較分散，是一種傳統的店面商業模式。隨著電子商務的成熟和發展，目前以B2C形式出現的網路銷售發展較快，成為商家銷貨的新手段。總之，非集中交易平臺與集中交易平臺各成一章，相互補充，也是二級市場中重要的價值轉換方式。

（3）私下交易方式：在二級市場的價值轉換過程中，有很多交易活動沒有借助任何交易平臺，而是在買家與賣家之間通過私下交易實現的，特別是在收藏投資者之間的很多買賣，都是通過這種形式完成，直接的交易成本相對較低。

2. 主要職能

在我國現代貴金屬幣的市場體系中，二級市場將主要承擔以下職能。

（1）價值定位職能。

由於一級市場屬於完全壟斷的市場，這一市場的價格形成機制並非由市場撮合形成，與市場認可的價格必然存在或高或低的誤差。當現代貴金屬幣完成第一次價值轉換進入二級市場後，一級市場制定的價格將受到二級市場的檢驗和調定，在某一時段形成二級市場的交易價格。人們可以看到，當某一最新發行的幣種進入二級市場後，經常會出現價格高開或低開的情況，這就是二級市場的價值定位職能，是二級市場對一級市場定價機制的正常反應。

（2）市場擴散職能。

由於目前一級市場覆蓋能力有限，不可能完全輻射整個市場需求。特別是經過二級市場的價值定位后，市場需求格局會產生影響和變化，此時這種商品的流通將主要通過二級市場實現，並通過市場機制向需求者擴散，這就是二級市場的市場擴散職能。

（3）存量調蓄職能。

二級市場中有眾多經營者參與，具備相應的庫存週轉是實現經營的基本條件。在我國現代貴金屬幣的流通過程中，並不是所有商品都在收藏投資及消費群體手中，而是處於中間經營環節，形成經營性沉澱。根據市場行情變化，這些處於中間經營環節的商品，不斷地在經營者與收藏投資及消費群體之間動態流動。當市場處於牛市時，處於中間環節商品的存量相對較少；當市場處於熊市時，處於中間環節商品的存量相對較大。這就是二級市場的存量調蓄職能，它就像一個蓄水池，不斷地在供給與需求之間進行調節，發揮平衡市場的重要作用。

（4）價值發現職能。

由於受多種複雜因素影響，在我國現代貴金屬幣完成第一次價值轉換進入二級市場后的初始價值定位不是一成不變的，它們的文化藝術價值和收藏投資價值在供需關係的長期博弈中將會不斷產生變化。上市高開的幣種有可能在時間的檢驗中不斷下跌，上市低開的幣種也有可能在時間的檢驗中不斷攀升。例如，所謂的「老精稀」板塊，在發行上市時並沒有很好的市場表現，甚至成為嚴重滯銷幣種，但隨著時間和條件變化，這些幣種在二級市場中已表現出優異的市場價值。二級市場的交易價格將相對準確地反應供需關係的動態變化，這就是二級市場的價值發現職能。具有優異文化藝術價值和收藏投資價值的幣種，經過時間檢驗後，一定可以在二級市場中得到展現。反之，文化藝術價值和收藏投資價值相對較差的幣種也一定會逐漸銷聲匿跡。

（5）信息傳播職能。

我國金幣市場的二級市場在發揮流通職能的同時，也是市場信息最敏感的傳播中心。從表面上看，二級市場的交易價格只是某一時段的交易結果，但從中可以看到很多市場動態，透析出市場內部力量的角逐，是解讀市場變化與發展的基本密碼，這就是二級市場的信息轉播職能。密切關注並深入分析二級市場反應出的交易信息，對參與者的市場操作將會產生很大的指導作用。

3. 市場現狀

我國金幣市場的二級市場是一個近似完全競爭的市場，參與群體和資本的形式眾多，是一個充滿活力和創造力的市場。隨著我國市場經濟的發展進步，這個市場也在不斷更新和完善中前進。在改革開放初期，人們進行錢幣交易時主要依靠肩背手提和坐地擺攤的集市貿易方式。1983年，在上海首先誕生了以現貨交易為主的郵幣卡市場，隨后全國各地的郵幣卡市場相繼建立。與此同時，處於分散狀態的實體店面也逐漸增多，開始遍布於全國各地的商業街區。1994年，我國的現代貴金屬幣

开始進入國内藝術收藏品拍賣市場，各種專場拍賣會不斷舉辦，從此錢幣拍賣開始成為市場交易活動的重要形式。國内最早何時開始出現以展銷中國現代貴金屬幣為主的展覽會，目前已經很難考證，但1994年在北京歷史博物館舉辦的現代金銀幣展覽會應該算是較早的辦展嘗試。在此之後，從1995年開始北京國際郵票錢幣博覽會開始連續舉辦至今，而且其他各種官方和民間的展銷會更是層出不窮，成為經營者與收藏者面對面交流的佳地。隨著電子時代的來臨，2001年國内出現了首家可進行郵幣卡交易的電子網站，從此二級市場開始步入互聯網時代。特别是隨著網路技術的迅猛發展，目前二級市場交易渠道和交易模式的創新已經爆發出新活力，網路拍賣、微信拍賣和電子交易平臺層出不窮，顯示出今後市場體系發展的新方向。

經濟利益是推動二級市場發展最強大的内生動力。在各種利益訴求驅動下，二級市場的參與者們在這個大舞臺上充分展現著各自的技藝。資本的嗅覺十分靈敏，它們以營利為目的，在二級市場中努力挖掘各種商機和需求，積極創造各種新的交易模式和手段，深入挖掘現代貴金屬幣的市場價值，形成了具有生命活力的市場氛圍。由於各種資本的介入，二級市場充滿著敏銳、智慧和開拓進取的積極精神，為現代貴金屬幣的市場流通、價值轉化和價值發現做出了很大貢獻，讓人們看到經濟利益槓桿在推動市場發展中發揮出的巨大作用。與此同時，由於資本的逐利本性，在二級市場中也存在冒險、非理性甚至爾虞我詐的消極現象。為了營利賺錢，有些市場經營者利用概念，呼風喚雨，坐莊炒作，瘋狂套利。有些市場經營者利用信息不對稱，編造故事，偷換概念，設局下套，從中漁利。還有些違法犯罪分子，利用市場監管漏洞，制假販假、坑蒙拐騙，詐取錢財。從市場的共性來看，在其他市場中上演的所有資本游戲，在我國金幣市場的二級市場中都會出現，並將始終伴隨市場的發展。

我國金幣市場的二級市場雖然不斷發展進步，但也存一些缺陷，離成熟市場還有一定差距。這些薄弱環節主要反應在交易效率、流動性和變現能力偏低，交易成本偏高。特别是由於信息透明度存在問題，市場中會經常出現資本操縱現象，導致價格背離價值和劇烈的市場波動。二級市場好像始終被一層薄霧籠罩，似乎能隱隱約約看到内部的動態，但又無法完全看清來龍去脈和誘因，很難判斷無形之手的發力點，充滿不確定性。這可能正是OTC市場的魅力所在，也是藝術收藏品市場存在的共同現象。

目前在郵幣卡市場中出現的電子交易平臺，已吸納大量淘金者和資金進場交易，過山車般的交易行情，不但考驗著參與者的神經，同時也引起了激烈爭論，聚焦了部分媒體視線，同時還吸引著管理層的目光。這種電子交易平臺屬於把商品屬性已經被弱化的現代貴金屬幣作為交易標的物，以批量持倉和標準化交易為主要特徵，通過實物與資本結合，進行商業運作的一種公眾交易平臺。在二級市場中出現的這些電子交易平臺，反應出市場資本的需求，激活了一些沉寂多年的幣種，但用市場經濟的基本要求對照，還存在很多缺陷和不足，需要不斷完善和調整。如何加強行政審批監管、加大信息透明公開、健全交易制度、嚴格依法合規經營、遏制過度投

機炒作和降低交易風險，已經成為決定電子交易平臺今后路途長短的關鍵，值得密切關注。

三、一級市場與二級市場的關聯互動

我國金幣市場的一級市場和二級市場是一個有機整體，雖然它們各自的任務與職能不同，但在兩者之間也存在客觀緊密的聯繫。市場實踐證明，沒有活躍的二級市場，就不可能有持續發展的一級市場，一級市場的失衡和混亂，必然導致二級市場的蕭條和無序。

一級市場與二級市場的關聯主要表現在，一級市場主要承擔現代貴金屬幣的發行職能，二級市場將主要承擔的后續流通智能，兩者共同完成這種商品的價值轉換。從市場功能的總體作用看，一級市場主要解決市場公平問題，二級市場解決市場效率問題。從某種意義上說，二級市場在整個市場中將發揮更大作用。在市場實踐中人們可以看到，雖然二級市場中某一個體的能量有限，但把他們的力量匯集到一起，就煥發出豐富的創造力和強勁的市場活力，使我國現代貴金屬幣的市場價值得到充分體現。沒有二級市場的價值發現，也就沒有一級市場的發展動力。

一級市場與二級市場的關聯還表現在，在這兩個市場中沒有明顯的形式邊界，很多一級市場的經營者也是二級市場的參與者。這種關聯性也是認識我國金幣市場特性的重要切入點。例如，官方回購熊貓普制金幣就是重要的二級市場經營活動。商品的供應主體不僅要銷售商品，同時也要從二級市場中回購商品，發揮搞活市場的主導作用。另外，人們還可以看到，一級市場的經營者積極參加二級市場的交易活動還可以在加強市場擴散力、暢通信息和平衡市場發展等方面發揮重要作用，同時也能與廣大收藏投資及消費群體建立更加廣泛的聯繫。

一級市場與二級市場的關聯還表現在這兩個市場的結合點上，即現代貴金屬幣的第一次價值轉換。由於在兩個市場之間存在市場差價，因此這個結合點將成為利益分配的重要節點。例如，一些產品在利益集團操控下以超高價格進入二級市場，在較短時間內大幅透支市場價值，還有大量產品以出口轉內銷方式頻繁衝擊內地市場，造成較壞影響。一級市場的無序必然導致二級市場的混亂，最終出現巨大的利益導向偏差，造成市場功能失調。

加強一級市場與二級市場的互動，首先應在市場發展的整體戰略上，充分肯定二級市場的導向作用，將它擺到更加重要的位置，加強對二級市場的研究和引導，充分調動二級市場中的積極力量，為發展一級市場服務，最終形成兩個市場的合力和整個市場體系的良性互動，避免只顧一級市場，不顧二級市場的主次不分傾向。加強兩個市場的互動，還應鼓勵一級市場的經營者積極參加二級市場的交易活動，採用經濟手段介入二級市場運作，主動發揮市場調節功能，特別是應在普制熊貓金幣的官方回購中發揮主導作用，大大提高投資幣的收藏投資價值。加強兩個市場的互動，還要加強對市場的管理，其中要特別重視第一次價值轉換的利益分配導向，保護收藏投資及消費群體的權益，維護市場的正常秩序和兩個市場的正常發展。

第五節　市場服務體系

市場服務體系也是我國金幣市場體系中極其重要的組成部分。它的主要特點是，雖然這個體系中的參與者不直接進行商品買賣，但可根據市場需求，以第三方視角和公正客觀的宗旨出發，通過有償或無償方式，向市場提供各種仲介服務，促進商品的流通和價值轉換，是整個市場體系的氣脈。

一、主要構成

目前我國金幣市場中的市場服務體系主要由以下結構組成。

1. 傳播媒體

（1）紙質媒體。目前紙質媒體的形式很多，其中即包括各種報紙和期刊，也包括各種圖錄和年鑒等工具書，還包括各種知識類、鑒賞類和學術類書籍。這些紙質出版物既有官方性質，也有民間操辦，各自發揮著不同作用。

（2）網路媒體。網路媒體主要包括各種官方網站、專業門戶網站、公司網站、微博、微信等信息傳播方式。目前網路媒體的發展速度很快，已經覆蓋整個市場的角角落落，大量的市場信息以極快速度向市場參與者擴散，不管你身處何處，只要有一部手機都可以在第一時間觀察到各種市場動態，在信息傳播與服務中是最活躍和最有效的形式。

2. 錢幣研究組織

錢幣研究組織主要包括各種錢幣學會、錢幣協會和錢幣沙龍，一般由官方或民間主辦。其中由民間主辦的各種錢幣沙龍雖然沒有固定的經費來源和活動場所，但一般比較活躍，目前已經遍布全國各地，成為收藏愛好者傳播信息、交流經驗、相互切磋、轉遞友誼的最重要形式。

3. 各種展覽會

雖然已將各種展銷會列入二級市場的集中交易平臺，但在市場服務體系中也必須把它們納入其中。各種錢幣博覽會、展銷會不僅是進行錢幣交易的平臺，更是傳播信息和擴大社會影響的重要社會活動。特別是有些展覽會一般不提供交易便利，宣傳中國金幣文化是他們更重要的任務。

4. 第三方評估機構

市場變化是複雜的，各種市場信息魚目混珠、真假難辨。第三方方評估機構的主要任務是從公正客觀的立場出發，向市場參與者提供專業的價值評估和市場分析指引。目前這種機構在我國金幣市場中還處於起步階段，需要大力發展。

5. 質量評定及服務機構

質量評定及服務機構主要包括真偽鑒定、品相評級和錢幣的保養與修復。

（1）建立我國現代貴金屬幣的真偽鑒定機構需要行政部門授權。經國家有關部

門批准，目前國內只有一家專門的鑒定結構，即中國人民銀行貴金屬紀念幣鑒定中心，設立於深圳國寶造幣有限公司。當前國內不少錢幣評級公司也自稱具有真偽鑒定職能，但這種錢幣的真偽鑒定一般只提供商業擔保，不承擔法律責任。

（2）錢幣品相的評定方法很多，目前國內盛行的是定量分析方法。這種錢幣的定量分析業務是舶來品，2009年登陸中國，目前至少有7家專業的錢幣評級公司在國內開展相關業務。

（3）錢幣的保養和修復也是重要的錢幣增值業務，過去大多由收藏者自行解決。為適應市場發展，目前國內已經開始出現專業的錢幣養護和修復機構。

二、主要職能

1. 信息傳播職能

在當代社會中，信息作為一種寶貴資源已經在市場發展中發揮越來越重要的作用。發展我國的金幣市場也離不開有效的信息傳播與服務。目前各種形式的傳播媒體積極活躍在我國的金幣市場，發揮著信息發布、商品介紹、動態披露市場狀況和交易價格、宣傳普及收藏基礎知識等重要職能。當下，只要人們打開手機或登錄電腦，金幣市場的各種信息就會撲面而來，令人目不暇接，網路時代已經給信息的傳播提供了豐富的想像空間，為我國金幣市場的信息服務開創出新通道。

2. 交流溝通職能

在我國的金幣市場中，目前除了單向的信息傳播之外，各種雙向的互動溝通渠道也異常活躍。例如，各種網路媒體中的論壇、QQ群、微信群，各種展銷會和錢幣沙龍的聚會，給市場參與者提供了多種互動、溝通和研討的平臺，發揮著信交流溝通的重要職能。信息創造價值，交流創造機會。在當今的市場中，充分發揮雙向互動的交流機會，不僅可以各抒己見，暢通言路，也可以及時把握市場脈搏，總結經驗規律，尋找新的商機。

3. 科學評價職能

當下是信息爆炸的時代，特別是在各種利益驅使下，虛假宣傳和信息誤導也隨機產生。特別是全面分析金幣市場的發展狀態，客觀評價不同幣種的文化藝術價值和收藏投資價值也需要一定的專業知識和技術手段，因此第三方的專業分析服務也是市場服務體系的重要職能。目前這方面的服務工作已經展開，各種專業的分析報告陸續出版，為市場的科學健康有序發展提供了專業指引。

4. 錢幣增值職能

目前廣泛開展的錢幣評級和養護服務本質上屬於錢幣的增值業務。特別是近年來錢幣的評級服務發展很快，說明這種服務存在大量的市場需求。從整體而言，第三方錢幣評級業務體現了錢幣市場的不斷成熟與進步，它在抑制假幣流通、維護市場秩序、簡化交易環節、降低交易成本、提高交易效率、提供便利的標準化交易、活躍錢幣市場等方面可起到積極作用。特別是由於開展了錢幣評級服務，使具有頂級品相錢幣的收藏投資價值得到充分挖掘和肯定，這是錢幣評級業能夠迅速擴大的市場基礎，同時也可為錢幣的增值服務提供技術保障。

三、市場服務體系現狀

我國金幣市場的市場服務體系伴隨著市場發展，不斷地完善和進步。從服務的形式看，從以紙制媒體為主，目前已經形成多種方式並存互進的發展態勢。特別是網路媒體的發展動力極其強勁，為信息的傳播與服務提供了豐富的想像空間。從服務的內容看，已經從簡單披露交易信息和出版發行圖錄圖冊，逐步進入到藝術鑒賞、藝術評論、藝術批評、市場分析和理論研究等領域。其中特別是遍布全國各地的民間錢幣沙龍已經初具規模，成為廣大收藏投資者交流經驗、判斷形勢的重要精神家園。除此之外，第三方錢幣評級業務發展迅速，多種資本背景的評級機構已經迅速進入市場，形成了標準各異、特色不同的激烈競爭局面。

當前我國金幣市場的市場服務體系已經初步形成並發揮了一定作用，但與市場科學健康有序發展的要求相比，還需要不斷加強、完善和進步。

在整個藝術收藏品市場中，目前我國現代貴金屬幣的影響力和感召力仍然處於弱勢，社會擴張力有限，存在巨大的宣傳拓展空間。同時市場服務也不能適應形勢發展，其中特別是官方的服務意識相對較弱，全面的服務體系尚未建立。宣傳和服務是商品供應主體的重要職責。如何從管理層面進一步統籌規劃宣傳和服務工作，充分發揮各種信息傳播形式的作用，努力擴大中國金幣文化的社會認知度和市場參與度，健全有效的市場服務體系，將是市場管理者面對的重要課題。

目前在信息服務的質量方面，與更加科學健康的要求相比，還存在較大的尚需完善的空間。這些問題主要體現在，各種市場信息優劣摻雜、魚目混珠、真假難辨。特別是在商業利益裹挾下，有些信息缺乏公正、客觀的立場，甚至還有一些「黑嘴」和「忽悠」經常在信息傳播中出現，不講真話不說實話成為宣傳技巧，使收藏投資及消費群體無從辨別，給市場造成混亂。在利益驅使下，收藏投資及消費群體很難完全避免信息誤導，這種狀況作為一種常態將與各種信息長期並存。提高信息服務質量的根本途徑是建立和完善第三方信息服務機制。通過這種機制，以獨立、公正、客觀和專業的水準向市場提供價格信息、鑒賞信息、評論信息和市場分析信息。其中特別是要鼓勵開展多種形式的理論研究和藝術批評活動，提高收藏投資及消費群體的藝術鑒賞水平和信息識別能力。如何不斷提高信息服務質量也將是改善市場服務體系的重要任務。

自從2009年錢幣定量評級業務進入國內后，眾多評級公司已經相繼成立。面對這種新的錢幣增值業務和盈利點，多種標準並行，推廣手段多樣，服務水平各異。目前在我國的錢幣評級市場中，正圍繞標準、公信力和服務質量展開激烈競爭，努力爭取擴大市場佔有率。這種競爭態勢，總體上有利於實現收藏投資及消費群體的選擇權，也有利於提高服務質量。但也要努力避免出現過度的商業炒作和非理性的商業競爭，造成標準混亂、質量降低、誠信失控的不良後果，誤導收藏形式的畸形發展，最終葬送這個錢幣評級市場。錢幣評級的基本功能是什麼？如何通過市場檢驗逐步統一規範評級標準？如何通過良性競爭促進評級市場的發展？這些已經成為不斷完善市場服務體系的重要問題，值得關注和思考。

第十章　市場價格

　　市場價格是我國現代貴金屬幣市場價值的貨幣表現形式，也是市場發展的重要風向標、晴雨表和解碼器。市場價格變化作為最敏感的市場信號，不但時刻牽動著全體市場參與者的商業神經，也直接關係到他們的經濟利益，成為最受關注的問題之一。

　　在市場實踐中，人們經常可以看到很多市場現象：①幣種價格的頻繁變動和週期性波動。②一些幣種高開低走或低開高走。③不少幣種的市場價格呈現穩定上漲趨勢，而有些幣種的市場價格就像過山車一樣，不時產生大幅波動。④有些幣種雖然具有很優秀的文化藝術價值，但市場價格卻不如人意，而有些文化藝術價值相對較弱的幣種卻表現出較高的市場價格。這些市場現象就向人們提出了一系列問題。例如，我國現代貴金屬幣的價格體系如何組成，市場價格的形成機制是什麼，市場價格有哪些特性，影響價格變化的因素主要有哪些，為什麼幣種的收藏投資價值有時會與文化藝術價值產生背離，人們的心理因素會對價格變化產生何種影響，從長期來看我國現代貴金屬幣的市場價格會有何種發展趨勢，等等。

　　研究我國現代貴金屬幣的市場價格，就是要立足於整個市場體系，從宏觀和微觀層面研究上述問題，試圖解釋各種市場現象，探尋市場價格變化的最一般規律。

第一節　價格體系及主要特性

我國現代貴金屬幣的價格體系見圖 10-1。

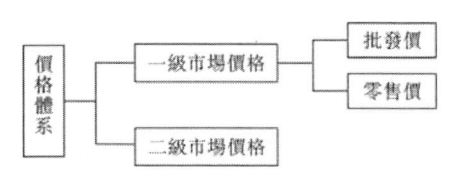

圖 10-1　中國現代貴金屬幣價格體系示意圖

　　如圖 10-1 所示，我國現代貴金屬幣的價格體系由一級市場價格和二級市場價格組成。一級市場的價格包括批發價和零售價，二級市場價格一般是指二級市場的交易價格，簡稱市場交易價格或市場價格。

一、批發價和零售價

批發價和零售價同屬一級市場的價格範疇。這些價格的形成機制為壟斷定價，由國有專營企業負責釐定。

在《中華人民共和國價格法》中，對進入市場流通的商品規定了三種價格，即政府定價、政府指導價和市場調節價。所謂政府定價是指，依照法律規定，由政府價格主管部門或其他有關部門，按照權限和範圍制定的價格。所謂市場調節價是指，由政府價格主管部門或其他有關部門，按照定價權限，規定基準價及其浮動幅度，指導經營者制定的價格。所謂市場調節價是指，由經營者自主制定，通過市場競爭形成的價格。

我國的現代貴金屬幣作為一種以貴金屬為載體，用於收藏或投資的藝術商品，與國計民生沒有直接關係，進入政府定價或政府指導價範疇，不但將增添價格聽證的複雜程序，同時也有違市場規律、缺乏市場效率。

但是發行現代貴金屬幣使用的是國家行政資源，具有法律賦予的排他性。商品供應主體在一級市場中處於完全壟斷的市場地位，同時這種藝術商品是面對社會公眾發行，如何調整國有專營企業與社會公眾之間的利益關係，就成為能否實現公平與效率的重大問題。

在市場經濟中，壟斷溢價是客觀存在的現實問題。對處於壟斷地位的一般企業來說，它們與消費者之間的關係將由國家的反壟斷法進行調節。對於經營現代貴金屬幣的國有專營企業來說，儘管現有的行政體制賦予了其壟斷經營權，但如果完全由企業自主定價，沒有適當的調控和監管機制，必然會出現企業利益與社會公眾利益之間的矛盾和衝突。

鑒於以上分析，我國現代貴金屬幣一級市場的價格應該屬於在政府監管下的企業自主定價，即產品批發價和零售價的定價原則應由政府物價主管部門或其他有關部門負責制定，並監督執行。

實施政府監管下的企業自主定價，主要目的是在符合市場規律的前提下，適度調整國有專營企業與社會公眾之間的利益關係，通過制定合理的價格形成機制，促使企業在科學經營中實現社會平均利潤，同時也可相對減少壟斷溢價，讓利於民，實現定價程序的合法合規。

在政府監管和壟斷經營條件下制定的價格，必然與市場預期存在或高或低的價差，即所謂的高開或低開，這完全是正常的市場反應。當市場預期高於零售價格時，應遵循公開、公平、公正和透明的原則，通過一定的規則和有效的經銷體系，在進行第一次價值轉換時，將收藏投資的增值預期全部讓利給廣大收藏投資及消費群體，避免出現利益侵害和利益分流的不當局面。當市場預期低於零售價格時，說明市場對項目或幣種的認知度較差，需求不足，此時應避免違反市場規律，利用壟斷地位，人為操控零售價格，侵害收藏投資及消費者權益。

二、市場交易價格

市場交易價格簡稱市場價，是在二級市場中根據供需關係經過市場撮合形成的價格。

從理論上講，供需關係是形成二級市場交易價格的最基本機制。從宏觀上看，當總供給小於總需求時，市場價格就會上漲，反之就會下降。由於供需關係的變化是複雜的，兩者之間存在極大的不確定性，市場價格的形成機制和變化規律也將呈現出很大的複雜性。

1. 供應總量特性

我國的現代貴金屬幣由金、銀、鉑、鈀等貴金屬鑄造而成，屬於非消耗性商品，雖然在市場中也有少量產品被官方或民間熔毀，但這種損耗相對較低。儘管不同項目或幣種的發行數量各異，但從宏觀上觀察，市場的供應總量卻在不斷聚集。截至2014年年底，市場總存量已達7,184.77萬盎司，並且每年還在以至少800萬盎司以上的數量不斷增長。這些市場存量都將分佈於經營者和收藏投資及消費群體之中，形成供應總量的基本盤。

2. 需求總量特性

我國的現代貴金屬幣屬於非剛性需求的藝術收藏品，與人們的基本生存需求無關，不可能按全國人口的平均率計算。現代貴金屬幣的需求總量是以入市資金形式度量的，它們的背景和動機極其複雜，其中的關鍵因素是市場預期，特別是現代貴金屬幣的投資屬性和虛擬價值特性，將會引發需求總量在瞬間產生較大差異。當人們心理預期的集合看多時，就會有大量資金入場，形成需求總量急增；反之就會有大量資金撤退離場，形成需求總量急遽下降。資本預期反應的是對收藏投資價值比較優勢的預判。需求總量隨市場預期大幅波動，是現代貴金屬幣總需求不斷變化的主要特性。

3. 供需關係特性

我國現代貴金屬幣的非剛性需求特性決定，影響供需關係變化的決定因素不是價格高低，而是市場預期，即買漲不買跌。這與經濟學中最一般的需求定律有很大不同。與此同時，由於現代貴金屬幣的供應總量在不斷聚集和擴大，決定價格不斷上漲的前提條件是，以入市資金形式反應的需求總量要隨之不斷擴大。供需關係的動態變化，是決定市場價格走向的基本機制。

三、市場交易價格特性

我國現代貴金屬幣的市場交易價格特性可以通過圖10-2得到充分展現。

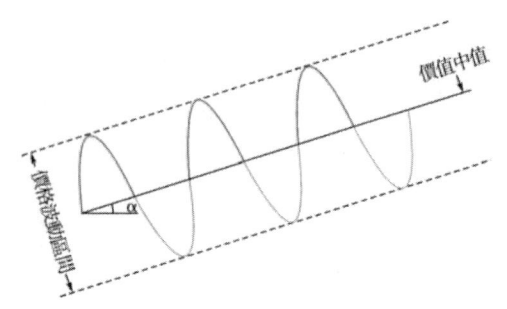

圖 10-2　市場價格變化特性示意圖

1. 市場價格與價值偏離的特性

如圖 10-2 所示，從理論上說，在一個完全有效的市場中，市場價格和市場價值是相等的。由於完全有效的市場只是一種理想狀態，市場價格和市場價值在大部分時間內是不相等的，完全相等只是一種理想或暫時的平衡狀態。從我國現代貴金屬幣的市場表現中可以看到，由於受到各種複雜因素影響，特別是受到資本風險偏好影響，市場價格往往會偏離市場價值，產生泡沫或超跌現象。

2. 市場價格的動態變化特性

如圖 10-2 所示，正像世界上的其他事物一樣，我國現代貴金屬幣的市場價格始終處於不斷的變化和運動之中。不變是相對的，變化是絕對的。在市場實踐中，人們對這種市場特性應該已經深有體會。例如，幣種的高開低走或低開高走就是市場價格不斷變化的結果。

3. 價格圍繞價值波動的特性

在市場價格的運動中，是什麼力量在牽引市場價格不斷地變化呢？這就是現代貴金屬幣的價值中值。如圖 10-2 所示，在資本風險偏好驅動下，價格會圍繞價值上下波動，出現過度反應。當資本衝動時，極易形成價格虛高狀態，由此伴生出價值迴歸的市場動力。在價值迴歸過程中，由於資本的冷漠，也會出現價格超跌狀態，同時孕育市場價格回升的動能。這就是市場價格圍繞價值波動的本質，也是市場價格的重要特性。即沒有只漲不跌的市場，也沒有只跌不漲的市場。

4. 市場價格具有週期性波動的特性

我國的金幣市場與其他市場一樣，也存在明顯的週期性波動特性，並且帶動市場價格同步大幅變化。如圖 10-2 所示，從歷史發展的軌跡看，我國的金幣市場已經歷過四次大的起伏變化。例如，1979 年至 1989 年的第一次市場變化週期，1990 年至 1997 年的第二次市場變化週期，1998 年至 2011 年的第三次市場變化週期，以及從 2012 起開始步入的新的市場變化週期。在這些市場價格大幅變化的週期內，一般都顯示出「市場啟動→快速膨脹→近乎狂熱→大幅下跌」的完整過程。雖然引起每次週期性波動的直接誘因都不同，但是週期性變化的規律彰顯無疑。當然在這幾次大的起伏變化中，也存在很多程度不同的小幅波動。

5. 價值中值不斷抬升的特性

如圖 10-2 所示，從我國金幣市場的發展歷程看，儘管市場價格的不斷變化是一種常態，但是整個市場價值中值的不斷提升也是一種明顯特性。造成市場價值中值不斷提升的主要原因有：①貴金屬價格在一個較長的時期內觀察呈現一種螺旋式上漲態勢。②資產價格不斷膨脹。③收藏投資及消費群體不斷增加。④幣種的流通量減少和沉澱量增加等。充分認識這種特性，對收藏投資及消費群體非常重要，特別是在牛市時要警惕風險，謹慎操作，在熊市時也要增強信心，迎接未來。

第二節　影響市場價格變化的主要因素

在研究影響市場價格變化的主要因素之前，十分有必要回顧我國金幣市場的幾次大幅度波動週期。

1979 年至 1989 年是我國金幣市場發展的第一個歷史階段。這個歷史階段以對外銷售為主。為適應國內外形勢變化，1979 年中國人民銀行首次發行了「中華人民共和國成立三十周年紀念金幣」，開創了中國金幣市場的先河。當時國際貨幣體系已經發生重大改變，1976 年牙買加貨幣體系徹底替代布雷頓森林貨幣體系，黃金作為一種非貨幣化的商品已經可以在國際市場上自由買賣，並且形成了一波不斷上漲的走勢，加之當時的國際經濟環境也處於上升週期，這些都為我國現代貴金屬幣的境外市場提供了良好的經濟環境。與此同時，我國的改革開放正處於啓動初期，國門剛剛打開，中國形象和文化一進入世界，則引起國際社會的普遍關注。特別是在市場發展初期，一大批反應中國優秀文化背景的項目被優先開發，給國際社會瞭解中國提供了豐富多彩的文化窗口。在這個歷史階段，我國金幣市場在境外的銷售形成了一個量價齊增的高潮，以普制熊貓金幣為例，1988 年號普制熊貓金幣的總銷量達到創歷史紀錄的 47.97 萬盎司。當時在很多國外的錢幣展銷會上都可以看到人們排起長龍，爭先搶購中國現代貴金屬幣的場景，形成了一股不大不小的中國熱。

1990 年至 1997 年是我國金幣市場發展的第二個歷史階段，這個階段的顯著特點是，從以境外市場為主逐漸過渡到以國內市場為主。由於各種複雜的政治和經濟原因，進入 20 世紀 90 年代後，我國現代貴金屬幣的境外市場開始出現明顯下滑和調整。此時由於國內市場尚未真正啓動，整個市場經歷了數年的調整期。為促進從境外市場向國內市場轉型，1995 年中國人民銀行發行的「聯合國第四屆世界婦女大會銀及雙金屬紀念幣」，這是首次完全針對國內市場發行的項目。同年還首次舉辦了北京國際郵票錢幣博覽會。特別是 1995 年發行了「香港迴歸祖國紀念幣（第 1 組）」，引起了市場轟動，國內市場迅速啓動，並於 1997 年達到高潮。這個歷史階段形成的原因，一從國家的經濟層面看，我國的宏觀經濟經過數年調整后成功實現了軟著陸，並開始步入穩定增長週期，中國股市也開始在波動中企穩回升。二從黃金市場的發展看，雖然當時國內的黃金市場還未全面放開，但現代貴金屬幣作為國家特批的貴

金屬商品之一，開始大量進入市場流通，真正開始在國人面前嶄露頭角。特別是「香港迴歸祖國紀念幣（第1組）」的成功發行，引發了民眾和資本的極大熱情，帶動了整個國內市場的快速發展和膨脹，形成一幣難求和市場價格全面攀升的格局。三從市場的內部因素看，當時國內市場還處於初始狀態，市場總存量僅為1,280萬盎司，相對較少，只需要較少資金就能調動市場價格全面上升。在這個歷史時期，雖然我國的金幣市場成功實現了從境外向國內的逐步過渡，但也反應出市場發展初期的極不成熟，特別是市場的盲目性較大，投機炒作盛行，所有幣種的價格不分青紅皂白都是一路飆升，在較短時間內形成了巨大的市場泡沫，整個市場處於極不穩定的狀態。正是由於這些原因，1997年後整個市場又迅速進入深度調整週期。

1998年至2011年，是我國金幣市場發展的第三個歷史階段。在這個歷史階段，隨著2000年國務院頒布《中華人民共和國人民幣管理條例》，我國現代貴金屬幣的發行、設計、生產及銷售體制開始發生重大變革，整個市場已經過渡到以國內市場為主導的局面，境內外市場的銷售體制也開始出現重大變化。2002年，隨著上海黃金交易所的建成和掛牌，國內黃金市場取消了統購統配政策，完全實現了市場化交易。以上改革措施為發展我國的金幣市場奠定了較好的體制基礎。自從1998年我國的金幣市場開始從高點回落后，整個市場進入了一個相對較長的調整週期。在這個調整週期的前期，雖然也出現過個別板塊的較快拉升，但總體上呈現出一種穩步發展態勢。直至2006年開始發行「第29屆奧林匹克運動會貴金屬紀念幣（第1組）」項目，整個市場又開始逐步進入快速上漲階段，並在2010年至2011年達到本次市場週期的頂峰。縱觀本輪市場價格的快速上漲，與1997年的週期頂點相比，已經有了本質變化。2011年市場總存量已達5,100萬盎司，比1997年上漲了3倍多，由此說明有一股巨大力量帶動了市場價格的上漲。具體分析本輪市場高潮形成的原因有：①國內經濟的發展走勢一直較快，GDP年增長率始終保持兩位數，國內股市和房地產市場也處於快速上漲週期。特別是2008年以後出現的貨幣流動性過剩，為藝術收藏品市場的大幅上漲提供了資金環境。②國際黃金價格從2002年起進入又一輪上升通道，直到2011年達到本輪黃金牛市頂點的每盎司1,895美元，大大提高了黃金商品的市場吸引力。③在這次相對較長的市場調整中，我國金幣市場的市場體系逐步完善，價值規律開始逐步發揮作用，市場成熟度在原有基礎上有所提高，收藏投資及消費群體逐步擴大，市場參與者的經濟實力增強，資本關注度也進一步提高，為市場的快速增長奠定了市場基礎。④有一些重大題材配合。

由於外部環境和內部因素的變化，從2011年第三季度開始，我國的金幣市場又開始進入新一輪的下行調整週期。

縱觀我國金幣市場幾次較大的變化週期，從中可以清晰地看到外部環境與內部因素的影響。

一、影響市場價格變化的外因與內因

1. 影響市場價格變化的外部環境

影響我國金幣市場發展的外部環境主要有宏觀經濟形勢，貴金屬價格的總體走勢，以及是否有重大題材配合。這些因素將從外部影響市場內部供需關係發生變化。

（1）宏觀經濟形勢。

我國的現代貴金屬幣屬於非剛性需求的藝術收藏類商品，主要用於滿足人民的精神文化需求。人們一定是在首先解決了基本生存問題之后，才談得上收藏投資活動。國家經濟的不斷發展和人民物質文化生活水平的不斷提高，將是推動市場需求的最根本動力和基礎。回顧20世紀七八十年代國民經濟的基本狀況和人民的平均收入水平，根本不可能支撐國內市場發展。與此同時，近二十多年來我國金幣市場的變化，正是借助於快速提升的國家經濟實力和大幅提高的人民物質文化生活水平。

從更具體的宏觀經濟形勢觀察可知，市場發展需要資金支持。我國金幣市場上兩次整體上漲的外部環境，都與當時的宏觀經濟形勢和貨幣流動性有關。

圖10-3　1995年至2014年貨幣供應總量M2年度增長率走勢圖

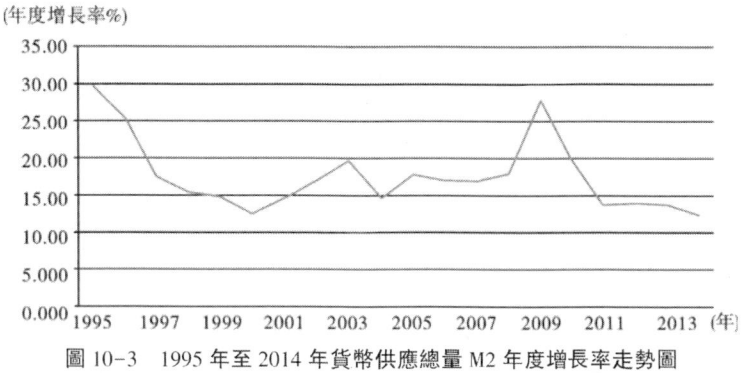

圖10-3是1995年至2014年我國貨幣供應總量M2的年度增長率走勢圖。如圖10-3所示，隨著我國金幣市場總存量的不斷聚集，貨幣流動性對市場走勢的影響也來越大。從2000年開始，我國貨幣供應量M2的年度增長率一直處於穩步上升態勢。特別是在2005年至2009年期間出現較快的增長速度，考慮到貨幣政策的滯后效應，2006年至2010年正處於貨幣流動性相對過剩的狀態，其中2008年和2009年M2的年增長率達到本週期的峰值，大量閒散資金湧入藝術收藏品市場，同步帶動了多數現代貴金屬幣的市場價格大幅上升。以后隨著貨幣緊縮政策的實施，我國金幣市場的價格也開始步入調整階段。數據證明，我國金幣市場的起伏，與貨幣流動性寬鬆與否在某種程度上形成契合。我國金幣市場的總體量不斷增大，到目前為止總存量已接近8,000萬盎司，雖然市場的啓動具有槓桿效應，但撬動槓桿的資金力量也會越來越大，宏觀經濟形勢和貨幣流動性將從外部環境影響整個市場的起伏與變化。

綜上所述，國家經濟的不斷發展，人民物質文化生活水平的不斷提高，宏觀經

濟形勢的良性循環，以及貨幣流動性適度寬鬆，將是促進我國金幣市場發展的重要外部因素之一。

（2）貴金屬價格的總體走勢。

以貴金屬為載體是我國現代貴金屬幣區別於其他藝術收藏品的主要特徵之一，貴金屬價格的總體走勢也將是影響市場價格波動的重要外因。

按2014年年底的數據計算，由於金幣的發行總量已經占到市場價總值的74%左右，為簡化起見，以下將以黃金價格走勢為例，具體分析貴金屬價格變化對我國金幣市場的影響。

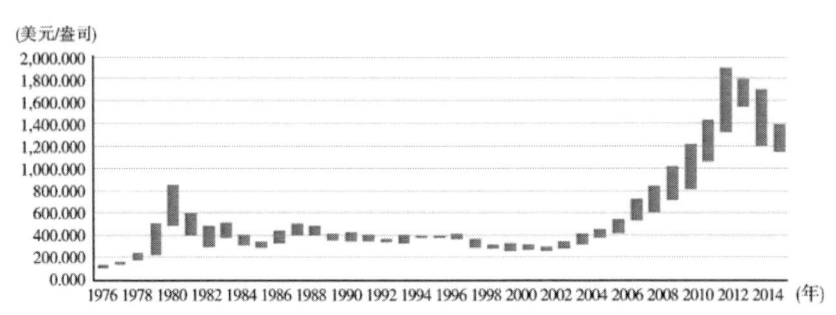

圖10-4　1976年至2014年倫敦黃金最高及最低價格走勢圖

圖10-4顯示的是，從1976年牙買加貨幣體系取代布雷頓森林貨幣體系後至2014年，倫敦黃金年度最高價及最低價的走勢圖。從這張走勢圖中可以清晰地看到，我國現代貴金屬幣在境外市場的快速發展，以及1995年至1997年的國內市場高潮，都與當時黃金價格的階段性走勢具有一定關係。從2002年起逐漸形成的黃金牛市，與金幣市場的第三次大幅上漲更具有極高的契合度。特別是從2006年起，國際黃金價格的連續大幅拉升，毋庸置疑地為我國金幣市場的發展提供了強大動力。在這裡特別值得關注的是，隨著這次黃金牛市於2011年8月結束，我國的金幣市場也開始步入下行通道。

從我國現代貴金屬幣的價值構成看，以2014年數據為例，在2014年大盤中，貴金屬價值占到總市值的55.41%，其中在金幣板塊，黃金價值已占到整個金幣板塊總價值的66.05%。這些數據表明，貴金屬價格的變化與整個現代貴金屬幣的市場價格具有很高的關聯度，而且已對整個大盤的市場價格產生較大的系統性影響。

市場動態告訴人們，當貴金屬價格不斷上漲時，人們可能更加看重現代貴金屬幣的貴金屬屬性，從而提高購買意願，造成需求總量上升，在供需關係作用下，帶動現代貴金屬幣的市場價格上升。反之也會因貴金屬價格的大幅下挫，降低人們的購買慾望，引起需求總量下降，造成市場價格下挫。由此可以看到，儘管貴金屬價格變化對不同板塊或幣種的影響存在較大差異，但從總體上觀察，貴金屬價格變化也是影響現代貴金屬幣價格走勢的重要外部因素之一。

（3）是否有重大題材配合。

我國的現代貴金屬幣本質上屬於以貨幣形式出現的藝術收藏品。作為一種藝術收藏品，歷史文化價值將決定它們的市場容量。有重大意義的項目和題材，將具有較高的市場影響力和社會關注度，從而帶動市場需求擴大。

從歷史發展的軌跡看，我國現代貴金屬幣的幾次市場啓動都與當時的一些重大題材有一定關係。例如，1982年發行的「系列普制熊貓金幣」，以珍稀動物大熊貓為素材，將中國形象推向世界，引起市場極大關注，帶動了境外市場的發展。又如，1997年香港迴歸祖國是恢復國家領土完整、實現一國兩制的重大歷史事件，因而1995年至1997年發行的「香港迴歸祖國金銀紀念幣」立即引起國內民眾的極大關注，收藏熱情高漲，引發了國內市場的整體上升。再如，2006年開始發行的「第29屆奧林匹克運動會貴金屬紀念幣」和隨后發行的「中國2010年上海世界博覽會金銀紀念幣」等項目，以重大的國際活動為背景，充分展現了當代中國形象，並以較高的歷史文化價值調動起收藏投資的基本面，推動了新一輪牛市的起步。

儘管拉動市場價格上升需要具備眾多條件，但重大題材的影響力，無疑已經與其他因素形成合力，成為撬動市場啓動的重要槓桿，對市場的整體上升起到重要作用。因此是否有重大題材配合，也將是影響現代貴金屬幣價格走勢的重要外部因素之一。

2. 影響市場價格變動的內部因素

影響市場價格變化的內部因素主要包括總需求與總供給兩大要素。

（1）總需求因素。

從我國金幣市場的內部情況看，總需求將受到收藏投資及消費群體結構、市場預期和市場內在環境等多種直接因素影響。

①收藏投資及消費群體結構的影響。

從我國金幣市場的發展歷程中可以看到，隨著我國經濟的不斷發展和人民物質文化生活水平的不斷提高，現代貴金屬幣的收藏投資及消費群體從無到有，從小到大，已經初具規模，構築了市場穩定需求的基本盤。與此同時，也應看到在市場總需求中，不穩定因素仍然占比較大，其中主要包括不穩定的收藏投資群體、投機群體和集團禮品消費。從需求結構看，對總需求影響變數最大的是不穩定因素。例如，1997年的市場狂熱，就包含了大量盲目的入市者和投機炒作的資本。2010年至2012年的市場高潮也與各種投機成分密切相關。特別是在過去一段時間，集團禮品消費在我國金幣市場的總需求中占比較大，隨著國家治理方向的改變，這部分消費已經處於極不穩定狀態，下滑趨勢已成定局。從2011年第三季度開始出現的市場大幅調整，與這些不穩定因素具有直接關係。如何穩定擴大收藏投資群體隊伍，降低不穩定因素的影響，已經成為調整需求結構的重大問題。

②市場預期的影響。

目前在我國金幣市場的收藏投資群體中，不計成本的群體很少，絕大部分人群一般都是要通過收藏活動取得經濟回報。調動這部分群體的關鍵因素是市場預期，

而影響市場預期的核心因素是現代貴金屬幣的收藏投資比較優勢。例如，為什麼老精稀板塊會吸引那麼多人群的關注，根本原因就是資本認定這些幣種將會取得較好的收藏投資回報。資本的嗅覺十分靈敏，買漲不買落的規律在我國金幣市場中不斷應驗。當整個市場形成正向預期時，就會調動收藏投資群體的積極性，帶動大量資金入場交易，形成不斷追高的交易衝動和普遍上漲的市場價格。當負向預期佔據主導位置時，很多收藏投資者將保持觀望態度，入市資金大量減少，形成規避風險的恐懼心理，市場價格的普遍下跌也在所難免。如何形成整個市場的正向預期，充分展現我國現代貴金屬幣文化藝術價值和收藏投資價值的比較優勢，將是影響總需求的重要因素。

③市場內在環境的影響。

市場環境主要包括一級市場的規範性，二級市場的交易效率、交易行為和市場秩序等方面。對我國的市場來說，如果有一個健全有效的市場環境，將會對擴大市場容量和吸納更多群體與資金參與起到積極作用。例如，2000年以後我國金幣市場在發行、設計生產及銷售體制方面發生的重大變革，已經為健全市場機制，加快市場成熟發展奠定了環境基礎，同時也為重新啓動市場提供了新動力。當然目前市場中存在的交易效率相對較低，市場秩序仍需改善的局面也會把一部分群體和資金擋在市場大門之外。特別是一級市場中出現的利益分配格局不公問題，更會令大量本想進場參與的人群望而生畏。因此不斷改善市場環境，給廣大收藏投資及消費群體創造出更加健康有序的市場氛圍，也將成為影響需求的重要因素。

（2）總供給因素。

我國金幣市場的總供給將主要包括供給的數量和質量。

①供給的數量。

供給的數量可以用很多形式度量，例如，總枚數、總重量、零售價總值和市場價總值等。另外，我國的現代貴金屬幣由投資幣和紀念幣組成，由於投資幣的市場價格變化與貴金屬價格變化密切相關。為簡化起見，以下將以紀念幣的總重量和市場價總值兩個主要指標為例進行重點分析。紀念幣歷年供給總重量的統計數據見圖10-5。

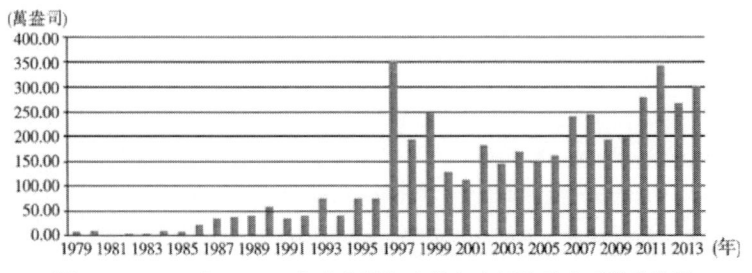

圖10-5 1979年至2014年貴金屬紀念幣年度板塊發生重量分佈圖

如圖10-5所示，從1979年開始，我國貴金屬紀念幣海外市場的供應總量呈現不

斷增長走勢，1990年達到階段性頂點。1990年后隨著市場的調整和轉型，供應總量呈現前期下降和后期回升的態勢，直至1997年達到這個週期的最高點。進入2000年后，隨著市場開始深度調整，市場的供應總量也隨之下降。但隨著市場的逐步復甦，市場供應總量又開始呈現提升態勢，直至2012年達到了這一週期的頂點。從圖10-5中可以清晰地看到，供應總量變化是出現市場週期性變化的重要誘因之一。1990年、1997年和2012年都是階段性最高點，且均形成了市場週期性變化的拐點。在此之後的供應總量調整，又成為休養生息、積蓄市場上升動能的必要調整區間。

從市場供應總量的內部結構看，當某一年度供應總量的市場價總值低於零售價總值時，說明年度供應總量大於需求，市場價格下跌。當某一年度市場價總值高於零售價總值時，說明需求大於供應總量，市場價格上漲。同理，當某一項目的市場價總值低於零售價總值時，說明該項目供應總量大於需求，市場價格下跌，當某一項目的市場價總值高於零售價時，說明該項目供應總量小於需求，市場價格上漲。因此市場價與零售價之間的動態變化，是衡量年度或某一項目供應量大小的最重要標準。從市場實際情況看，年度或某一項目的供應總量是否與需求相適應，是在市場預期的作用下動態變化的，並不隨主觀意志而轉移。當市場環境和條件產生變化，原有的經驗和規律會被打破，過去需求量較大的項目或幣種，會瞬間下降，而過去需求量較小的項目或幣種，也會瞬間放大。因此應充分利用市場價格的風向標和晴雨表作用，及時對年度或某個項目的供應總量進行動態調整，通過提高市場預期，帶動市場價格上漲。

②供給的質量。

供給的質量是指我國現代貴金屬幣的文化藝術價值和收藏投資價值是否能夠得到市場認同。從總體情況看，我國現代貴金屬幣中的絕大多數項目和幣種，都具有較高的文化藝術價值和收藏投資價值，這一點完全可以從金幣市場價格的螺旋式上漲中得到驗證。另外，在這些幣種中，也存在文化藝術價值和收藏投資價值相對較弱的項目和幣種，其市場價格的表現就很不如人意，甚至跌破零售價。不同項目和幣種的市場表現，完全可以從某一側面反應出現代貴金屬幣的供應質量。如何提高商品的供應質量，全面提升它們的文化藝術價值和收藏投資價值，通過商品的藝術感染力帶動人們和資本對其增值潛力的正向預期，也將成為影響需要的重要因素。

3. 供需關係的動態平衡

我國現代貴金屬幣的市場價格變化是複雜的，很難用某一個因素去解釋全部市場現象，它應該是各種力量共同作用的結果。外因是變化的條件，內因是變化的依據，外因通過內因起作用。如果沒有很好的內部條件，即使外部環境具備，也很有可能無法啓動整個市場。從我國金幣市場的發展歷程看，這種內因與外因聯動的效應已經充分顯現。從我國金幣市場的發展狀況看，總供給規模不斷擴大將是一種發展趨勢，能否帶動總需求同步擴大將成為影響市場價格走勢的關鍵因素。面對今後的市場發展，雖然人們無法操控我國金幣市場的外部環境，但可以設法改變內部的各種因素。例如，努力提高我國現代貴金屬幣的文化藝術和收藏價值，根據市場變

化及時調整供給總量，不斷改善收藏投資及消費結構，規範各種市場交易行為，遏制瘋狂投機對市場造成的傷害，大力提升市場交易效率，積極創造整個市場的正向預期等。從我國目前的經濟發展速度和整個的市場容量看，發展我國金幣市場的經濟基礎仍然堅固，只要練好內功，積蓄總需求不斷增長的內生動力，一旦外部環境具備，整個市場的復甦和啓動就將成為順理成章的事情。

二、影響市場價格變化的其他因素

以上是從宏觀層面研究影響市場價格變化的主要因素，但市場是極其複雜的，很多市場現象還需要使用不同的觀察視角進行分析。

1. 幣種實際流通量對市場價格的影響

在市場實踐中，人們在研究數量與市場價格之間的關係時一般經常用到實鑄量、實售量、存世量、沉澱量和流通量等數量概念。對於近些年發行的幣種來說，在一般情況下，實售量基本等於存世量。但對於發行過一段時間的幣種來說，由於在市場流通過程中，有可能存在原有實物狀態的減失問題，因此與實售量相比，存世量更加重要。由於市場中的實物減失量一般是很難統計的數據，因此存世量就變得撲朔迷離。實際上存世量還有另外一種表達方式，就是存世量等於流通量加沉澱量。在這個數量關係中，雖然各種性質的沉澱量也很難把握，但流通量是一個可知的數據，而且在某些條件限定下，流通量與存世量之間有可能存在正相關的邏輯關係，因而完全有可能通過流通量間接判斷存世量，並且通過流通量數據研究市場價格的變化規律，這使流通量成為更加重要的指標。評價流通量大小一般使用流通率指標。

在市場中人們經常可以看到流通率與市場價格之間的關係。例如，有些幣種的流通率很大，說明這些幣種的市場沉澱狀況不好，大多處於中間流通環節，而且市場價格波動也較大，這方面的典型例子就是發行時間相對較近的 1 盎司普制熊貓銀幣，市場每天的交易量巨大，但交易價格也顯示出較大的變化幅度。再如，有些項目或幣種的實售量並不是很低，但流通率很低，市場交易價格顯示出較強的優勢。這方面的典型例子是 2015 年 8 月發行的「江南造船建廠 150 周年金銀紀念幣」。它的實售量是 1/4 盎司金幣 1 萬枚，2 枚 1 盎司銀幣 3 萬套，標準零售價 4,500 元/套，上市的最高價接近 1 萬元/套，1 個月後基本穩定在每套 8,000 元左右，溢價率 77.78%，屬於同期發行幣種市場表現最好的項目。分析這個項目溢價率較高的原因，從題材看沒有什麼突出之處，實售量也不是太低，也沒有看到控盤操控的明顯證據。造成這個項目市場表現強勁最重要的原因就是發行方式的變化，這個項目 90% 的配額全部銷售給了江南造船廠職工，目前反應出的情況是市場沉澱較好，可供市場流通的數量很低。這個實例說明流通率對市場交易價格產生了重要影響。當然，如果流通率過低也不一定是好事。例如，一些早期發行的大規格金幣，實售量很少，存世量可能更低，雖然市場報價很高，但在市場中幾年看不到有效交易。由於沒有了交易行為和價值轉換，市場價格也失去了意義。

通過以上分析可以看到，較大的流通率說明商品的市場沉澱不佳，大部分商品

處於中間環節，這會產生價格的大幅波動；流通率過低甚至流通率為零，說明商品已經基本處於沉澱狀態，沒有了市場流通，市場價格也就沒有了意義。因此存世量與流通量應保持適當比例。這樣一方面可以平衡市場價格的大幅波動，另一方面可以充分發揮經營者的作用，在商品的週轉中提升價格，促進市場平穩發展。至於存世量與流通量之間的比例關係具體保持在何種水平比較適當，是一個非常複雜的統計問題，而且在不同項目和幣種之間也會存在很大差異。根據筆者長期的觀察和計算，一個5萬枚左右的幣種，70%處於相對沉澱狀態，30%處於相對流動狀態，可能是一個較好的配比關係。

2. 投機炒作對市場價格的影響

市場需求以入市資金形式度量，而資本是要盈利的。在資本力量作用下，市場在某一時段反應出的需求具有極高的複雜性和多變性，是整個市場中最不穩定的因素。由於我國仍然處於市場經濟發展的初期，投機炒作之風在很多行業和領域屢見不鮮，似乎成為中國市場的一個特色，我國的金幣市場也無例外。在某些資本眼裡，我國的現代貴金屬幣只是一種賺錢的工具和籌碼，他們利用各種環境、形式和手段，囤積居奇，進行投機和炒作，一夜之間土雞就可變成鳳凰，令其市場價格與真實的收藏投資價值產生嚴重背離，形成價格虛高的市場泡沫，當資本撤離后市場價格就會隨之下降，並由此產生市場價格的大幅波動。例如，「香港迴歸祖國紀念幣（第1組）」中的1盎司銀幣，從最初的每枚零售價280元，在較短時被炒作到6,000多元一枚，緊接著就是市場交易價格的急速下落，時隔20年後的今天，這枚銀幣的市場交易價格也僅為300元左右。在我國的金幣市場中，像這種被瘋狂爆炒後市場交易價格一直長期沉寂的實例還很多。市場實踐充分證明，投機炒作只能決定價格的巨幅波動，一旦經過這樣的炒作後，這些幣種將會元氣大傷，很難再有出色的市場表現。因此觀察某一幣種市場價格的變化規律，是否已被瘋狂爆炒也是重要因素。

大量的市場實踐證明，穩定的收藏投資及消費決定市場價值，投機炒作只決定價格波動。投機成分和市場泡沫越大，調整幅度也就越大。在市場經濟中，完全避免投機行為是很難做到的，而且適度投機在某種程度上也不一定完全是壞事。在包括投機成分在內的多種因素帶動下產生的市場週期性波動也將是一種常態。這個問題的關鍵是要充分認識投機因素給市場需求帶來的假象和不穩定性，在利用資本力量的同時，將投機炒作限制在一定範圍內，盡可能減少對市場長期穩定發展的傷害。

3. 歇夏期對市場價格的影響

所謂「歇夏期」主要是指，每到夏季，市場的交易就會顯得相對比較清淡，市場交易價格也會受到影響。「歇夏期」概念已經在市場中出現了很多年，似乎氣候和季節也會對市場交易產生影響。實際上「歇夏期」只是一種表面現象，它背後反應的是我國金幣市場的消費結構問題，以及市場需求不穩的客觀問題。在過去較長的一段時間內，禮品消費一直在我國金幣市場的消費結構中佔有較大份額，禮品消費與時間又有很大關聯，特別是每到9月至來年5月，正是禮品消費特別是集團禮品消費的高潮，而夏季又是相對低潮，由此產生了所謂的「歇夏期」現象。從以往的市

場實際情況看「歇夏期」也是相對的，當夏季出現熱銷項目或幣種時，「歇夏期」現象就會大大弱化。今后集團禮品消費的下降或將成為一種常態，市場的起伏變化也將會與季節更替逐漸失去明顯關聯。特別是當市場處於深度調整週期時，全年都會冷冷清清，出現「歇年期」。一旦市場啟動后，也會出現與季節無關的持續火爆。

三、創建市場價格指數

價格指數是反應不同時期一組商品（或服務項目）價格水平的變動方向、趨勢及程度的經濟指標。早在18世紀，有關價格指數的理論與應用研究工作就已開始，到目前為止已經廣泛應用於商品市場中的很多領域，成為指引商品交易，研究價格變化規律不可缺少的分析工具。

我國的金幣市場已有37年發展歷史，商品結構日趨複雜，不同幣種的價格波動也會時時產生，某一局部的價格變化已無法全面反應整個市場狀況。如何從總體上科學反應整個市場價格水平的變動方向、趨勢及程度，已經成為洞察市場動向、判斷市場趨勢的重要基礎工作，適時創建中國金幣市場的價格指數已經顯得日益緊迫。

很長一段時間以來，創建中國金幣市場價格指數的呼聲經常出現，有些企業也有嘗試，但由於缺乏權威性，這些嘗試始終沒有取得實質性進展，很多疾呼也逐漸消退。

創建市場價格指數已經不是什麼全新事物，各種統計計算的方法也已比較成熟，但它也不是簡單操作就可順利實現，需要一定的基礎和條件。特別是我國金幣市場的OTC特性，使得市場交易比較分散，增加了數據採集和分析處理的難度，這也正是價格指數遲遲沒有被引入市場的技術原因。

目前在我國的金幣市場中創建價格指數雖然存在一些技術障礙，但只要高度重視，不斷嘗試和推進，這些問題都是可以逐步解決的。創建中國金幣市場的價格指數，需要解決以下主要問題：①要提高認識和緊迫感，把創建價格指數作為促進市場科學發展的重要基礎工作，不能只停留在感性認識階段。沒有市場參與者的高度重視，這項重要的基礎性工作也只能停步不前。②創建市場價格指數，要把權威性放在極其重要的位置，這是一切工作的起點。所謂權威性就是公正客觀，以第三方視角面對市場，避免利益對數據產生失真效應，在市場中樹立數據權威。③創建價格指數，還要使用科學方法解決數據採集和信息處理的技術問題。實際上現代統計技術的發展，已經完全可以解決數據的抽樣調查和分析處理精度問題，只要結合市場實際情況，有針對性地進行符合個性的研究和開發，問題就一定可以得到逐步解決。④創建價格指數，需要一定的資金投入，不管是先期的研究開發，還是啟動後的運行，以及不斷的調整完善，都需要資金支撐。因此必須創建與之相適應的盈利模式，否則一切都將是無源之水。

第三節　解析市場交易價格

市場交易價格是我國現代貴金屬幣市場價值的貨幣表現形式。它們不但是整個市場的風向標和晴雨表，同時也是觀察市場內部運行狀態和規律的解碼器。通過市場交易價格數據和它們具有的特性，可以解讀出我國現代貴金屬幣市場價值的豐富內涵，也可以研究不同幣種市場價格的變動方向和動力。

一、文化藝術價值與收藏投資價值的動態博弈

我國現代貴金屬幣的市場價值由有形價值和無形價值共同組成。其中的有形價值主要包括文化藝術價值和收藏投資價值。由於在市場價格與市場價值之間存在偏離性特徵，認真研究這種偏離性特徵的變化規律就顯得尤為重要，而這種偏離性特徵主要反應在文化藝術價值與收藏投資價值的動態博弈之中。

人們在市場實踐中經常可以看到，有些幣種具有較高的文化藝術價值，但收藏投資價值並不十分優越。有些幣種的文化藝術價值雖然並不十分突出，但反應在收藏投資性能上卻比較優異。這裡就提出了一系列問題：①如何正確看待市場價格？②市場價格在反應文化藝術價值和收藏投資價值時，為什麼有時會出現重心偏移？③如何正確認識出現的這種偏移？④在文化藝術價值與收藏投資價值的動態博弈中，能否以及如何實現兩種價值的統一？

世界上的任何事物都是相對的而不是絕對的，在分析研究上述問題之前，首先應明確評價標準。關於評價文化藝術價值的標準，鑒於目前尚不存在完備的定量評價依據，而且標準可見仁見智、各抒己見，因此在分析研究時將採用在本書第七章第二節中提出的「評價我國現代貴金屬幣文化藝術價值的五大要素」作為標準（以下簡稱評判文化藝術價值的標準）。關於評價收藏投資價值的標準，將採用定量分析方法，使用在本書第八章第二節中提出的評價收藏投資價值的綜合指標（BH值）作為標準。在進行分析比較時，都是在相對於標準基礎上得出的結論。

按照以上標準衡量，人們將可以看到兩種典型情況。一是文化藝術價值與收藏投資價值能夠較好實現統一，即市場價格基本能夠較好反應文化藝術價值和收藏投資價值。二是文化價值與投資價值的統一性相對較差，即市場價格沒能全面反應文化藝術價值與收藏投資價值。

1. 兩種價值基本能夠實現統一的情況

所謂文化藝術價值與收藏投資價值基本實現統一，主要是指市場交易價格基本上能全面反應某一幣種的文化藝術價值和收藏投資價值。在這裡又將分為兩種情況，一是市場交易價格充分反應了優異幣種的文化藝術價值和收藏投資價值。二是市場交易價格充分反應了相對弱勢幣種的文化藝術價值和收藏投資價值。

關於市場交易價格充分反應了優異幣種文化藝術價值和收藏投資價值的情況，

可以有很多實例，以下僅以孫中山先生「天下為公」5盎司金幣為例，見圖10-6。

圖10-6 孫中山先生「天下為公」紀念金幣5盎司紀念幣

如圖10-6所示，這枚5盎司金幣是1993年我國鑄造發行的一款做工精湛的金幣。它由上海造幣廠著名工藝美術專家童友明先生設計雕刻。這枚金幣的人物雕刻形象豐滿，氣質傳神，達到了較高的藝術效果，彰顯了孫中山先生這位中國民主革命偉大先驅的不朽形象。用評判文化藝術價值的標準衡量，具有較高的文化藝術價值。另外，用衡量收藏投資價值的指標分析，這枚金幣的公告發行量99枚，實際銷售數量與計劃相距極大，BH值為110.344，是紀念幣板塊平均BH值的10.90倍，已經進入「20名最佳投資價值金幣名單」的前列，實現了優異幣種文化藝術價值與收藏投資價值的高度統一。

關於市場交易價格充分反應了相對弱勢幣種文化價值和投資價值的情況，也可舉出一些實例，以下僅以部分商業銀行熊貓加字幣為例，見圖10-7。

圖10-7 「中國農業銀行股份有限公司成立」熊貓加字1/4盎司紀念金幣

截至2014年年底，我國已發行以商業銀行為題材的熊貓加字幣共計19個項目，35個幣種，總數量256.63萬枚，總重量204.75萬盎司。圖10-7是2009年發行的「中國農業銀行股份有限公司成立」熊貓加字1/4盎司紀念金幣。在這些以商業銀行為題材的熊貓加字幣中，如果用評價文化藝術價值的標準衡量，其中有很大一部分幣種的文化藝術價值相對較弱。如果再用衡量收藏投資價值的指標分析，它們的平均BH值為6.691，僅為整個紀念幣板塊平均BH值的66.08%，也處於明顯劣勢。以上分析表明，這些幣種的市場價格也充分反應了文化藝術價值與收藏投資價值

的統一。

2. 兩種價值統一性相對較差的情況

所謂文化藝術價值與收藏投資價值的統一性相對較差，主要是指市場價格沒能全面反應文化藝術價值。在這裡也可以分為兩種情況，一是市場交易價格沒能充分體現優異幣種的文化藝術價值。二是一些文化藝術價值處於相對弱勢的幣種，在收藏投資價值上卻顯示出優異性能。

關於市場交易價格沒能充分體現幣種優異文化藝術價值的情況，也可以舉出一些實例，其中最典型的是「第 29 屆奧林匹克運動會貴金屬紀念幣」項目中的一些幣種。圖 10-8 是「第 29 屆奧林匹克運動會貴金屬紀念幣（第 3 組）」中的 4 枚套裝銀幣。

圖 10-8　第 29 屆奧林匹克運動會貴金屬紀念幣（第 3 期）1 盎司紀念銀幣

用評價文化藝術價值的標準衡量，「第 29 屆奧林匹克運動會貴金屬紀念幣」從項目主題、設計要素選擇、雕刻藝術水準、設計創作價值到鑄造加工的技術質量都達到了較高水平，可以算作我國現代貴金屬幣大家族中具有很高文化藝術價值的上乘之作。但由於鑄造發行數量相對較大，零售體系存在瑕疵，投機炒作成分過重，以及其他多種原因，在經過一段時間考驗后，市場交易價格大多不夠理想，整個「第 29 屆奧林匹克運動會貴金屬紀念幣」板塊的 BH 值為 4.087，僅為整個紀念幣板塊平均 BH 值的 40.36%，甚至其中有些幣種的市場交易價格緊貼貴金屬成本，形成了文化藝術價值與收藏投資價值嚴重背離的尷尬局面。

關於收藏投資價值比較優異，而文化藝術價值相對較弱的情況，也有一些實例，以下僅以 1994 年發行的「中國-新加坡友好金銀紀念幣」中的 1 公斤金幣為例，見

圖 10-9。

圖 10-9　中國-新加坡友好金銀紀念幣 1 公斤圓形金質紀念幣

　　用評價文化藝術價值的標準衡量，這枚金幣的文化藝術價值應該處於相對弱勢，文化藝術價值並不出彩。但它的 BH 值是 40.233，為紀念幣板塊平均 BH 值的 3.97 倍，收藏投資價值也已列入「20 名最佳投資價值金幣名單」，分析原因主要是發行數量相對較小。這個實例也應屬於文化藝術價值與收藏投資價值不相統一的案例。

　　3. 分析文化藝術價值與收藏投資價值的動態博弈

　　（1）按照評價文化藝術價值和收藏投資價值的標準進行全面分析，市場價格能夠在統一性上較好反應文化價值和投資價值的幣種，占到整個現代貴金屬幣總數的絕大多數。市場價格沒有全面反應文化藝術價值與收藏投資價值的幣種僅占相對少數。由此說明在我國金幣市場的市場交易中，隨著市場逐漸成熟，市場價格反應市場價值的機制基本有效。

　　（2）由於市場價格側重反應的是收藏投資價值，特別是在各種複雜因素作用下，人們和資本往往更加關注影響收藏投資價值的各種因素，因此在充分反應文化藝術價值方面，市場價格也存在局限性，即市場價格有時並不能完全體現文化藝術價值，出現重心偏移傾向。

　　（3）全面實現文化藝術價值和投資價值的統一，只是一種理想狀態，而市場存在總是有其依據的，沒有對錯之分，它客觀反應了在我國金幣市場中大多數市場參與者的價值取向，也反應了當前市場價格變化的一般規律。

　　（4）我國的現代貴金屬幣本質上是一種藝術收藏品，文化藝術價值是它們在歷史長河中永存的價值源泉。不管是從收藏鑒賞角度還是從歷史價值角度觀察，市場價格是動態的和變化的，文化價值將是永恆的，具有優秀文化價值的幣種必能接受時間和歷史的檢驗。從收藏鑒賞角度和發展錢幣文化角度出發，應積極引導廣大收藏投資及消費群體更加關注和挖掘文化藝術價值，補充價值取向的正能量，為整個市場成熟發展奠定更加牢固的基礎。

　　（5）如何實現文化藝術價值和投資價值的統一，還應從發行銷售方案方面總結經驗。其中特別要認真總結文化藝術價值優異而收藏投資價值欠佳幣種的發行銷售經驗，努力尋找造成這種現象的深層次原因，從源頭開始不斷改進發行方案和銷售工作，為實現文化藝術價值與收藏投資價值的統一奠定基礎。

（6）文化藝術價值與收藏投資價值在本質上沒有矛盾，應該實現統一。但在客觀現實中，兩者有時也會出現偏差，存在現實與歷史之間的博弈，這種博弈關係將在市場交易中長期存在。可以相信，隨著市場的不斷成熟和時間的流逝，這種動態博弈關係將一定會向著更加平衡的方向發展，最終使更多幣種實現文化藝術價值與收藏投資價值的相對統一。

（7）市場存在一定有其理由，分析研究這些存在的依據，在理論和實踐上都有重要意義。在實現文化藝術價值與收藏投資價值統一的問題上，應該加強相關的理論研究，深入分析各種成因和機理，為正確認識各種市場現象提供更加豐富多樣的觀察視角和分析見解。

二、推動市場價格變化的內在動力

市場價格的變化將受到外部環境和內部因素的影響，但促成這種變化需要內生動力。這些動力來源於現代貴金屬幣的價值中值和最基本的量價關係。

1. 市場價值中值

我國現代貴金屬幣的市場價值要在市場交易中實現，而市場交易價格的不斷變動是一種常態。從具體幣種來說，每一次交易過程的完成，都是對當前價格的接受，而每一次價格變動都是對原來價格的否定，在不斷的接受與否定、再接受與再否定中，市場會在某一時點形成一個平衡價位，這個價位就是價值中值，因此價格圍繞價值中值波動將成為市場價格運動的基本規律。由於貴金屬價格的螺旋式上漲，資產價格不斷膨脹、收藏投資及消費群體不斷增加，以及幣種的流通量減少和沉澱量增加等因素影響，某一幣種的價值中值也處於運動之中。這種特性決定從一個相對較長的時間觀察，我國現代貴金屬幣的價值中值呈現一種不斷抬升的趨勢。

市場價格的價值中值不是虛無縹緲的假設，而是客觀存在的現實。為了判斷最佳的收藏投資買入點，長期以來人們一直在積極探尋評估價值中值的方法，其中既有憑藉大量市場實踐的經驗判斷，也有借助各種假設條件形成的數學模型。在總結大量實踐經驗的基礎上，本書第八章第二節評價收藏投資價值的指標體系中提出了一種試探性方法，並且通過實際案例進行了說明。這種方法的本質是借助各種假設條件，通過大量的市場交易數據和數理統計方法，試探性評估幣種的價值中值，爭取與其他研究者共同努力，在研究價值中值中實現突破。

通過這種評估方法計算可以看到，在目前的市場下行週期中，很多幣種的市場價格已經處於價值中值的下端，出現了建倉買入的時機。但也有一些幣種的市場價格仍然高於價值中值，市場調整尚未到位。這種情況說明，不管是在牛市還是在熊市中，機會和風險始終並存。如何通過大量市場交易數據，判斷收藏投資的策略，將是一位成功收藏投資者必備的基本功。

2. 幣種的量價指標

借助大量的市場交易數據，還可以從中探尋相似幣種的價格變化趨勢和能力。目前在市場實踐中使用最普遍的是量價指標，並已經取得相對有效的結果。在品種

眾多的現代貴金屬幣中，很多相似幣種的價格變化規律是完全可以通過這種量價指標認識的。這種量價指標在本書第八章第二節評價收藏投資價值的指標體系中也有計算方法和實際案例的介紹。這種量價指標的原理是，對於特徵基本相同的幣種來說，由於帶動市場價格變動所需的資金總量不同，因而有可能決定不同幣種收藏投資價值的變化能力。這種方法的優點是用於計算的統計數據相對較少，一般收藏投資者都可以在市場操作中根據自己的分析目標靈活使用，而且還可以獲得有益的收藏投資方向指引。

總之，在看似雜亂無章的市場價格交易數據中，內含著很多具有豐富價值的市場信息。這些市場信息不但可以對已經發生過的市場現象和規律進行總結，同時也可以探尋未來市場的發展走向，值得重視。

第十一章　市場生態

　　生態環境（ecological environment）原本是一個自然科學和社會科學名詞，是「由生態關係組成的環境」的簡稱，是指與人類密切相關的，影響人類生活和生產活動的各種自然（包括人工干預下形成的第二自然）力量（物質和能量）或作用的總和。

　　生態環境概念具有系統性、關聯性、互動性和循環性特徵，原本屬於自然科學和社會科學的生態環境概念已經外延至其他社會活動之中，例如，文化生態環境、教育生態環境、金融生態環境等，為系統研究各種社會活動提供了更加開闊的視野和方法。

　　我國現代貴金屬幣的收藏與投資也是一種社會活動。從商品的發行，到市場的價值轉換，再到廣大收藏投資及消費群體，匯集了多種社會力量和資本，已經形成了一個相對完整的系統。這個系統不是孤立存在的，它與所處的環境充分交換能量和信息，同樣構成了一個具有系統性、關聯性、互動性和循環性特徵的相對完整的生態系統。

　　在市場實踐中，人們經常可能想到：①影響我國金幣市場發展的要素和關係錯綜複雜，相互作用。那麼在這些要素和關係中，它們是如何相互作用的？其中又有哪些要素和關係可起到決定性和關鍵性作用？②我國的金幣市場身處於整個藝術收藏品市場之中，那麼金幣市場的發展狀況與整個藝術收藏品市場的發展狀況存在哪些關聯和相互影響？③我國金幣市場的發展融匯於整個國家的經濟發展之中，那麼整個國家的經濟發展環境又會對我國金幣市場的發展帶來哪些影響？④面對各種現實環境和條件，如何不斷發展完善我國的金幣市場？要想正確認識和回答這些問題，應該引入生態環境概念，用生態環境理論解釋各種互動關係，從中找尋改善我國金幣市場生態環境的主要路徑和方法。

第一節　市場生態環境概念和要點

一、市場生態環境概念

我國金幣市場生態環境系統的結構見圖11-1。

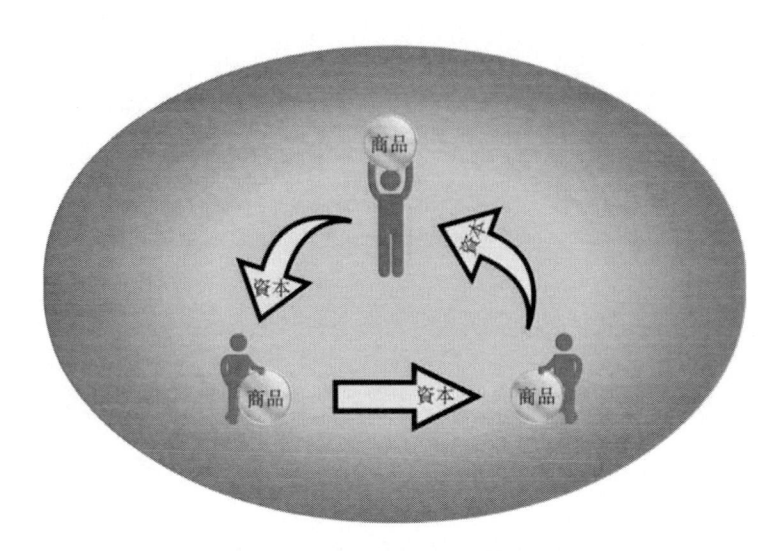

■ 中國金幣市場及環境　■ 中國金幣市場外部環境

圖 11-1　中國金幣市場生態系統示意圖

1. 基本概念

我國金幣市場的生態環境是指作用於整個市場生存和變化的全部內外要素的集合，包括它們相互關聯、循環互動的依存關係以及機理。

2. 主要內涵

如圖 11-1 所示，我國金幣市場的生態環境系統主要包括兩個層次的關係，一是市場本身的生態體系，二是影響市場生態體系的環境。

（1）自身的生態體系。

自身的生態體系，主要是指系統內以物質形態出現的各種要素，其中主要包括：

①商品：我國的現代貴金屬幣。

②人員：參與市場活動的全部人員，包括各種性質的經營者和收藏投資及消費群體。

③資本：支撐市場運行的各種資金。

④市場：由人員和資金支撐的各種交易渠道、交易平臺和市場服務機構。

（2）影響生態體系的環境。

影響生態體系的環境包括內部環境和外部環境。

①內部環境：包括運行機制、市場規則、利益關係、商品質量、信息質量、收藏投資及消費結構、價值取向、市場效率、市場秩序、誠信狀態和各種其他相關的市場條件。

②外部環境：包括融於整個社會的政治、經濟和文化環境。

二、市場生態環境要點

從我國金幣市場生態環境的基本概念和內涵中可以看到，這個市場的生態環境系統反應出以下要點。

（1）我國的金幣市場已經形成了一個完整的系統，從商品的產出到市場的流通，從資金的流動到價值的轉換，從信息的交換到服務的貫通，各種要素齊全，缺一不可。為促成市場運轉，這些要素自發孕育產生、各司其職、相互影響、互相作用，某一個要素的動態變化都會對整個市場的運行產生程度不同的影響。例如：①某些新幣種的發行會引起市場的異動。②出現的某一種新型交易模式，會引發市場資金重新分佈和流動。③出現的錢幣品相定量評級會對提高商品的流通效率產生作用等。這些要素的運動，通過資金與商品的交換不斷進行往復循環，創造出新的價值。因此市場中的一切活動都已顯示出系統性、關聯性、互動性和循環性特徵。

（2）在這些要素中，人是推動各種市場活動的主體。商品的鑄造發行需要人的生產活動和管理。商品的流通和市場服務需要各種人員參與。商品的受眾更是千千萬萬個鮮活的個體。是人的創造活動派生出品種繁多的商品。是人的智慧思維創新出各種形式的交易平臺和市場服務。是人的各種不同需求奠定了商品的不同流向。沒有人的思想活動和實踐活動，就沒有市場的生命與活力。在觀察整個市場生態體系的運行中，研究人的思維方式、行為動機和價值取向是最基本的觀察視角。

（3）在市場要素中，雖然人是各種市場行為的主體，但影響人的思維方式、行為動機和實踐活動的是各種經濟利益，即是資本的力量在推動人的思維和行動。商品供應主體的經營動力是經濟利益。各種中間環節的經營者通過提供交易平臺和服務最終獲取利潤回報。廣大收藏投資及消費群體也意在取得保值增值的比較優勢。投機套利者更是看準豐厚的利差在辛勤忙碌。沒有利益就沒有市場，是資本的力量在指揮著人的行動。經濟利益的動力可激勵人的積極性和創造性，經濟利益的誘惑也可能伴生出市場的利益失衡、利益傷害、唯利是圖和各種風險。在整個市場的生態系統中，經濟利益是全部動力的源泉，也是市場運轉的潤滑劑和制衡劑。研究我國金幣市場生態系統的主要任務，就是借助經濟利益這個放大鏡，觀察各種市場現象，探尋如何通過利益均衡實現整個市場生態系統的良性循環與發展。

（4）我國的金幣市場處於整個國家經濟發展的大局之中，也是整個藝術收藏品市場中的一部分。反應在我國金幣市場生態系統中的各種行為和現象只是我國市場經濟現狀，特別是藝術收藏品市場現狀的縮影。例如：①外部市場的風吹草動會引發金幣市場的波動。②國家大力發展文化藝術產業和鼓勵萬眾創新的政策，就激發了我國金幣市場的新活力。③國家在經濟體制改革深水區中遇到的問題，在我國的金幣市場中也有反應。④目前在藝術商品市場中經常出現的各種違反市場經濟規律的投機炒作，在我國的金幣市場中也屢見不鮮。⑤特別是國家整頓集團禮品消費的正確舉措，已經對我國金幣市場的消費結構產生一定影響。我國的金幣市場不是世外桃源，整個國家經濟環境和政策的變化，藝術收藏品市場的變動，都會對金幣市

場產生互動和影響。觀察我國金幣市場的生態系統，必須從全局出發，既要注重自身具有的個性和特點，也要關注外部環境的作用與影響，這是研究我國金幣市場生態系統的重要思想方法。

（5）我國金幣市場的生態系統，是目前我國市場經濟發展水平的真實寫照，具有歷史發展的階段性特徵。人們一方面應該面對現狀、適應現狀，另一方面不能墨守陳規、無所作為，要創造條件積極改變現狀，實現生態環境的逐步改善。例如，我國經濟體制改革的不斷深入，將為進一步改革我國金幣市場的發行管理體制提供新方向。調整利益關係可充分調動全體市場參與者的積極性，增添市場活力。強化行政監管和法律制衡，可淨化市場環境和完善市場秩序等。總之我國金幣市場的生態環境完全可以通過努力逐步得到改善。

（6）逐步改善我國金幣市場的生態環境千頭萬緒，要想實現效率最大化，就必須從影響生態環境的關鍵環節入手。為此應充分發揮人的主體作用，一方面通過經濟利益這個槓桿，調動全體市場參與者的積極性和創造性，另一方面通過利益均衡實現社會利益最大化和市場的良性循環與互動。例如，主管部門與國有專營企業之間利益關係，國有專營企業與其他市場參與者之間利益關係，一級市場與二級市場之間的利益關係，就應成為調整利益關係的重點。調整這些利益關係可以實現市場的科學健康有序發展。

第二節　改善市場生態環境

從我國市場經濟發展的現狀出發，逐步改善我國金幣市場的生態環境不但可行而且十分必要。改善金幣市場的生態環境應遵循市場經濟的運行規律，從最關鍵的環節入手，通過調整各種利益關係，充分調動全體市場參與者的積極性和創造精神，實現現代貴金屬幣收藏投資的比較優勢和市場的科學健康有序發展。

一、努力推進發行管理體制改革

我國的現代貴金屬幣屬於利用國家行政資源發行的法定貨幣。它的發行應該代表國家利益，反應政府意志，適應市場需求，為發展錢幣文化和廣大收藏投資者的根本利益服務。

為保證實現上述目標，應改革目前實行的政府行政權力的企業化營運模式，將貨幣發行權與面對市場的經營權徹底分離。主管部門要根據國家意志和市場需求獨立行使現代貴金屬幣的貨幣發行權。國有專營企業的主要任務是執行發行計劃，搞好發行銷售工作，為市場和廣大收藏投資者服務。改革目前發行管理體制的目的是從制度設計上調整政府主管部門與國有專營企業之間的利益交織和利益互惠。從根本上避免出現部門利益和企業利益對國家貨幣發行工作的干擾與影響。特別是不能為發行而發行，更不能僅從企業商業利益出發考慮發行項目和規模，不能將國家貨

幣發行的行政權力當成企業牟利的工具。

進行發行管理體制改革，還應改變國有專營企業的激勵機制和管理考核體制。對於握有壟斷經營權的國有專營企業來講，主要任務是為市場和廣大收藏投資及消費者服務，不能將企業的經濟利益作為最重要的經營目標。對國有專營企業的管理，應主要考核其執行貨幣發行政策的能力和為市場服務的水平，將經營業績的考核放在相對輔助的位置。特別是要改變目前存在的企業經營者個人收入與企業效益緊密掛鉤的考核體制。通過正確的利益導向和激勵機制，促使國有專營企業的經營動力向更全面的服務職能轉變，防止政績衝動和單純追求企業短期利益對市場健康發展帶來的影響。

二、努力實現一級市場的規範有序

在我國金幣市場的市場體系中，一級市場是利益分配和實現市場公平的重要節點。如何通過不斷改革，實現市場公平與效率的高度統一，也將是改善市場生態環境的重要工作。

實現一級市場的規範有序，首先應該改革一級市場批發價和零售價的形成機制，實施政府監管下的企業自主定價，適度調整國有專營企業與社會公眾之間的利益關係，通過建立合理的價格形成機制，促使企業在科學經營中實現社會平均利潤，同時也可相對減少壟斷溢價，讓利於民，實現定價程序的合法合規。

實現一級市場的規範有序，其次應改善一級市場銷售體系的頂層設計，在進行第一次價值轉換時，必須以公開、公平和公正的原則，通過一定規則，向廣大民眾提供標準零售價格的商品，把收藏投資的增值預期全部讓利給廣大收藏投資及消費群體，避免利益侵害和利益分流，真正維護市場受眾的根本利益。

實現一級市場的規範有序，最後要實施徹底無保留的陽光工程，將全部銷售方案向社會公布，避免出現暗箱操作、利益輸送、權力尋租和權力腐敗行為發生，保證市場的公平與秩序。

三、努力提高收藏投資價值的比較優勢

努力提高我國現代貴金屬幣的收藏比較優勢，是提高這種商品正向預期的關鍵，也是促進市場生態系統良性發展的基礎。提高收藏投資價值的比較優勢包括商品的數量和質量，其中的關鍵是要按藝術收藏品市場的規律辦事，把我國的現代貴金屬幣打造成民眾喜愛，市場價值優異的藝術精品。

1. 關於商品的數量

我國現代貴金屬幣包括投資幣和紀念幣。目前從發行的規模看，我國紀念幣的年度發行總量已經成為世界冠軍，投資幣的年度發行總量與市場發達國家相比還有很大差距。

調整商品的供應數量，首先應大力調整產品結構，把發展投資幣放在發行工作的首位，通過完善價格體系和回購體系，為投資幣創造更加有力的發展環境和收藏

投資優勢，真正實現發行規模的重大突破。

調整商品的供應數量，在紀念幣方面應採取適度饑渴的發行政策，合理有序地開發、利用我國寶貴的文化歷史資源。特別是面對市場需求的變化要及時調整紀念幣的供應總量，實現增量帶動存量、存量促進增量的良性循環，不能殺雞取卵，使市場出現嚴重失衡。

2. 關於商品的質量

從我國現代貴金屬幣發行的質量看，總體具有一定水平，也反應了我國的優秀歷史文化和造幣技術的發展，但也存在很多缺陷和不足。

改善商品的供應質量，應該打破人為設定的條框限制，充分發揮藝術家的創作才能，利用錢幣的有限空間，全面展示不同幣種的文化歷史背景和設計雕刻技藝，用生動的藝術雕刻語言感動收藏者。

改善商品的供應質量，還要努力進行技術創新，積極適應目前國際造幣技術發展的最新理念和趨勢，努力向藝術收藏品方向轉變。同時要切實採取技術措施，大力提高產品的表面質量，避免出現大面積的質量問題。

四、努力實現基本發行信息的公開透明

作為一種藝術收藏品，我國現代貴金屬幣的實售量是指導收藏投資活動的重要信息。前幾年主管部門曾經公布過一些數據，但不知何種原因，這項工作沒能堅持下去。因此到目前為止，廣大收藏投資及消費群體還無法從官方渠道獲得有關的完整數據。

從發展藝術收藏品市場的基本規律出發，根據市場經濟的公開透明原則，政府主管部門有責任和義務向社會公布現代貴金屬幣的實售量，廣大收藏投資及消費群體也有權利知道這些重要的發行信息，向社會公眾告知這些數據也有相應的法律依據。

從市場的現實情況看，由於有關部門沒有向社會完整、系統地公布過這方面的準確數據，因此在市場中造成了很多疑惑和猜測。特別是有些人利用信息的不對稱，在市場中呼風喚雨，從中漁利。還有些人利用道聽途說的不準確消息，在人群中混淆視聽，給市場造成混亂。作為一種不受保密制度限制的公眾信息，現代貴金屬幣的實售量應該及時向社會公布。

為了維護市場經濟的信息公開透明原則，保護每位市場參與者的平等知情權，有關部門應建立有關制度，定期向社會公布現代貴金屬幣的實售量。對於一時無法準確公布的幣種，也要向公眾說明實際情況，待條件和時機成熟時再予公布。

五、用更加全面的價值取向引導市場成熟發展

目前在我國金幣市場的受眾群體中，投資增值的價值取向仍占據主導位置，對現代貴金屬幣文化藝術價值的挖掘與研究相對薄弱。這種狀況一方面顯示出我國金幣市場發展的階段性特徵，另一方面說明整個市場的發展距成熟市場還有很大差距，

是市場生態環境系統中的不穩定因素。

目前我國金幣市場價值取向的中心偏移傾向，與整個國家的經濟發展階段有關。一方面應承認這種現狀，充分利用經濟利益這個槓桿，帶動市場的發展和普及，另一方面應大力引導更加全面的價值取向，遏制過度的投機炒作，促進市場成熟發展。

引導更加全面的價值取向，首先應創造積極向上的文化藝術價值研究氛圍，大力宣傳收藏投資的正確理念和收藏投資者的收藏經驗。其中要特別重視民間組織和各種錢幣沙龍的積極作用，採取措施充分調動這些群眾組織的創造性，通過形式多樣的研究活動，提高對我國現代貴金屬幣文化藝術價值的挖掘與認識，帶動市場向成熟方向發展。

引導更加全面的價值取向，還要按藝術收藏品市場的規律辦事，大力開展藝術鑒賞與藝術批評活動，努力創造文化藝術研究的環境和條件。特別是通過有益的藝術批評活動，不但要總結設計創作的經驗和規律，提高整體藝術質量，更要引導藝術鑒賞活動向縱深發展，增加市場關注度和參與度，提升對我國現代貴金屬幣文化藝術價值的研究水平，實現更加平衡和全面的價值取向。

六、加強行政監管力度，維護市場正常秩序

目前在我國的金幣市場中，制假販假和坑蒙拐騙的市場現象時有發生，對維護市場正常秩序，促進市場生態環境良性發展危害極大。如何加大行政監管力度，打擊各種違法犯罪行為，也是改善市場生態環境的重要工作。

促進我國金幣市場的健康發展，不但要重視發行銷售工作，也要重視對市場的監管，兩手都要硬。要積極發揮政府相關部門的行政監管職能，與市場建立有效地信息溝通渠道，密切監控市場動態，堅決打擊各種違法犯罪行為，切實維護收藏投資者的切身利益，保證市場秩序的健康有效。

第五部分　歷史篇

第十二章　市場發展歷史研究

　　什麼是歷史？歷史就是過去發生的一切。什麼是歷史研究？歷史研究就是使用歷史研究的方法，對過去已經發生的而且對今天還有意義的事情進行研究。用歷史的坐標度量，我國金幣市場的發展時間應該是極其短暫的，在幾千年的中國錢幣文化發展史中，也只能算是一部歷史史詩中的小小章節。然而，歷史就像一面鏡子，記載著我國金幣市場發展的全過程。歷史就像一部教科書，揭示著我國金幣市場發展的成敗得失和基本規律。歷史就像一座燈塔，會引領我國的金幣市場從過去走向更加輝煌的未來。加強市場發展歷史研究，不僅可以厘清市場發展的軌跡，讓人們知道我國的金幣市場從何處走來，又將去往何處，也可以減少丟失歷史的記憶，同時也可以給我們的后人留下更清晰的交代。

　　在我國金幣市場的演進過程中，已有不少對歷史發展進程的記錄和研究。這其中有官方的廠志、行業志和年鑒，也有一些專門介紹歷史發展的書籍，還有民間的研究文章。這些文獻、書籍和文章，為深入進行市場發展的歷史研究奠定了一定基礎。與此同時，有些官方文件目前尚未公開。在已經公開的歷史文獻中，也存在一些記錄不清、相互矛盾和數據失真的問題。隨著時間的流逝，有些原始記錄和檔案已經散落或丟失。甚至有些重要的歷史發展問題已經缺乏完整記錄。特別是對二級市場的歷史發展研究仍處於薄弱狀態。在歷史研究中存在的這些問題，向我們提出了一個緊迫任務，就是要在已有文獻資料的基礎上，加緊進行有關歷史資料的收集、整理和研究利用工作，特別是對一些有可能失落的重要歷史資料進行搶救性挖掘和保護，為我國金幣市場的長久發展提供更加豐富的背景。

　　在我國現代貴金屬幣的理論與實踐研究中，提出市場發展歷史研究的問題，並不是要借用這裡的短短篇幅撰寫一部中國金幣的發展歷史，也不是要對歷史發展中的諸多問題立即得出明確結論，而是要重點探尋歷史研究的目的和方法，提出研究工作的重點內容，希望引起業界對這個問題的重視，齊心合力在市場發展的歷史研究方面取得積極進展。

第一節 研究的目的及方法

一、開展研究的主要目的

開展我國金幣市場發展歷史研究的主要目的是，探尋發展軌跡、發掘歷史佐證、總結運行規律和借鑑國際經驗。

1. 探尋發展軌跡

追根溯源、探尋市場發展軌跡，是開展市場發展歷史研究的重要目的之一。在我國金幣市場的發展過程中，任何事物都是依據當時的環境和條件產生的，都有當時的背景和依據。例如：①我國第一套現代金幣的發行原因是什麼，為策劃發行這套金幣做了哪些工作，取得了哪些成績，有哪些經驗和教訓。②我國金幣市場的發行管理體制幾經變化，發生這種變化的緣由是什麼，對市場發展起到何種作用。③我國的金幣市場是以具體的項目和幣種作為基礎的，那麼每個項目的立項過程如何，特別是一些重大項目的立項過程、設計鑄造過程和經銷方案是如何制定的，市場效果如何。④我國現代貴金屬幣的設計風格是在發生變化的，為什麼會出現這些變化，如何評價這些變化。⑤我國金幣市場的一級市場和二級市場是逐步發展形成的，促進每一次市場變革的原因何在，如何評價這些變化。以上列舉的問題只是追根溯源的一些方面，還有很多歷史發展問題值得探究。如何全面探尋我國金幣市場的發展軌跡，不但是歷史研究的重要工作內容，同時對厘清市場發展脈絡也必不可少。

2. 發掘歷史佐證

發掘歷史佐證，還原歷史原貌也是開展市場發展歷史研究的重要目的之一。探尋市場發展軌跡，應以歷史事實為依據的，因此收集、整理、考證和甄別各種歷史檔案、文獻、數據和資料，將成為研究的重要基礎、前提和任務。我國金幣市場的發展時間不長，大部分歷史檔案和資料應該還是相對完整的，但也存在資料留存不當和數據不清的情況。例如，早期發行幣種的實鑄量和實售量情況，就存在一些數據缺失現象。有些幣種的版別變化缺乏更詳盡的背景資料。全面查證核實有關問題的實際狀況，為后人保留相對完整的數據資料，將成為進行市場發展歷史研究的重要目標。

3. 總結運行規律

探尋發展軌跡、發掘歷史佐證的根本目的不僅僅是為摸清歷史情況，也不是單純滿足好奇心理，而是要為研究市場運行規律服務。我國的金幣市場幾經起伏變化，這些起伏變化都有歷史成因和規律，這些成因和規律都涵蓋在大量的歷史信息中。例如：①發行管理體制變化對市場發展的影響如何。②我國造幣技術的發展變化對市場發展有何影響。③在市場體系的發展變化中有哪些規律可循。④市場的起伏變

化能給我們帶來什麼啟示。在我國金幣市場的發展中有很多歷史經驗和規律值得認真總結,其中的成功經驗值得繼承和延續,失敗的教訓需要吸取,避免重蹈覆轍,進行系統的市場發展歷史研究,將可為此提供有力的支撐和幫助。以史為鑒、總結歷史經驗和規律是進行市場發展歷史研究更加重要的任務。

4. 借鑑國際經驗

研究現代國際金幣市場的歷史發展,也是歷史研究的重要目的之一。我國的金幣市場不是孤立存在的,它與現代國際金市場的發展也存在必然聯繫。例如:①現代貴金屬幣的起源在國外,在我國金幣市場的發展初期借鑑了國外市場的哪些經驗。②國外投資幣的發展狀況如何,與之相比我國的投資幣市場目前存在哪些差距。③國外現代貴金屬紀念幣的發展狀況如何,有哪些特點和發展經驗。④國外現代貴金屬幣的發行銷售體制有何特點,與之相比我國的金幣市場有哪些不同特色。進行市場發展歷史研究,也應該充分借鑑國際市場的歷史發展經驗和成果,從發行管理體制、銷售機制、市場狀態和價值取向等問題著手開展研究,為我國金幣市場的發展提供有益借鑑。

二、歷史研究的主要方法

1. 公正客觀的態度

研究我國金幣市場的歷史發展問題,不可避免地要反應研究者的意志和價值觀。儘管歷史事實是客觀存在的,但由於研究者的位置和視角不同,往往也會得出差別較大的結論。為保證研究工作的質量,研究者應本著科學客觀的態度,在充分掌握歷史資料和數據的基礎上,使用正確的思想方法和工作方法開展研究工作,同時接受時間和歷史的檢驗,避免受到各種利益和認識偏差的干擾和影響。

2. 官方與民間充分結合

研究我國金幣市場的歷史發展問題,應採用以官方為主和官方與民間相結合的方式進行。由於目前大量的歷史檔案和數據仍掌握在官方手中,因此應由官方為主推動研究工作的進展,同時也要調動民間的積極性參與研究工作。特別是對市場體系發展的歷史研究,民間也掌握有大量的歷史資料和數據,完全可以在研究工作中發揮重大作用。只有充分調動兩個積極性,才有可能使研究工作取得較好進展。

3. 充分公開檔案資料

研究我國金幣市場發展的歷史問題,一方面,要充分利用已經公開的文獻和數據,另一方面,管理層也應在不違反有關保密法規的前提下,逐步向社會公開有關檔案資料,接受研究者的查詢和檢索,使公眾信息在一定規則下得到充分開發和利用,為全面深入開展歷史發展研究提供必要的基礎數據和資料。

4. 持續不斷地開展研究

我國金幣市場的發展時間畢竟較短,對有些歷史問題的研究可能確實存在局限性,特別是一些重大規律的研究還應需要更長時間檢驗,不會一勞永逸。因此目前進行的有關歷史問題研究也只能是階段性成果,隨著認識的不斷深化,有關研究工

作應該不斷深入，用新的研究成果不斷修正以往的結論，使歷史研究的水平和質量不斷提高。

第二節　研究的主要內容

對我國金幣市場發展的歷史研究主要包括但不局限於以下問題。

一、國內市場發展的歷史研究

1. 體制機制發展變化的歷史研究

從1979年到現在，我國金幣市場的發行管理體制經歷過幾次重大改革。1979年至1987年，主要由中國印鈔造幣總公司統一負責項目的籌劃、設計鑄造和銷售工作。1987年，中國金幣總公司成立，標誌著中國金幣事業開始邁入專業化的發展道路。2000年國務院頒布《中華人民共和國人民幣管理條例》，從此我國的金幣事業又步入了一個新的歷史發展階段。研究我國金幣市場發行管理體制的歷史變化，主要應包括以下三點：

（1）為什麼要進行這些改革，改革的主要依據和背景是什麼，當時的改革主要為解決哪些問題。

（2）改革的具體過程如何，遇到過那些困難和阻力，這些問題是如何解決的。

（3）體制機制改革使市場發生了哪些變化，對市場的發展有何影響，這些變化對今後我國金幣市場的不斷改革可以提供哪些經驗和借鑑。

2. 造幣技術發展的歷史研究

隨著不斷增強的國家和企業經濟技術實力，我國現代貴金屬幣的鑄造技術和生產條件也發生了重大變化。從最初經驗不足和技術裝備相對落後發展到今天，不僅專業的現代貴金屬幣鑄造企業已經建成投產，而且技術手段、工藝裝備、生產能力、管理水平都有了較大幅度提高。特別是電子雕刻技術的發展，使制模技術已經發生了革命性變革，造幣技術正向著現代化水平邁進。研究我國鑄造技術的歷史發展，主要應包括以下四個方面：

（1）厘清三十多年來我國現代貴金屬幣的鑄造技術發生了哪些重大變革，鑄造技術的進步對市場發展做出了哪些貢獻。

（2）受早期工藝技術水平影響，對出廠產品的表面質量差異產生過哪些影響。

（3）由於採用電子雕刻技術，我國現代貴金屬幣的雕刻水平和風格開始發生變化。對比新老幣種的藝術表現力，認真研究不同技術手段在藝術質量上發生了哪些變化。要認真總結經驗，努力發揮技術進步的優勢，同時也充分保留原有雕刻技藝的藝術特長和價值。

（4）在質量管控方面，研究早期發行幣種的工藝技術特點和產品質量。通過總結歷史經驗，從根本上解決金幣紅斑、銀幣白霧等質量頑疾。要通過研究鑄幣技術

的歷史發展，推動我國現代貴金屬幣的鑄造技術和產品質量不斷提高。

3. 設計雕刻風格發展的歷史研究

隨著我國金幣市場的啟動和時間的演進，我國現代貴金屬幣的圖案設計和雕刻風格也在不斷發生變化。特別是 2000 年以後，我國現代貴金屬幣的設計組織工作開始逐步形成一套規範化、專業化的審定程序，其中的重大題材還廣泛徵集社會意見，使我國現代貴金屬幣的整體設計雕刻水平不斷提高，為提升整體藝術質量做出了積極貢獻。研究我國現代貴金屬幣設計雕刻風格的歷史發展，主要應包括以下五個方面：

（1）釐清這一過程大體應分為幾個階段。每個階段的歷史背景如何。

（2）各個階段的設計風格各有什麼特點。從藝術角度出發，通過對比大量實物，能否總結出各個階段的優劣得失。

（3）通過總結國際獲獎幣的成功經驗，可以為今后的設計雕刻提供哪些有益借鑑。

（4）如何吸取歷史發展的成功經驗，打破各種條框限制，充分利用錢幣正背面的有限空間，通過豐富多彩的設計方案，充分展現項目主題的美學和藝術價值。

（5）如何通過總結歷史經驗，揚長避短，把我國現代貴金屬幣的整體設計雕刻水平推向一個新的高度。

4. 市場體系發展的歷史研究

隨著我國市場經濟的不斷發展進步，我國金幣市場的市場體系從無到有、從小到大，也在不斷前行。其中一級市場的零售體系逐漸完善，二級市場的交易平臺不斷豐富，市場服務體系也不斷健全，特別是網路技術的興起，使市場信息的傳播速度和交易效率大幅度提高，整個市場體系正向著更加透明高效的方向前進。研究我國金幣市場體系的歷史發展，主要應包括以下五個方面：

（1）深入研究國家經濟的不斷發展，對我國現代貴金屬幣收藏投資及消費群體產生的變化和影響。

（2）研究一級市場零售體系的幾次變革對市場發展有何正向作用。

（3）研究二級市場交易平臺和市場服務體系的歷史變遷對擴大市場基礎有何推動。

（4）特別是要認真研究網路技術的發展對市場的交易平臺、信息傳播和交易效率產生了何種推動作用。

（5）通過對市場體系歷史發展的系統研究，全面總結市場體系發展的歷史經驗和規律，預判市場體系今后的發展方向和主要路徑。

5. 市場週期性波動的歷史研究

週期性波動是市場經濟的基本規律，我國的金幣市場也遵循這種規律，並在市場的週期性波動中向前發展。我國的金幣市場經歷過幾次大幅度調整週期，在大的波動區間內也有相對較小的區間波動，而且在市場的波動中，不同板塊、項目和幣種也反應出差異較大的變化規律，形成了關係複雜、變化莫測的市場表象。研究我

國金幣市場的週期性波動，主要應包括以下兩方面：

（1）找尋引起市場幾次大幅度調整的一般性誘因，同時找尋引起每次調整的個性化因素，通過共性與個性的變化規律研究，更深刻地認識影響價格波動的深層次原因，更好把握今后的市場發展動向。

（2）研究市場的週期性波動，還應深入探尋不同板塊、項目和幣種的具體變化規律，特別要從供需關係變化的基本點出發，重點研究不同板塊、項目和幣種產生不同變化的規律和機理，為今后制定發行計劃，引導收藏投資提供有益的指引。

6. 重大歷史發展節點的研究

我國金幣市場的歷史發展是年復一年地由一件件具體的事件組成的，有些事件在當時看來並不引人關注，但現在回顧這些事件，卻發現它們對以後的市場發展產生了重要影響，成為不容忽視的重要歷史節點。研究我國金幣市場發展的重要歷史節點，不僅可以完整、清晰地再現整個歷史發展過程，同時也可以從中找尋影響市場發展的規律和脈絡，是歷史研究的重要組成部分。這些重要的歷史發展節點主要應包括以下十個方面：

（1）新中國即將發行第一套金幣的消息是何時以何種方式面對公眾發布的。第一套金幣在境外市場是如何銷售的，有何可以汲取的經驗和教訓。

（2）國內市場是何時開始面對公眾開放的。第一批零售網點有幾家在何處。第一天賣了些什麼幣種。市場效果如何。

（3）國內第一家現貨交易市場出現在何時何處。隨后全國各地的現貨交易市場是如何發展的。各個市場都有哪些不同特色。

（4）國內首份介紹錢幣市場的專業報紙誕生在何時。報紙的名稱是什麼。各種紙質媒體的發展歷程如何。對市場發展產生了何種作用。

（5）國內何時何地開始首次舉辦相關的展覽會和展銷會，主辦單位是誰，有何社會影響，取得了何種效果。

（6）現代貴金屬幣首次進入拍賣市場的時間是何時，是由哪一家拍賣公司組織的。第一場專場拍賣會是何時舉辦的，舉辦的背景和效果如何。

（7）在國內市場中，首次實現網路交易的時間是何時，網站的名稱是什麼。網路交易的發展歷程如何，對市場發展做出了哪些貢獻。

（8）在市場發展進程中，官方還發布了哪些重大信息、推出了哪些重大舉措，組織過哪些重大活動，發生過哪些重要事件。在二級市場和民間，發生過哪些重大事件和新生事物。

（9）在歷史發展過程中，有哪些人物做出過重要貢獻，如何正確評價他們的成敗得失。

（10）通過歷史節點研究，形成囊括全部市場發展的階段性大事記，為今后的歷史研究留下必要的文字記錄和基礎。

7. 實鑄量和實售量研究

受市場條件影響，在我國的現代貴金屬幣中有些幣種的實鑄量沒有達到計劃發

行量，還有少數幣種雖然已經鑄造出來，但已經被官方熔毀，沒有實現銷售。作為一種公眾信息，管理部門應主導並加緊對各個幣種的實鑄量和實售量進行清理和查實，其中特別是對 2000 年以前發行幣種的實鑄量和實售量數據進行全面的搶救性清查，本著對歷史和后人負責的態度，盡可能還原歷史原貌，並擇機公告。

8. 存世量的研究

對我國的現代貴金屬幣來說，不但實售量與計劃發行量有差距，在商品的流通過程中，民間也有一些熔損情況，因而市場存世量的研究也不容忽視。當然完全搞清民間的熔損情況是不可能的，但本著愚公移山的精神，通過市場調查，部分摸清熔損狀況還是有可能的。因而在市場發展歷史的研究中，應該鼓勵民間的有識之士，開展這方面的調查研究工作，盡最大可能搞清某些幣種的存世量，通過實證調查為后人留下寶貴的歷史數據。

9. 幣種的版別研究

由於受當時生產工藝條件限制，目前市場流傳著一些幣種的版別，這些版別與質量差異混淆在一起，是非難辨。研究市場發展的歷史問題，從技術上甄別版別也十分必要。開展此項研究工作，應組織相關制模專家對市場上流傳的所謂版別逐枚進行認定，分析產生的原因，給市場和歷史一個科學合理的交代。

10. 樣幣的研究

目前市場上也流傳著一些所謂的現代貴金屬幣樣幣。應該說在這些樣幣中，有真實的樣幣，也有混淆視聽的假樣幣。雖然這些樣幣不可能得到官方的肯定和否定，但從民間角度出發，應以科學嚴謹的態度，對這些樣幣的真偽開展深入研究，提出可靠的來源依據。對樣幣真偽的研究，應該完全摒棄各種商業利益，本著科學客觀的態度，用確鑿無疑的歷史佐證進行甄別和研判，以正視聽，為歷史留下能夠經受檢驗的考證資料。

二、國際市場發展的歷史研究

1. 國際市場發行管理體制的歷史研究

為弘揚本國文化，紀念重大事件，發行現代貴金屬幣是世界各個國家長久以來普遍實行的一種反應國家意志的貨幣發行活動。由於各個國家的國情不同，歷史發展階段也存在差異，因此發行現代貴金屬幣的體制機制、發行規模和零售體系等也是多樣化的。儘管目前不同國家的發行銷售制度存在一些差異，但是經過較長時間的市場歷練，各個國家還是累積了一些相對成熟的管理經驗和辦法，反應出現代貴金屬紀念幣市場發展的一般規律。為促進我國金幣市場的科學健康有序發展，如何全面瞭解其他國家的歷史發展和現狀，認真研究其中的一般規律，充分借鑑國際上的有益經驗和教訓，也將是研究歷史發展的重要課題。研究國外現代貴金屬幣發行管理體制的歷史發展，主要應包括以下五個方面：

（1）項目的發行如何決策，有哪些基本程序。

（2）發行的總規模如何確定，如何與市場對接。

（3）批發價格和零售價格如何制定，一級市場的零售體系如何組織，具有哪些特點。如何保證市場公平、公正。

（4）現代貴金屬幣的發售收益如何處理，如何保證發行紀念幣為公眾利益服務。

（5）研究以上問題，應重點收集法制健全國家和市場相對成熟國家的歷史發展經驗，從中吸取市場發展的正向能量，結合我國的國情，促進我國金幣事業的改革發展。

2. 國外投資幣市場發展的歷史研究

在整個國外市場中，投資幣是極其重要的組成部分。我國投機幣的起步時間不晚，與國外的各種投資幣既有共同點，也有自己的鮮明特色。研究國外投資幣的發展歷史，主要應包括以下三方面：

（1）國外主要投資幣種類的產品特點、文化特點、設計特點。這些特點具有哪些優勢，有哪些經驗值得我們借鑑。

（2）在國外主要的國家中，投資幣的價格體系如何制定，市場體系如何佈局，回購業務如何開展，回購差價如何釐定，做市商發揮了何種作用。價格體系和市場體系對擴大發行規模產生了何種影響，我們從中可以汲取哪些經驗。

（3）國外主要投資幣種類的發行規模如何。發行規模變化一般受到哪些因素影響。

3. 國外鑄幣技術發展的歷史研究

現代機制幣的鑄造技術最初源於國外，19世紀進入中國。隨著時代的進步和技術的發展，傳統的鑄造技術已經發生根本性變革。特別是現代貴金屬幣的非流通貨幣屬性，使它們的製作技術和工藝水平更是取得日新月異的發展，向藝術收藏品轉化已經成為一種新的發展趨勢。從硬件條件觀察，我國現代貴金屬幣的技術裝備已經不亞於世界先進水平，但從軟件方面觀察，在技術累積、管理經驗和創新能力等方面還存在一定差距。如何認真研究國外先進企業鑄幣技術的歷史發展軌跡，從中吸取有益的發展經驗，也是研究歷史發展的重要課題。研究國外鑄幣技術發展，主要應包括以下三點：

（1）研究國外鑄幣技術的歷史發展，關鍵是研究制模技術的發展歷史。其中要特別關注國外造幣企業如何處理傳統設計雕刻藝術與現代雕刻技術之間的關係，在傳統與現代的結合方面充分吸取國外造幣企業的先進經驗。

（2）研究國外鑄幣技術的歷史發展，還要認真汲取他們在質量控制方面的成功經驗，特別是在解決金幣紅斑和銀幣白霧的質量問題上，要吸取國外造幣企業的成功經驗，為解決我們生產中的質量頑疾提供歷史借鑑。

（3）研究國外鑄幣技術的歷史發展，也要關注國外造幣技術的最新發展，特別是圍繞提高藝術收藏價值出現的技術創新和產品創新趨勢，結合我國項目的特點，適時採用，跟上世界技術發展的步伐。

4. 國外收藏投資群體價值取向的歷史發展研究

現代貴金屬幣的市場價值由文化藝術價值和收藏投資價值共同組成。從整體上

看，收藏投資群體的價值取向對市場的結構、市場的穩定性將產生重要影響。目前我國金幣市場的價值取向偏重於投資價值，穩定的收藏鑒賞群體相對較小，甚至投機炒作之風時有盛行，這應該與市場發展的階段性和成熟程度有關。國外錢幣收藏市場已有較長的發展歷史，在國外相對成熟市場中人們經常可以看到，收藏投資群體一般都具有較深厚的文化底蘊，對投資增值抱有一種淡定心態，市場的收藏鑒賞氛圍相對比較濃厚。如何認識國外相對成熟市場的發展；如何從社會、經濟和文化角度研究國外成熟市場的歷史發展過程；如何在國內外收藏投資價值取向的差異對比中，探尋我國金幣市場發展的方向，也應該是研究歷史發展規律的重要課題。研究國外收藏投資群體價值取向的歷史發展，主要應包括以下四個方面：

（1）國外錢幣市場的發展經過了哪些階段。形成相對成熟市場需要哪些環境和基礎。從國外相對成熟市場的發展中，我們可以汲取哪些有益的經驗。

（2）目前在我國的金幣市場中，側重於投資價值的傾向是否在國外成熟市場普遍存在，或僅僅是一個歷史發展過程。在收藏與投資的價值取向問題上，國內外市場存在哪些差異，為什麼會存在這些差異，是否與國家經濟文化發展的歷史階段有關。

（3）衡量一個市場成熟度的標準是什麼？通過研究對比國內外收藏與投資觀念的差異，在承認投資價值的前提下，如何找尋促進我國金幣市場成熟發展的基本路徑。

（4）我國的金幣市場能否借鑑國外成熟市場的發展經驗，創造條件，在歷史發展過程中較快實現更加理性和平衡的收藏投資價值取向。

5. 國外二級市場發展的歷史研究

二級市場是整個市場體系的重要組成部分，承擔著現代貴金屬幣的市場流通和價值轉換職能，二級市場交易平臺和市場服務的形式與特色，對整個市場體系的效率與秩序有著重要影響。在我國金幣市場二級市場的發展中，如何借鑑國外市場發展的歷史經驗，不僅十分必要，同時也應該成為研究歷史發展經驗的重要課題。研究國外二級市場的發展，主要應包括以下三個方面：

（1）研究國外二級市場交易平臺的發展歷程和現狀，其中應特別關注相對成熟市場中網路平臺、展銷平臺、拍賣平臺的發展情況，研究國外市場實現價值轉換的主要方式，找尋其中值得借鑑的成功經驗。

（2）研究國外市場服務體系的發展，其中應特別研究錢幣評級業務的發展歷程、歷史作用和市場狀況，關注錢幣評級在不同國家和地區的生存能力，認真研究其中的原因和影響因素，為正確認識錢幣評級功能提供有益經驗。

（3）對比國內外二級市場的發展，應充分借鑑國際市場的有益檢驗，借鑑更先進的思想和形式，同時結合我國的實際情況，發揮特色，為發展我國金幣市場的二級市場服務。

市場發展歷史研究涉及的問題很多，如何匯集各方面的力量和積極性，認真探尋這些國內外的歷史發展情況和經驗，以史為鑒，加快市場的科學健康有序發展，將是我國金幣市場面對的重要工作，值得關注和大力推進。

結束語

　　通過大量市場實踐，大力推動我國現代貴金屬幣的理論與實踐研究，是市場形勢發展的需要，是探索事物客觀發展規律的需要，也是市場參與者形成理性思維的需要。只有通過深入的理論研究，才有可能客觀揭示各種市場表象的本質，探尋市場健康發展的路徑，邁開市場實踐活動的堅實步伐。沒有深入的理論與實踐研究，就不可能為我國金幣市場的科學健康有序發展提供豐富的精神食糧和強大動力。

　　我國現代貴金屬幣的理論與實踐研究是一項十分艱鉅的任務，涉及的問題相對比較廣泛。本書目前僅是圍繞基礎理論、商品、價值、市場和市場歷史發展中的一些最基本、最重要的問題展開研討，沒有涵蓋其中的所有課題，同時這些問題也需要得到市場實踐的檢驗。在深入研究上述問題的過程中，筆者全面闡述了自己的觀點和認識，目的在於引起市場參與者的廣泛討論，使理論研究工作更加深入。

　　由於我國金幣市場的發展時間相對較短，深入的理論研究才剛剛起步，大量的未知規律需要繼續深入探索，理論研究的發展空間非常巨大。

　　展望理論研究的發展，在市場參與者的實踐與創新中，我國的金幣市場每天都在發生變化。理論研究一方面要緊貼市場脈搏，敏銳感知市場的動態變化，另一方面要在市場實踐中檢驗完善已有理論成果，不斷提出新的理論認知，為解決市場面對的新問題提供理論支撐。

　　展望理論研究的發展，要特別關注網路技術發展對整個市場產生的影響。技術進步會使社會結構產生巨大變革，我國的金幣市場也不例外。隨著網路技術迅猛發展，我國金幣市場的市場結構、交易模式、交易效率和信息傳播正在出現較大變化。特別是「互聯網+」作為一種新業態的出現，使一些過去很難解決或很難想像的事情，今後都有可能變為現實，理論研究將面對新課題和新挑戰。

　　展望理論研究的發展，在技術進步過程中，大數據時代的來臨將為理論研究提供更加科學有效的分析手段和工具。由於受到各種條件限制，目前我國金幣市場的信息採集、處理和分析工作一直還處於相對薄弱狀態，給及時瞭解市場動態，進行定量研究造成了一些障礙。大數據的普遍應用，使這些困難可能得到解決，同時對分析原理、方法和手段帶來重大變革。理論研究應該順應時代發展，積極創造條件，用全新的分析工具推動理論研究水平不斷提高。

　　展望理論研究的發展，人們可以看到在市場參與者中已經湧動著一股關注理論研究、踴躍參與理論研究的積極力量。理論研究不僅是研究機構和學者的任務，同時也是全體市場參與者共同面對的課題。為滿足市場科學健康有序發展的需要，在

百花齊放、百家爭鳴的氛圍中，我們一定會看到將有更多的機構、學者、收藏投資者和經營者，借鑑市場實踐的豐富經驗，把大小不同的研究成果匯集到理論研究的大舞臺中，為發展我國的金幣市場做出新的理論貢獻。

　　國家經濟和文化事業的不斷發展，人民物質文化生活水平的不斷提高，已為發展我國的金幣事業奠定了堅實基礎。我國現代貴金屬幣的市場價值不斷提升，將是歷史發展的必然趨勢。國家政治和經濟體制改革的不斷深化，將為整個金幣市場提供更加健康和諧的外部市場環境。只要順應形勢變化，不斷深化改革和完善發行管理銷售體制，真正按藝術收藏品的市場規律辦事，合理調整市場參與者的利益關係，大幅提高我國現代貴金屬幣的文化藝術價值和收藏投資價值，提升整個市場價值的正向預期和比較優勢，努力完善市場體系，積極倡導均衡的價值取向，穩步擴大收藏投資及消費群體，促進市場生態環境良性循環，夯實促進市場發展的內生動力和基礎，我國的金幣市場就一定會迎來更加健康和美好的明天。

參考文獻

1. ［美］曼昆. 經濟學基礎［M］. 梁小民，梁礫，譯. 北京：北京大學出版社，2014.
2. 張連城. 經濟學教程［M］. 北京：經濟日報出版社，2007.
3. 管德華，孔小紅. 西方價值理論的演進［M］. 北京：中國經濟出版社，2013.
4. 任力. 投資學概論［M］. 杭州：浙江大學出版社，2010.
5. 張曉暉，呂鷹飛. 金融學基礎［M］. 北京：中國財政經濟出版社，2014.
6. 馬豔，李韻. 虛擬價值理論及現代性分析［J］. 復旦學報：社會科學版，2012（1）.
7. 柴永柏，曹順慶. 藝術學導論［M］. 北京：北京大學出版社，2013.
8. 西沐. 中國藝術品市場批評概論［M］. 北京：中國書店出版社，2010.
9. 戴志強. 錢幣學概述［J］. 中國錢幣雜誌，2010（3）.
10. 陳新余. 中國錢幣學基礎［M］. 南京：南京師範大學出版社，2006.
11. 單薇. 統計學［M］. 北京：中國統計出版社，2012.
12. 中國人民銀行. 中國人民銀行六十年［M］. 北京：中國金融出版社，2008.
13. 中國金幣總公司志編委會. 中國金幣總公司志1987-2007. 中國金幣總公司內部讀物.
14. 張向軍. 貨幣貴族——中國現代金銀紀念幣［M］. 北京：中國金融出版社，2009.
15. 中國金幣編輯部. 金銀幣收藏與投資［M］. 北京：國家行政學院出版社，2010.
16. 中國金幣總公司. 中華人民共和國貴金屬紀念幣圖錄［M］. 成都：西南財經大學出版社，2006.
17. 文鄭明. 中國歷史2000問［M］. 北京：中國華僑出版社，2011.
18. 王仲會. 中國黃金體系改革與發展研究［M］. 中國財政經濟出版社，2007.
19. 文化部文化市場司. 中國藝術品市場年度報告（2013）［M］. 北京：人民美術出版社，2014.
20. 趙燕生. 中國現代貴金屬幣市場分析［M］. 成都：西南財經大學出版社，2012.
21. 趙燕生. 中國現代貴金屬幣市場分析報告（2012）［M］. 成都：西南財經大學出版社，2013.

22. 趙燕生. 中國現代貴金屬幣市場分析報告（2013）［M］. 成都：西南財經大學出版社，2014.

23. 趙燕生. 中國現代貴金屬幣市場分析報告（2014）［M］. 成都：西南財經大學出版社，2015.

24. 北京市集郵協會. 中國現代集郵［M］. 北京：人民郵電出版社，2011.

25. 張曉明. 中國文化產業發展報告［M］. 北京：社會科學文獻出版社，2013.

26. 趙燕生. 如何看待金銀幣品相與價格的關係［J］. 中國收藏（錢幣），2013（30）.

27. 思泉. 人民幣樣幣初探［J］. 集幣報，2011（20）.

28. ［美］皮特·安東尼. 熊貓金銀幣收藏指南（第二版）［M］. 王海敏，譯. 北京：中國金融出版社，2014.

29. 曾衛勝. 中國佛教聖地（峨眉山）金銀紀念幣的文化解讀［EB/OL］. http://www.chngc.net.

30. 陳鵬洋. 對中國青銅器金銀紀念幣項目的回顧與反思［EB/OL］. http://www.bqcoin.com.

31. 羅平，吳軍梅. 銀行監管學［M］. 北京：中國財政經濟出版社，2015.

附　錄

附錄1　中國佛教聖地（峨眉山）金銀紀念幣的文化解讀

曾衛勝

中國人民銀行定於2014年3月21日發行中國佛教聖地（峨眉山）金銀紀念幣一套。該套紀念幣共5枚，其中金幣3枚，銀幣2枚，均為中華人民共和國法定貨幣。紀念幣正面圖案均為中華人民共和國國徽、並刊國名、年號；背面圖案：1公斤圓形金質紀念幣為萬年寺普賢菩薩造型；5盎司圓形金質紀念幣為四面十方普賢菩薩造型；1/4盎司圓形金質紀念幣為報國寺普賢菩薩菩薩造型；1公斤圓形銀質紀念幣為金頂景觀造型；2盎司圓形銀質紀念幣背面圖案為萬年寺景觀造型。

這套（峨眉山）金銀紀念幣是繼五臺山金銀紀念幣、普陀山金銀紀念幣之后的第三套中國佛教聖地金銀紀念幣。筆者前面分別對已發的兩套金銀紀念幣作了一些宗教學和哲學常識的解讀，現謹就這套金銀紀念幣所表現的普賢菩薩的佛教精神與大家分享。

峨眉山高聳西南，嚴峻挺拔、萬木凝翠，形如峨眉之細長，故名峨眉山。由於自然地質地貌條件的奇異，造成晝映霞光、夜顯燈火的天然奇觀。正是這神奇獨特的自然山色，一經與佛教文化相結合，逐漸形成別具特色的峨眉山佛教文化。峨眉山的一山一石、一草一木都神聖化、超自然化了，成為普賢菩薩顯示神聖、救贖苦難的象徵，受到萬民敬仰和崇拜，如菩薩石、普賢茶、普賢竹、洗象池、佛光、聖燈等等。峨眉山因是普賢菩薩的道場，而名列佛教四大名山之一，朝野禮敬，綿延千年；峨眉山因普賢而名高五岳，普賢因峨眉山而神奇應化。

中國佛教崇奉的兩部重要佛教經典《華嚴經》和《法華經》都對普賢菩薩有重要的論述，四十卷本《華嚴經》也稱《普賢行願品》，《法華經》中則有《普賢菩薩勸發品》。一些密教經典也對普賢菩薩有專門的描述。在佛教經典中，普賢菩薩被描繪為佛法的化身，是與三世諸佛等身的諸菩薩之首，稱其行願是大乘菩薩修行的集中體現。《華嚴經》是佛教的最主要經典之一，內容浩繁、文字艱深。筆者早年仔細研讀了這部經典及其相關文獻，今次為了品鑒這套中國佛教聖地（峨眉山）金銀紀念幣，又仔細仔細研讀了這部經典及其相關文獻，認真梳理和領會普賢菩薩行願的主要內容。

普賢菩薩信仰屬於大乘佛教。大乘佛教的理論體系與實踐體系都是由菩薩信仰體現的。在中國佛教裡最有名的是文殊、觀音、普賢、地藏四大菩薩信仰。儘管所有菩薩的基本特性都是一致的，如誓願宏大、富有智慧、慈悲無邊、神通廣大等，但每個菩薩又都有其個性：文殊的大智、觀音的大悲、普賢的大行、地藏的大願。普賢菩薩的大行最集中地體現為「十大行願」。詮釋普賢「十大行願」的主要經典是《華嚴經》的《普賢行願品》。普賢行願的內容主要有「十願」「十忍」「懺悔六根」等。「普賢十願」，也稱「普賢行願」，是普賢菩薩為成就佛的功德，從事修行和度化眾生所實施的實踐體系與規則。

　　概括地說，普賢菩薩行願的內容主要是：通過修行，成就佛心、完善人格；闡述大乘佛教的具體修行方法。就普賢行願內容的普世意義而言，就是一個人通過修養，尤其是道德修養，明白實踐的重要意義和具體方法，以完善人格，達到理想的精神境界。普賢行願體現了佛教禪宗的重實踐——重道德實踐、重利他行善的品格和精神特徵。

　　普賢菩薩的實踐體系和實踐精神，筆者認為主要表現為以下幾個方面：

　　正心向善——普賢十大誓願，體現了「上求菩提，下化眾生」的宏願和善心，體現了度化眾生的利他精神即要具有善良的思想基礎。普賢行願特別強調發菩提心，正心就是正確確立修持成佛的目的。

　　求真——普賢「十忍」法體現了普賢對人生與宇宙的認識、一切事物處於不斷變化的過程中、透過現象看本質、在實踐中調整修行的方法等思想。

　　反省——普賢的「懺悔六根」法，具有反省自身的思想、言論和行為的意義，對於防止一味追求感官享受、貪欲膨脹、邪思惡念等「惡」的思想與行為都有警示作用。人需要懺悔，需要反省，需要檢討，需要反思。「懺悔六根」法對於反省個人的局限、缺陷、過失，顯然是具有現代借鑑意義的。

　　人們從信佛敬佛開始，經過悔過向善和求法修法，最后達到提升自我道德、利他普德的成就的目標，從而形成一個完整的結構。在這個結構中，對佛的信仰是絕對的前提和全部十大行願的基礎，悔過向善則是從敬佛到學佛的過程，修行以「讚佛」「責己」為特徵，以修法——尋找到「普恩、普德、普事功」的普度眾生的方法，並最後實現「賢家、賢國、賢天下」的成就。所以，「濟生」「賢天下」才是信佛敬佛的終極目的。

　　在今天，大乘佛教所敬仰的菩薩的理念、品格、特質、精神是否具有現代意義呢？我們認為，結合當前的時代特點和社會進步的需要，對菩薩的理念、品格、特質、精神進行符合現代精神的解讀，以天下眾生的苦樂為苦樂，以自我的未來健康和社會的未來安寧為終極願望，這也許是其所蘊涵積極因素的現代價值。

　　峨眉山伏虎寺有副對聯：「山色千重眉鬢綠　鳥聲一路管弦同」。上聯寫峨眉山千山擁翠，人行其間滿身披綠，鬢須返黛，神清氣爽；下聯說沿途鳥語清脆，溪流婉轉，好似絲竹管弦。峨眉山一片生機勃勃，在這樣的神祕景色中參禪，似乎人可返老還童，喜悅之情，躍然於面。

這組金銀紀念幣圖案以展現普賢菩薩和峨眉山的佛教建築為主：金質幣展現的都是普賢菩薩造型，體現了佛要金身的理念，也體現了菩薩的唯美和神聖；銀質幣為金頂景觀造型和萬年寺景觀造型，體現了佛教建築的雄偉和壯美。還延續了第二套（普陀山）金銀紀念幣的設計理念和風格。

3枚金質幣展現的都是普賢菩薩造型，普賢菩薩像頭戴寶冠，面如滿月，身披彩衣，手持蓮花，眉目凝定，神情慈祥。1公斤金幣和5盎司金幣都取普賢菩薩坐騎白象的造型，普賢菩薩的坐騎白象是六牙白象，六牙代表六度：布施、持戒、忍辱、精進、禪定、智慧。白象穩重而能負載，象徵恩澤眾生的宏願。所以說，白象是普賢菩薩願行廣大、功德圓滿的象徵。特別是5盎司金幣的幻彩技術的運用，將火焰與祥雲組合設計，忖托四面十方普賢菩薩，令人聯想到峨眉山的金頂佛光的神奇，象徵普賢菩薩普度眾生的四面十方、法力無邊。

2枚銀幣的畫面採用俯視的角度，不僅可以欣賞寺院的建築之美，還有綿延起伏的山川之美，體現了佛教倡導的天人一體、物我化一的精神。1公斤銀幣採用高浮雕技術，鏡面與噴砂相結合的工藝，畫面取金頂的遠景，層次分明、氣勢磅礴；極目四望：金頂佛光閃爍、梵音回響；山巒起伏、雲海翻騰。2盎司銀幣厚度增大，畫面取萬年寺的近景，採用高浮雕工藝為主，寺與山巒樹木相映，更顯立體感。這套金銀紀念幣用精巧別致的設計、精湛華美的工藝充分反應了普賢行願的神聖和佛教建築的唯美與神祕，充分體現了峨眉山的雄偉與壯麗。我們凝望峨眉山雷音寺普賢殿的楹聯：

普恩、普德、普事功，當其時誰能並普？
賢家、賢國、賢天下，今之日哪個同賢？
這就是普賢菩薩的佛教精神！

當我們不能親臨峨眉山參拜普賢菩薩時，我們可以買了這套中國佛教聖地（峨眉山）金銀紀念幣，在家裡鑒賞這套精美的金銀幣。如果我們具備佛教倡導的慧心，如果我們遵行普賢行願的實踐精神，能夠從中讀懂中國金幣所蘊含的文化精神——從佛教、從普賢的精神中汲取營養，從中汲取和轉化為我們當下所需要的自我道德修養智慧、提升自我的人格素質、踐行利他的賢德行為，促進和諧社會、和平世界的話，那麼，未來的自我、未來的社會將煥發出新的生命力，達到人與自然、人與社會和諧相適的真正賢家、賢國、賢天下的理想境界。

附錄2 對中國青銅器金銀紀念幣項目的回顧與反思

陳鵬洋

2014年8月初,中國人民銀行公布了2015年貴金屬紀念幣的發行計劃,但原計劃要發行十組的青銅器項目並沒有如期出現在計劃列表裡,發行三組后便戛然而止。據發行部門人士說是暫緩發行。暫緩原因雖礙於顏面未明說,但卻是眾所周知的,那就是該項目並未被市場認可。

我喜歡青銅器,更喜歡青銅器金銀幣,所以當我知道這個消息后,不禁有種深深的遺憾和淡淡的淒涼之感,感嘆此項目坎坷多舛的命運。此次暫緩,不知何日才能再見。

從目前已經發行的三組的市場表現來看,中國青銅器項目可以說是失敗的。痛定思痛,在暫緩發行的空當期,我們需要對已經發行的三組進行深入分析,亡羊補牢,以期接下來的七組(如果還繼續發行的話)能得到市場的認可,從而可以繼續用金銀幣的形式把中華民族瑰麗宏大的青銅文化傳承下去。

1. 中國青銅器金銀紀念幣各組市場表現回顧

由於發行部門在中國青銅器金銀紀念幣(第1組)上的重大設計缺陷(雖然發行部門從未承認也羞於承認),從2012年8月底該組紀念幣發行伊始就不被市場認可。以受眾面最廣的金銀套幣(1/4盎司金和1盎司銀)來看,那價格是一跌再跌。從剛開始2012年9月份的市場價5,400元左右,短短3個月內,不僅擊穿了指導價4,900元,到2012年12月份的時候更跌到4,200元,跌幅之大令人唏噓。隨即,該套幣在4,000元左右的價位盤整了數月,便又倒頭向下,目前價格(2014年8月)大概在3,000元左右。

中國青銅器金銀紀念幣(第2組)在2013年5月23日如期發行,顯然第1組的市場表現給了發行部門很大的壓力,在第二組的設計上,發行部門明顯上心,套幣設計可圈可點,並且在5盎司的銀幣上採用了仿古做舊的工藝,以期能夠提振市場信心。

仿古工藝確實能讓人眼前一亮,可是由於第1組淒慘的市場表現,眾特許和幣商對第2組並不買帳,完全沒有參與的熱情,導致該組套幣一面世,價格就硬生生直接開在指導價4,580元的下方3,800元處,3個月后,市場價變為3,200元,目前價位2,800元上下。

鑒於前兩組市場表現比較差,市場普遍看淡該系列,坊間一度傳言第3組要停發。但是,出其不意一貫是發行部門的風格,在2014年8月8日,青銅器第3組在前兩組陰影的籠罩下和眾人的猜疑中驚豔登場。為什麼說驚豔呢?在第3組的設計上,青銅器的選擇均是富於表現力的器物(后母戊鼎、人面龍紋盉、亞址方尊),雕刻更加細膩深刻,高浮雕效果對比強烈。而且在銀幣上更進一步採用了局部仿古做舊和無邊工藝相結合的手法。可以說無論從器物的學術性、還是藝術的表現力上,

該組紀念幣絕對是三組中最好的。可是，市場是無情的，即使該組的發行量是最少的，即使該組的設計、雕刻是如此的完美，青銅器紀念幣第3組的套幣價格仍然毫不留情地在面市之初就直落在2,900元的價位處，創出了紀念幣面市價格的跌幅最大記錄。

如果說第1組的市場表現差是因為設計缺陷造成的話，那麼第3組完全就是生不逢時了，在整個金銀幣市場環境低迷和第1組的拙劣市場表現所引發的悲觀情緒的雙重打擊下，縱使第3組有十八般武藝，也只能是英雄落難處，扼腕長嘆，甚是淒涼！

顯然，第3組的市場表現完全擊垮了發行部門對青銅器項目的信心，該項目消失在2015年的計劃裡便顯得如此理所當然。

2. 對中國青銅器金銀紀念幣設計的反思

在市場普遍對青銅器題材抱有強烈質疑的當下，「青銅器項目的紀念幣還有必要繼續發下去嗎？」這個答案是肯定的，無論從題材契合度，文化表現角度，還是傳承角度來看，金銀幣無疑是青銅器的最佳載體，在此不細說，青銅器項目不僅要繼續發，而且應當發行完十組。只有回過頭反思走過的路，才能往前走得更遠，接下來我從以下幾個方面探討一下造成現如今尷尬境地的原因。

1. 項目的立項原則問題

青銅器項目立項之初，發行部門是相當重視的，提早兩年時間就開始進行項目的準備工作。通過大量的調查論證，設計部門最終確定了「以時代為主線，選取國內各大博物館與海外收藏的經典器物為核心表現元素，以青銅器銘文、紋飾為背景裝飾的設計理念」以及「學術性、藝術性、地域性、功用性」的主體器物的選擇與規格搭配原則。注意這裡，發行部門把「學術性」優先排在首要考慮的位置。

按照以上理念和原則，發行部門設計部門的工作人員按照年代的先後順序選擇從200多件國家一級文物中選取了50件國寶級青銅重器作為未來十組幣面主題圖案，並形成約稿文案並向各大造幣廠和專業美術工作者徵集設計方案。

正所謂成也蕭何，敗也蕭何。預先確立的理念原則，雖然能夠幫助設計人員快速的尋找到目標而不會偏離，但由於考慮不周全，這些原則會帶來一些問題：優先考慮學術價值，不夠重視美學價值，及器物的相似性問題等，具體如下。

問題一是幣面的器物優先從考古價值選擇各個年代的典型器物，不夠重視或者說忽視了該器物是否能夠真正體現出青銅器的特點，是否具有美感，是否真的適合在金銀幣上表現。

問題二是器物一定要按照夏、商早期、商中期、商晚期、西周、春秋、戰國這種時序機械安排紀念幣的發行。忽視了「第一印象往往起決定作用」和「錢幣市場第1組往往會對後續發行的起標杆和比價效應」的客觀規律。

問題三是鼎是國之重器，故鼎刻畫在5盎司金幣上是那麼的理所當然，忽視了器物的相似性所帶來的審美疲勞。

青銅器項目的理念和原則的考慮缺陷是導致青銅器紀念幣不被市場認可的最根本和最致命原因，悲劇的種子，從項目伊始便已埋下。

接下來要剖析的青銅器設計的缺憾全部都與這三個問題有著直接或間接的關係，這些問題在青銅器第 1 組上體現的淋灘盡致，下面我就主要以第 1 組為例，順帶提及 2、3 組，來詳細說明青銅器項目在設計上的種種缺憾。

2. 青銅器金銀幣的重大設計缺憾

（1）幣面器物的重複性問題。

在 5 盎司金幣上存在一個很明顯的不足，那就是器物選擇的重複性問題。從第 1 組到第 3 組，幣面圖案分別是「商·獸面紋方鼎」「商·司母辛方鼎」「商·后母戊方鼎」。這幾個著名的大鼎都是帶獸面紋的豎耳柱狀四足方鼎，在器形、圖紋方面大同小異，並無顯著區別標誌，如果非專業人士，在整體上很難一下子區分出來。這就容易造成集藏者對 5 盎司金的審美疲勞，如果接下來持續雕刻方鼎的圖案，那麼估計 5 盎司金幣危矣。

其實，前三組中，除了第 1 組安排方鼎之外，2、3 組完全沒有必要繼續使用帶有獸面紋的方鼎圖案。青銅器鼎的器物中，除了帶有獸面紋的方鼎，還有其他很多外形、紋路特點鮮明的鼎，如人面鼎、大盂鼎等。

還有，5 盎司金幣，難道一定要選擇鼎作為幣面圖案？為什麼不可以選擇其他器物呢？這個問題，希望發行部門的設計師們要好好想想。

器物的重複性問題還表現在第 1 組的兩枚 2 規格銀幣上，公斤銀的「獸面紋罍」和 5 盎司銀的「獸面紋鬲」。這兩個器物，雖說屬於不同類別的器物，但樣子長得實在非常相似，我一度很疑惑，經常混淆。感興趣的讀者可自行進行對比。

總之，外觀和紋路相近的器物的選擇，造成幣面圖案的辨識度不高，降低了幣面圖案的表達力，集藏者也容易感到混淆和審美疲勞，大大消減了此類錢幣的市場接受力。

（2）器物的考古價值和美學價值的平衡問題。

一想到青銅器，大家的第一印象就是「古樸、大氣、獰厲」的國之重器，這就是青銅器的藝術美。

但按照發行部門的器物入選標準，是想把各個時期的具有重大考古價值的典型器物代表刻畫在幣面上。這會帶來一個問題，有些青銅器，雖然具有較高的考古價值，但是由於歷史條件的限制，這些器物本身設計、澆註比較樸素簡單，並不適合雕刻在幣面上來表現青銅器的特點。但發行部門在考古價值和美學價值的權衡中，貌似以考古價值為主。結果，就是在第 1 組 1/4 盎司金幣和 1 盎司銀幣上，出現了不適合表現青銅器藝術美的「乳釘紋爵」和「弦紋盉」。發行部門應該也意識到這兩件器物的缺陷，所以把這兩件器物放在了金銀套幣上。這也由此引發了下一個問題。

（3）不重視金銀套幣的設計問題。

不僅青銅器第 1 組上，在其他題材的也有類似的體現，那就是發行部門的設計優先考慮大規格紀念幣，不管是圖案的選擇還是先進工藝的運用，不太重視金銀套幣的圖案選擇和設計。一個項目中，核心題材要放到大規格紀念幣上，先進工藝的運用也優先考慮大規格幣。我認為這是一個非常錯誤的方向。要知道，大規格紀念幣

也就幾百枚，最多幾千枚，而且價格昂貴，不是一般人能消費得起的。而金銀套幣就不同了，發行量一般動輒幾萬枚，價格也比較親民，受眾面相當廣泛。在一個項目中，金銀套幣的設計和市場認可度，可以說決定了該項目的成敗。

如果說大規格紀念幣是該項目中的領軍人物的話，那麼套幣就是該項目中的士兵。將領（大規格紀念幣）再厲害，也無法依靠自己的力量占領市場，還得依靠這些訓練有素的士兵。士兵能力（套幣的圖案、設計、雕刻）不行，徒有將軍一身武藝，也無法撼動市場。青銅器第1組，最大的設計失敗之處就是太過輕視對套幣的設計，結果在市場這個敵人面前，失敗的一塌糊塗。

除了第1組外，第2組的銀幣「婦好方罍」也存在類似不夠重視的問題，本來婦好方罍這件器物的實物是非常大氣美觀的，可是在1盎司的幣面設計上，完全沒有體現出實物的美感。

（4）器物的面市順序和市場行銷要求的平衡問題。

這次青銅器項目，發行部門2年磨一劍，一次整體設計10組，希望能夠系統的、有序的展現不同時期的青銅器。正因為基於這樣的原因，最為著名的青銅重器后母戊方鼎（又叫司母戊方鼎）在第3組才姍姍來遲，設計雕刻精美絕倫的四羊方尊迄今為止還未露面。我認為，發行部門的這種安排，表面上是因為這幾件重器按照時代順序還沒出場時間。但實際上反應出發行部門的設計人員學者氣息過重，對於市場不夠重視。

青銅器，雖說是中國文化的瑰寶，但是對於大多數人來說，還是相當陌生的。相信大多數人所知道的青銅器就是在小學歷史課本裡見到的「后（司）母戊大方鼎」和「四羊方尊」。而且這兩件青銅器，雕刻精美，氣勢磅礴，絕對是青銅器裡具有頂級藝術表現力的器物，非常適合雕刻在錢幣上。

因此，如果發行部門重視市場，充分認識到「一個項目的第1組對后續所帶來的標杆和比價效應」的重要性，他應該選擇那些設計雕刻精美，富於藝術表現力，適合在錢幣表現青銅器之美的器物，以期努力做到開門紅。也就不會機械的非要按照時間順序把「獸面紋方鼎」「獸面紋罍」「獸面紋鬲」等國人並不熟悉而且器形相似的器物放在第1組上，也不會把不適合表現青銅器特點的「乳釘紋爵」和「弦紋盉」放在第1組上了。

這樣做導致的后果就是第1組面市后，由於幣面的設計雕刻和市場的預期相差甚遠，市場表現相當凄涼。而且由於第1組的標杆效應和「青銅器項目是個垃圾項目」的第一印象，雖然發行部門在第2、3組努力改正先前的錯誤，無奈市場的認知慣性是強大的，效果並不明顯。

與之對比明顯的是中國出土文物（青銅器）的幣面器物的選擇。由於當時生產金銀幣是為了出口創匯，設計生產完全以市場為導向，因此「這3組青銅器在選材上，以動物或人物器物為主，這樣的選擇更好地再現了青銅器的美觀性。動物、人物等的器形和線條，以及表情、動作極富表現力，更能通過幣面表現出動靜姿態之美及造型和姿態多變的特點。而在工藝上，這套幣採用的鏡面與微凝霜工藝，即使

放在今天，也屬於高難度鑄造工藝」。

附錄3 「價格變化因素權重」計算

一、在某一特定區間、特定板塊或幣種中，市場價格、貴金屬價格及貨幣溢價因素變動值的計算

市場價格變動值（SBD）=（末期市場價格）-（初期市場價格）
貴金屬價格變動值（GBD）=（末期貴金屬價格）-（初期貴金屬價格）
貨幣溢價因素變動值（HBD）=（SBD）-（GBD）
註：結果為正數時，表明價格上漲；結果為負數時表明價格下跌。

二、「價格變化因素權重」計算

貴金屬價格影響權重（GQZ）$=\dfrac{(\text{GBD})}{(\text{SBD})}$（100%）

貨幣溢價因素影響權重（HQZ）$=\dfrac{(\text{HBD})}{(\text{SBD})}$（100%）

註：1.（GQZ）+（HQZ）= 1，說明「貴金屬價格影響權重」和「貨幣溢價因素影響權重」互為增減，是一對緊密相關數據。

2.（GQZ）和（HQZ）兩個數值有可能為負數，此時說明在市場價格變動中，它與「市場價格變動值」的變動方向相反。

3.（SBD）、（SBD）和（HBD）值理論上有可能為零，但在市場實踐中為極小概率事件。為簡化起見，本計算暫未設置這種情況。

附錄 4 「市場價格漲跌能力」計算

「市場價格漲跌能力」指標是相對指標，下邊的計算以 2014 年大盤和 2013 年大盤的計算為例。

一、「相對基數」計算

計算在某一特定區間內，在扣除相應增量後，末期大盤與初期大盤相比的市場價格變化幅度值。

$$\text{「相對基數」}(A) = \frac{(2014\text{年大盤發行存量市場價總值}) - (2013\text{年大盤市場價總值})}{(2013\text{年大盤市場價總值})}$$

註：當「A 值」為正數時，表明大盤上漲；當「A 值」為負數時，表示大盤下跌。

二、在相同特定區間和條件下，某一特定板塊或幣種的「市場價格變動值」計算

1. 特定板塊或幣種的「市場價格變動值」

$$(X) = \frac{(2014\text{年市場價}) - (2013\text{年市場價})}{(2013\text{年市場價})}$$

註：當「X 值」為正數時，表明價格上漲；當「X 值」為負數時，表示價格下跌。

2. 「價格漲跌系數（NLZ）」計算

以數值「A」為相對基數，在 A<0 的條件下：

當 X<0 時，$NLZ = \frac{|A|}{|X|}$；當 X>0 時，$NLZ = \frac{|A|+|X|}{|A|}$。

以數值「A」為相對基數，在 A>0 的條件下：

當 X<0 時，$NLZ = \frac{|A|}{|X|+|A|}$；當 X>0 時，$NLZ = \frac{|X|}{|A|}$。

註：（1）當「NLZ 值」大於 1 時，表明該板塊或幣種「價格漲跌能力」強於大盤，且數值越大表明能力越大；當「NLZ 值」小於 1 時，表明該板塊或幣種「價格漲跌能力」弱於大盤，且數值越小表明能力越小。

（2）「A」和「X」兩個數值在理論上可能為零，但在市場實踐中為極小概率事件。為簡化起見，本計算暫未設置這種情況。

附錄5 與宏觀經濟數據相對比的指標系統的數學模型

計算項目		計算公式	公式說明
相對指標	CBZ	$CBZ = \dfrac{S/L}{f(x)}$ $f(x) = \prod (1 + \dfrac{x_i}{100})$ (i = 1, 2, 3, ⋯, n)	S/L 為某幣種市場價與零售價的比值，x_i 為該幣種發行年份至計算末期時段內各對應年度的 CPI 值（%），n 為該幣種發行年份至計算末期的年數。
	LBZ	$LBZ = \dfrac{S/L}{f(y)}$ $f(y) = (1 + \dfrac{y_n}{100})^n$	S/L 為某幣種市場價與零售價的比值，y_n 為該幣種發行年份至計算末期時段內人民幣存款的年平均複利（%），n 為該幣種發行年份至計算末期的年數。
	HBZ	$HBZ = \dfrac{S/L}{f(z, u)}$ $f(z, u) = \prod (1 + \dfrac{z_i - u_j}{100})$ (i = 1, 2, 3, ⋯, n) (j = 1, 2, 3, ⋯, n)	S/L 為某幣種市場價與另售價的比值，z_i 為該幣種發行年份至計算末期區間內各對應年度的貨幣供應量 M2 的年度增長率（%），u_j 為該幣種發行年份至計算末期區間內各對應年度的國民生產總值 GDP 的年度增長率（%），n 為該幣種發行年份至計算末期的年數。
	BH	BH = CBZ + LBZ + HBZ	

國家圖書館出版品預行編目(CIP)資料

中國現代貴金屬幣的理論與實踐 / 趙燕生 編著. -- 第一版.
-- 臺北市：崧博出版：崧燁文化發行，2018.09

面 ； 公分

ISBN 978-957-735-495-2(平裝)

1.貨幣市場 2.中國

561.74　　　　107015376

書　　名：中國現代貴金屬幣的理論與實踐
作　　者：趙燕生 編著
發行人：黃振庭
出版者：崧博出版事業有限公司
發行者：崧燁文化事業有限公司
E-mail：sonbookservice@gmail.com
粉絲頁　　　　　　　網　址：
地　　址：台北市中正區重慶南路一段六十一號八樓815室
8F.-815, No.61, Sec. 1, Chongqing S. Rd., Zhongzheng
Dist., Taipei City 100, Taiwan (R.O.C.)
電　　話：(02)2370-3310　傳　真：(02) 2370-3210
總經銷：紅螞蟻圖書有限公司
地　　址：台北市內湖區舊宗路二段121巷19號
電　　話：02-2795-3656　傳真：02-2795-4100　網址：
印　　刷：京峯彩色印刷有限公司（京峰數位）

　　本書版權為西南財經大學出版社所有授權崧博出版事業有限公司獨家發行
　　電子書繁體字版。若有其他相關權利及授權需求請與本公司聯繫。

定價：350 元
發行日期：2018 年 9 月第一版
◎ 本書以POD印製發行